I libri di Viella

502

L'Italia repubblicana

Costruzione, consolidamento, trasformazioni

II. La crisi degli equilibri (1967-1988)

a cura di
Maurizio Ridolfi, Patrizia Gabrielli, Enzo Fimiani

viella

Prima edizione: luglio 2024
ISBN 978-88-3313-848-0

Volume pubblicato con il contributo della Fondazione Brigata Maiella, Pescara

www.fondazionebrigatamaiella.it
info@fondazionebrigatamaiella.it

viella
libreria editrice
via delle Alpi, 32
I-00198 ROMA
tel. 06 84 17 758
fax 06 85 35 39 60
www.viella.it

Indice

Maurizio Ridolfi, Patrizia Gabrielli, Enzo Fimiani

Introduzione

Questo volume è il secondo di una più ampia opera sulla storia d'Italia dalla fondazione della Repubblica ai giorni nostri. Raccolta sotto il titolo generale: *L'Italia repubblicana: costruzione, consolidamento, trasformazioni*, la trilogia è meritoriamente promossa dalla Fondazione Brigata Maiella, che ormai da oltre un decennio si va affermando a livello nazionale anche come centro di studio sulla storia contemporanea e agenzia di diffusione pubblica della cultura storica a più livelli.[1]

I tre volumi nel loro complesso perseguono precisi obiettivi, realizzati attraverso il lavoro comune di un numero importante di autrici e autori, quasi una trentina in totale.

In primo luogo, essi intendono essere un'occasione per riflettere su alcuni dei principali nodi della recente storia italiana. Partendo da una tale ottica, l'opera si pone sulla scia delle più aggiornate acquisizioni storio-

1. La Fondazione Brigata Maiella ha sede in Abruzzo, a Pescara, ed è presieduta da Nicola Mattoscio, a lungo professore di Economia politica nell'Università "G. D'Annunzio" di Chieti-Pescara. Sorta in origine soprattutto per conservare e trasmettere la memoria dei cosiddetti "maiellini", straordinari resistenti, insigniti di una medaglia d'oro al valor militare, che dai territori abruzzesi hanno poi finito per combattere nella guerra di liberazione fino al suo termine, attraversando Marche, Emilia-Romagna e Veneto, la Fondazione ha nel tempo promosso una serie di ulteriori e molteplici attività pubbliche. Tra queste, a partire dal 2013, una lunga sequenza di convegni nazionali di storia contemporanea, che poi dal 2019 vanno anche trovando esito editoriale, come serie autonoma all'interno dei "libri blu" dell'editore Viella. Dopo il titolo d'avvio della serie, dedicato a un passaggio cruciale della vicenda contemporanea italiana, la scivolosa transizione dalla dittatura alla democrazia dopo il 1945 (*Dal fascismo alla Repubblica: quanta continuità? Numeri, questioni, biografie*, a cura di M. De Nicolò e E. Fimiani, Roma, Viella, 2019), è stata appunto la volta del primo volume della presente trilogia sulla Repubblica nel 2020.

grafiche sull'Italia repubblicana, che da un paio di decenni a questa parte vanno offrendo nuove e originali prospettive di studio e ricerca, ma anche una migliore capacità di intervenire nello spazio pubblico in generale (nel sistema educativo, nella dimensione mediatica, e così via).

In secondo luogo, nelle pagine di questo secondo volume come in tutta la trilogia, potrà percepirsi la volontà di proporre approcci interdisciplinari ai vari temi trattati, uniti a stili narrativi dei saggi che guardino anche a finalità di alta divulgazione, coniugate con un alto grado di scientificità e dunque di attendibilità. Diventa infatti essenziale, ormai, la capacità degli storici contemporaneisti di saper parlare non solo agli specialisti ma pure ai cittadini che abbiano interesse verso la storia (in questo caso, un interesse cruciale per il nostro paese, intorno alla democrazia italiana, alle sue origini, alle trasformazioni nel tempo e alle prospettive future).

Infine, i tre volumi vorrebbero anche caratterizzarsi per l'intreccio interpretativo dei saggi tra più piani, connessi tra loro. Da un lato, per un occhio attento in particolare ai fattori di continuità e di trasformazione che, nel corso dei quasi ottant'anni trascorsi dalla nascita della Repubblica, ne segnano il cammino. E, dall'altro lato, per l'esame di un altro elemento che gioca un ruolo ineludibile nella vicenda italiana recente, e che riguarda le relazioni, gli incontri e gli scontri generazionali nelle varie fasi dal dopoguerra a oggi.

Questo secondo volume viene edito parecchio tempo dopo l'uscita a stampa del primo, dedicato al ventennio di avvio della Repubblica e della democrazia in Italia, tra 1946 e 1966.[2] Un ritardo, come si potrà immaginare, del tutto indipendente dalle volontà della Fondazione Brigata Maiella, dei curatori dell'opera e dello stesso editore, ma determinato da una serie di elementi in certo modo esogeni.[3]

2. *L'Italia repubblicana: costruzione, consolidamento, trasformazioni*, vol. I, *Il primo ventennio democratico (1946-1966)*, a cura di M. Ridolfi, P. Gabrielli e E. Fimiani, Roma, Viella, 2020; con contributi di L. Campus, E. Fimiani, P. Gabrielli, P. Gheda, E. Guerra, G. Melis, M. Ridolfi, E. Scarpellini, G. Tosatti, A. Varsori.

3. Un ritardo dovuto in primis alle inevitabili ricadute della recente pandemia di Covid-19, che ha naturalmente provocato anche qualche consegna dei testi per il volume più complicata del passato; ma poi anche alla specifica attesa di un saggio sul femminismo e la storia delle donne, temi che i curatori ritenevano non potessero mancare in un'opera su un periodo, tra 1967 e 1988, così cruciale sotto questi aspetti. La studiosa incaricata della redazione del contributo non è infine riuscita a consegnarlo. I curatori informano che un contributo su simili questioni verrà ospitato nel volume terzo della trilogia (a firma di Catia Papa).

Ora, si può qui garantire il massimo impegno affinché una rapida pubblicazione anche del terzo volume previsto[4] possa consentire la conclusione della trilogia, una sua degna circolazione all'interno della storiografia e una propria fruizione nello spazio pubblico italiano. L'ambizione dei tre tomi nel loro complesso è infatti anche quella di rappresentare un buon punto di riferimento sia per gli studi sulla storia della Repubblica in Italia, sia sul piano dell'ampia divulgazione alla quale si è fatto cenno, sia infine come possibile utilizzo a fini didattici per i più giovani.

Passiamo al merito delle questioni e dei temi sviluppati in queste pagine. Il senso e gli scopi dell'intero progetto editoriale sono stati già enucleati nel primo volume,[5] per cui in questa sede è bene non ripeterli.

Sul piano dei contenuti, se il precedente tomo era incentrato sul primo ventennio di storia dell'Italia repubblicana e proponeva una periodizzazione, 1946-1966, che va dal cruciale periodo delle origini della Repubblica alla fase delle complesse trasformazioni strutturali, politiche e culturali degli anni Sessanta, nelle pagine seguenti si propongono alcune possibili angolature dalle quali guardare il ventennio successivo, 1967-1988, da molti punti di vista ancora più decisivo e delicato, collocato com'è tra due vigilie, per così dire. Esso infatti prende le mosse dagli immediati antecedenti del Sessantotto, con tutte le varie ripercussioni italiane (mentre già in alcune parti del pianeta il triennio 1965-1967 poneva le premesse perché il '68 divenisse un evento globale e in qualche modo uno spartiacque storico). Il termine *ad quem* del volume si colloca a sua volta dentro una vigilia, quella della svolta epocale del 1989 (che dà avvio a una serie di mutamenti, anch'essi di portata globale, dei quali ancora oggi viviamo molte conseguenze). In tutto ciò che si muove e accade in quell'arco di tempo, l'Italia si trova pienamente coinvolta. Il paese è dentro cambiamenti e crisi che vanno ben al di là del contesto nazionale, al quale la presente trilogia non si limita, sollecitando piuttosto un'apertura di orizzonti e favorendo la dimensione transnazionale.

4. *L'Italia repubblicana: costruzione, consolidamento, trasformazioni*, vol. III, *Transizioni e mondo globale (1989-2023)*, a cura di M. Ridolfi, P. Gabrielli e E. Fimiani, Roma, Viella, di prossima pubblicazione; con contributi di F. Bonini, L. Ceci, D. Felisini, E. Fimiani, P. Gabrielli, A. Guiso, V. Minnucci, C. Papa, I. Piazzoni, M. Ridolfi, C. Spagnolo.

5. M. Ridolfi, *L'Italia repubblicana: il progetto, i percorsi di ricerca*, in *Il primo ventennio democratico (1946-1966)*, pp. 9-14.

Così, nelle pagine di questo volume, vengono messe a tema questioni rilevanti. A cominciare dalla cesura costituita appunto dal "Sessantotto" (nel saggio di Giovanni Gozzini), in tutte le sue forme ed eredità, per continuare con l'intrico e la trama della violenza politica, specie degli anni Settanta (ne scrive Angelo Ventrone). Il tutto, mentre la società italiana è attraversata e mutata dal sempre più incisivo e pervasivo ruolo della logica consumistica e dei mezzi di comunicazione di massa nelle loro varie articolazioni, per esempio la televisione e la musica, nell'intreccio con la politica e il sistema dei partiti (nei contributi di Raffaello Ares Doro; Edoardo Novelli; Leonardo Campus). Sullo sfondo, il libro cerca di fare i conti anche con dimensioni più strutturali della storia italiana, repubblicana e non solo, e che quindi vanno oltre la scansione cronologica del volume, come gli interventi per il Mezzogiorno, con tutto quello che si portano dietro in termini di rapporti con lo stato (se ne occupa nel suo saggio Melania Nucifora) e le questioni ambientali, che trovano in quei decenni, fino alla nostra più stretta attualità, una rilevanza mai in precedenza conosciuta (temi al centro del contributo di Simone Neri Serneri).

In definitiva, crediamo che questo secondo volume della trilogia repubblicana possa offrire a lettrici e lettori uno sguardo critico e stimolante su una serie di eventi, fattori storici, snodi di importanza primaria, per il caso italiano certamente, ma anche nei più ampi contesti europei e in genere internazionali.

Giovanni Gozzini

Il Sessantotto come spartiacque globale

1. *Simultaneità*

Il Sessantotto è il primo evento della storia umana a verificarsi su scala globale. Il macroscopico antecedente che abbiamo – il Quarantotto nel senso di 1848 – si limita all'Europa e anche lì con alcune vistose eccezioni (prima fra tutte l'Inghilterra). Il *World Handbook* curato da Taylor e Jodice registra per l'anno 1968 sotto la voce di *protest demonstrations*, 538 episodi estratti dal «New York Times» e altri quotidiani di tutto il mondo: 133 nelle Americhe, 17 in Africa, 80 in Asia, 136 in Europa occidentale e 166 in quella orientale (Fig. 1).[1]

Nel 1968 i media contribuiscono alla diffusione del contagio e incentivano la spettacolarità delle forme di protesta, ma non sono loro a provocare le rivolte che invece nascono sempre da motivi locali e quasi sempre circoscritti all'ambito universitario: il riscaldamento che manca nelle foresterie a Praga, la loro apertura alle studentesse a New York o Parigi, le condizioni fatiscenti della foresteria degli studenti a Rio de Janeiro, la presenza dell'esercito alla Universidad Nacional Autonoma de Mexico, la protesta contro l'imposizione di una lingua percepita come straniera a Dacca in Pakistan orientale e a Chennay nell'India meridionale di lingua Tamil, il divieto di portare il velo a lezione per le studentesse di Ankara, una sfilata

1. *World handbook of political and social indicators*, a cura di C.L. Taylor e D.A. Jodice, New Haven CN, Yale University Press, 1983[3], tab. 2.1. La media annua nel periodo 1963-67 era stata pari a 438. Sul punto cfr. *Introduction*, in *1968: the world transformed*, a cura di C. Fink, P. Gassert e D. Junker, Cambridge MA, Cambridge University Press, 1998, pp. 14-15.

di moda dal sapore neocolonialista organizzata all'University College di Addis Abeba, l'inasprimento degli esami di ammissione al Cairo.[2] È poi lo scontro con la polizia a politicizzare la protesta.

La protesta degli studenti travalica i confini di partiti e sindacati per coinvolgere associazioni e gruppi informali di cittadini: diventa, per usare il termine coniato da David Meyer e Sid Tarrow, «capitale sociale mobile». Nel 1975 solo il 22% dei cittadini britannici e il 9% di quelli tedeschi firmava una petizione; nel 1990 diventano rispettivamente il 75% e il 25%.[3] I media rappresentano una condizione indispensabile per questa trasformazione: senza di loro le agitazioni locali non avrebbero risonanza e il loro esempio non potrebbe diffondersi. Di più: i media, trasmettendo motivi e forme delle agitazioni, contribuiscono a dare nuovi significati globali ai contesti locali e a trasformare così le identità personali e collettive. Con tutti i risvolti negativi (su cui Meyer e Tarrow si diffondono) di frammentazione della protesta secondo logiche particolaristiche «nimby» (*not in my back-yard*: fatelo dovunque il campo profughi, ma non sotto casa mia). Tutto questo prima del Sessantotto non esisteva.[4] E senza i media non esisterebbe. Ma non ci spiega perché il Sessantotto è successo: non ci dice qual è stata la causa che ha spinto gli studenti a mobilitarsi simultaneamente in posti così lontani tra loro.

Una possibile risposta, molto diffusa tra gli studiosi, è: la *baby-boom generation*, termine che compare per la prima volta sulla stampa statunitense già nel 1951 e da allora conosce una considerevole e ininterrotta fortuna.[5] Alla fine degli anni Sessanta arriva alla maggiore età una generazione di ragazzi concepiti alla fine della guerra, quando il tasso di natalità si impenna per il semplice fatto che i soldati tornano a casa e possono finalmente pensare

2. M. Kurlanski, *'68. L'anno che ha fatto saltare il mondo*, Milano, Mondadori, 2004, pp. 43, 222 e 240; J.L. Gould, *Solidarity under Siege: The Latin American Left, 1968*, in «American Historical Review», 114 (2009), p. 357; A. Dirlik, *The third world*, in *1968*, pp. 303-305, 308-309; A. Abdalla, *The student movement and national politics in Egypt 1923-1973*, London, AlSaqi Books, 1985, p. 159.

3. D.S. Meyer, S. Tarrow, *A movement society: contentious politics for a new century*, in *The social movement society: contentious politics for a new century*, a cura di D.S. Meyer e S. Tarrow, New York, Rowman and Littlefield, 1998, p. 15; R. Dalton, *Citizen Politics: Public Opinion and Political Parties in Advanced Industrial Democracies*, Chatham NJ, Chatham House, 1996, pp. 75-76.

4. D.A. Snow, *Mapping the terrain*, in *The Blackwell companion to social movements*, a cura di D.A. Snow, S.A. Soule e H. Kriesi, Oxford, Blackwell, 2004, pp. 3-16.

5. S. Porter, *Babies equal boom*, in «New York Post», 4 maggio 1951.

a mettere su famiglia. Diventa inevitabile che questa massa critica di teenager si scontri con una società più anziana e tradizionalista.

> Alla metà degli anni Sessanta, le ripercussioni sociali dell'esplosione demografica postbellica iniziarono a essere avvertite praticamente ovunque.[6]

Ma non è così, perlomeno non dovunque. Se si guardano le statistiche ci si accorge che la risposta di Judt è valida, ma soltanto per i paesi di popolamento europeo (Stati Uniti, Canada, Australia): solo lì si verifica un vero *baby-boom* prolungato tra 1945 e 1964, che costituisce l'oggetto di numerose ricerche.[7] In Europa c'è un picco delle nascite alla fine del conflitto, che però viene seguito quasi immediatamente da un calo e da un ritorno a livelli molto simili a quelli prebellici. Altrove, in Asia, Africa, America latina gli effetti della guerra quasi non si sentono e le nascite proseguono praticamente indisturbate ai loro ritmi naturali, con l'unica vistosa eccezione della Cina (Fig. 2), dove a determinare un crollo delle nascite è la catastrofe del *daeyuejin* («crescere su due gambe») nota in Occidente come Grande Balzo in Avanti: il piano lanciato da Mao nel 1958 per accelerare l'industrializzazione del paese attraverso piccole unità produttive disseminate nelle campagne. I contadini cinesi vengono obbligati a trascurare il lavoro dei campi con il risultato di una feroce carestia che provoca, secondo le stime più recenti, 45 milioni di morti.[8]

Insomma, la *baby boom generation* non sembra idonea a spiegare il problema della simultaneità globale del Sessantotto, proprio perché appare

6. T. Judt, *Dopoguerra. Come è cambiata l'Europa dal 1945 ad oggi*, Milano, Mondadori, 2007 [London 2005], p. 484. Per altre formulazioni simili cfr. R. Fraser, *1968: a student generation in revolt*, London, Chatto and Windus, 1988, p. 2; G. DeGroot, *The 60s unplugged: a kaleidoscopic history of a disorderly decade*, London, Pan MacMillan, 2008, p. 11; J. Suri, *Power and protest: global revolution and the power of détente*, Cambridge MA, Harvard University Press, 2002, p. 88.

7. L.B. Russell, *The baby boom generation and the economy*, Washington DC, Brookings Institution, 1982; E. Tyler May, *Homeward bound: American families in the cold war era*, New York, Basic Books, 1988; D. Owram, *Born at the right time: a history of the baby boom generation*, Toronto, University of Toronto Press, 1996; D.T. Macunovich, *Birth quake: the baby boom and its aftershocks*, Chicago, Chicago University Press, 2002.

8. J. Becker, *Hungry ghosts: China's great famine*, London, Murray, 1996; Y. Jisheng, *Tombstone: the great Chinese famine 1958-1962*, New York, Farrar, 2012; F. Dikötter, *Mao's great famine: the history of China's most devastating catastrophe 1958-1962*, New York, Walker, 2010.

invece ristretta soltanto a una parte dell'Occidente. Ne abbiamo la conferma dall'esame di un'altra variabile demografica, che è un po' più difficile da calcolare e quindi manca per molti paesi in via di sviluppo: il peso percentuale sulla popolazione totale della classe di età dei *teenager* (Fig. 3).

In Africa, Asia e America latina il peso relativo dei giovani si mantiene su alti livelli per tutto il corso del secolo, mentre in Occidente mostra una tendenza di breve termine al rialzo nel corso degli anni Sessanta (ma non in Italia, Germania ovest e Giappone) senza tuttavia superare i livelli del 1930 e del 1980. Solo in Francia (16,1% nel 1970 contro il 15,5 del 1930 e il 15,9 del 1980) e in Giappone (19% contro 18,6 e 13,8) i giovani del Sessantotto sono di più: ma in percentuali che non sembrano tali da giustificare mobilitazioni straordinarie.

2. *Università*

La demografia è importante perché il Sessantotto non è stato (solo) cortei e assemblee. Anzi l'iper-protagonismo memorialistico di quella generazione ha contribuito a oscurare il quadro dei processi storici importanti. Che riguardano prima di tutto le famiglie. E in particolare la scelta più importante che normalmente le famiglie fanno: l'istruzione dei figli (l'altra è l'acquisto della casa). Se c'è un fenomeno diffuso globalmente – a differenza del *baby boom* – è l'aumento di studenti universitari. Nel grafico (Fig. 4) sono presenti solo alcuni paesi campione ma le tendenze nel resto dei diversi continenti sono simili se non più accentuate.[9]

Nei paesi in via di decolonizzazione l'università rappresenta lo sbocco dei figli delle élite indipendentiste: molti dei loro padri hanno studiato all'estero ma scelgono per i propri figli (e per la propria nazione appena nata) la via di una istruzione superiore compiutamente nazionale. Tra 1961 e 1972 all'università di al-Azhar al Cairo il numero di studenti quintuplica, ma quelli iscritti ai corsi non teologici aumentano da 334 a 14.631.[10] Le

9. I dati di Mitchell si riferiscono agli studenti iscritti (e non ai laureati). Rispetto ad altre banche dati compilate in base alla percentuale sulla popolazione oltre 15 e 25 anni di età – R. Barro, J.W. Lee, *A New Data Set of Educational Attainment in the World, 1950-2010*, in «Journal of Development Economics», 39 (2013), pp. 184-198, www.barrolee.com – sono più significativi per il rapporto tra massa critica degli studenti (in cifra assoluta) e strutture universitarie inadeguate ad accoglierla.

10. A. Abdalla, *The student movement and national politics in Egypt 1923-1973*, London, AlSaqi Books, 1985, p. 106. Per altri dati simili cfr. «Daedalus», numero spe-

università delle ex colonie rimangono elitarie: gli iscritti a quella di Accra (capitale del Ghana) vengono per più di due terzi dalle città (quando invece quattro quinti della popolazione vivono nelle campagne) e il reddito dei loro padri è il quadruplo del reddito medio del paese.[11] Si forma però una nuova classe dirigente, con radici, aspirazioni (e relazioni con l'Occidente) molto diverse da quelle dei padri: un grado assai variabile ma trasversalmente diffuso di un'aspirazione a un futuro migliore. Circostanze non molto diverse si verificano in America latina, dove ad affollare le università sono i figli delle borghesie urbane e dei ceti possidenti rurali, incoraggiati da governi di orientamento populista e tecnocratico. L'impulso all'istruzione superiore (su cui si concentra la spesa statale per la scuola di tutti i paesi sudamericani) è infatti un retaggio dell'epoca coloniale. Ma dopo l'indipendenza serve a riprodurre il privilegio delle élite dirigenti assieme a un livello di ineguaglianza sociale senza pari nel mondo.[12] In Giappone, Europa e Nordamerica, invece, l'università diviene tendenzialmente di massa, aprendosi per la prima volta anche ai figli della piccola borghesia, dei ceti medi e (sporadicamente) delle classi lavoratrici. Durante gli anni Sessanta nelle università del sud degli Stati Uniti il numero degli studenti neri sale da 3 a 98 migliaia.[13]

ciale *Students and politics*, 97 (1968); D. Court, *The development ideal in higher education: the experience of Kenya and Tanzania*, in «Higher Education», 9 (1980), p. 669; P. Windolf, *Die expansion der universitäten 1870-1985*, Stuttgart, Enlee, 1990, p. 116; D.C. Levy, *Higher education and the state in Latin America*, Chicago, University of Chicago Press, 1986, pp. 4-5; D.J. Mabry, *The Mexican university and the state: student conflicts, 1910-1971*, College Station TX, University of Texas Press, 1982, p. 215, 233; J.F. Ade Ajayi, L.K.H. Goma, G. Ampah Johnson, *The African experience with higher education*, London, Currey, 1996, pp. 85, 90-91; L. Zeilig, *Turning to Africa: politics and student resistance in Africa since 1968*, in *1968 in retrospect: history, theory, alterity*, a cura di G.K. Bhambra e I. Demir, New York, Palgrave MacMillan, 2009, pp. 131-146; R. Goodman, *The rapid redrawing of boundaries in Japanese higher education*, in «Japan Forum», 22 (2010), p. 68.

11. D.J. Finlay, *Students and politics in Ghana*, in «Daedalus», 97 (1968), p. 53. In Indonesia i lavoratori rurali rappresentavano il 60% della popolazione ma i loro figli soltanto un quinto della popolazione universitaria: cfr. T.M. Smith, H.F. Carpenter, *Indonesia university students and their career aspirations*, in «Asian Survey», 14 (1974), p. 812.

12. Nel 1960 la spesa media in America latina per ogni studente universitario superava di 15 volte quella per ogni iscritto alla scuola elementare: cfr. E. Frankema, *The expansion of mass education in twentieth century Latin America: a global comparative perspective*, in «Revista de Historia Economica», 27 (2009), p. 385.

13. P. Hill Collins, *Freedom now! 1968 as a turning point for black American student activism*, in *1968*, p. 25.

3. *Figli «viziati»*

Contrariamente a quanto era avvenuto nel corso dell'Ottocento, l'istruzione superiore non corrisponde più soltanto a uno strumento di *nation building*, manovrato dallo stato centrale al fine di omogeneizzare le proprie basi sociali di consenso e formare i nuovi mestieri richiesti dal processo di industrializzazione. Ma anche a uno strumento di ascesa sociale utilizzato dal basso per aprire nuove prospettive occupazionali. I genitori approfittano di un'epoca di espansione economica senza precedenti per investimenti anche dispendiosi (e ugualmente senza precedenti, almeno per molte famiglie in cui i genitori non sono laureati) in educazione. La generazione globale del Sessantotto è una generazione (forse la prima della storia umana) molto «viziata» – *absit iniuria verbis* – dai genitori. E paradossalmente è anche la prima a ribellarsi contro quel «vizio» dopo averne usufruito. Ovviamente le quantità di «vizio» cambiano molto – una cosa è crescere al tempo del rock and roll in Europa, un'altra è crescere in Cina sulle macerie del Grande Balzo in Avanti – ma non la qualità di fondo: l'idea che i figli degli anni Sessanta possano godere di una prosperità maggiore e di un futuro migliore rispetto a quello vissuto e immaginato dai loro genitori.[14] Le famiglie sono quindi importanti per spiegare il Sessantotto.

I sistemi politici nazionali non tardano a trarre le conseguenze dell'ondata di iscrizioni all'università. Sono molti i paesi ricchi che nella prima metà degli anni Settanta abbassano l'età per votare a 18 anni (Gran Bretagna, Stati Uniti, Canada, Australia, Francia, Germania ovest, Italia, Olanda, Finlandia, Svezia). È in questo clima che Gary Becker, allievo di Milton Friedman, professore di economia alla Columbia University e futuro premio Nobel nel 1992, elabora la singolare categoria (quasi un ossimoro) di «capitale umano»: i nostri studenti «viziati», appunto, che lo stesso Becker aveva già studiato come risultato di *scelta razionale* delle

14. Per una tesi diametralmente opposta e ristretta alla Germania, di parallela aggressività totalitaria accumulata nelle generazioni dei padri e dei figli, cfr. G. Aly, *Unser Kampf. 1968-ein irritierter Blick zurück*, Frankfurt, Fischer, 2008. Per sondaggi condotti in Germania ovest che mostrano quote crescenti di adulti esprimere un giudizio positivo sui giovani (dal 24% del 1950 al 44% del 1960, al 62% del 1975) cfr. D. Siegfried, *Don't Trust Anyone Older than 30? Voices of Conflict and Consensus in 1960s West Germany*, in «Journal of Contemporary History», 40 (2005), p. 735.

famiglie: meno figli ma più curati.[15] Il «capitale» che da Marx in poi era stato visto sotto forma di beni materiali (denaro, macchinari) si applica adesso anche agli esseri umani. Dal punto di vista del governo, i giovani sono concepiti come risorsa essenziale per il futuro del paese e dal punto di vista delle famiglie, come luogo di immobilizzo dei soldi spesi per la loro formazione, fino al ritorno (con gli interessi) di quei soldi sotto forma di mestieri più remunerati.

Negli Stati Uniti questo «cambiamento dell'enfasi ideologica nel matrimonio americano dalla coppia ai bambini»[16] ha un nume tutelare, destinato a diventare famoso in ogni parte del mondo: il dottor Benjamin Spock. Subito dopo la fine della guerra questo pediatra scrive un manuale per genitori che riscuote un successo immediato e travolgente: viene tradotto in 39 lingue e vende 50 milioni di copie (soltanto la Bibbia gli sta sopra nelle classifiche dei bestseller di allora).[17] Il messaggio è semplice: i bambini hanno dei diritti e vanno ascoltati, assecondati, aiutati a scoprire e capire le loro libere inclinazioni. L'obbedienza non è sempre e comunque una virtù. Le «nuove, democratiche famiglie» americane devono essere governate da rapporti paritetici tra sessi e generazioni: la «filiarchia» deve sostituire patriarcato e matriarcato.[18]

La percezione di rappresentare un "capitale" accomuna le giovani generazioni di ogni parte del mondo e non si limita alle sue regioni più sviluppate. Come gli storici hanno ampiamente documentato, il secondo dopoguerra – a differenza del primo – inaugura una nuova età dell'oro: quasi trent'anni gloriosi di crescita pressoché ininterrotta dell'intera economia mondiale tra 1945 e 1973. Anche l'Africa vede crescere in quel periodo il proprio reddito medio pro capite a un ritmo medio annuo pari al 2%: record mai nemmeno sfiorato in precedenza e superato soltanto

15. G.S. Becker, *Human capital: a theoretical and empirical analysis, with special reference to education*, New York, National Bureau of Economic Research-Columbia University Press, 1964 [tr. it. Roma-Bari 2008]; Id., *The economic approach to human behavior*, Chicago, University of Chicago Press, 1976 [tr. it. Bologna 1998]; Id., *A Treatise on the Family*, Cambridge MA, Harvard University Press, 1981.

16. J. Weiss, *To have and to hold: marriage, the baby boom, and the social change*, Chicago, Chicago University Press, 2000, p. 118.

17. B. Spock, *The commonsense book of baby and childcare*, New York, Duell, Sloan and Pearce, 1946.

18. Owram, *Born*, pp. 20, 23; S. Mintz, S. Kellogg, *Domestic revolutions: a social history of American family life*, New York, Free Press, 1988, p. 187.

dopo il 2000.[19] In Egitto, Algeria, Senegal, Kenya e in gran parte del continente, il "capitale umano" incarnato dalle università costituisce una delle sfide fondamentali per i nuovi governi indipendenti e i nuovi regimi nazionalisti, nonché il terreno naturale di coltura delle ambizioni dei ceti urbani relativamente agiati che ne sono la principale base di consenso. In Cina l'istruzione superiore rappresenta una delle vie d'uscita dalla catastrofe del Grande Balzo in Avanti: anche qui, come in Africa, preclusa alla stragrande maggioranza della popolazione contadina, ma aperta ai figli delle élite urbane e dei quadri intermedi del Partito comunista. È su di loro che il presidente Mao Zedong, isolato e in disgrazia dopo il fallimento del Balzo in Avanti, tenta di fare leva con la Rivoluzione Culturale da lui lanciata nel 1966. In altri grandi paesi asiatici come India e Pakistan, l'università diviene rapidamente una vetrina del successo del nuovo stato post-coloniale e il «capitale umano» degli studenti uno strumento, anche ideologicamente formato, di futuro della nazione. In quelli più piccoli e più vicini all'Occidente (Corea del sud, Taiwan, Singapore, Hong Kong) destinati a diventare le «tigri asiatiche» protagoniste di un nuovo miracolo economico, la scolarizzazione di massa è – insieme alla riforma agraria – una delle condizioni cui gli Stati Uniti vincolano i loro ingenti aiuti economici in funzione anticomunista. Tra 1948 e 1960 le spese statali coreane per l'istruzione salgono dall'8 al 15% della spesa pubblica e si rivelano fattore determinante per l'uguaglianza e la coesione sociale interna (nonostante la natura autoritaria del regime politico) e per la formazione di strati operai e manageriali capaci di governare la successiva apertura alla globalizzazione commerciale.[20]

19. A. Maddison, *The world economy: historical statistics*, Paris, Oecd, 2003, tab. 8b, p. 263. Il termine «età dell'oro» appartiene a *The golden age of capitalism: reinterpreting the postwar experience*, a cura di S.A. Marglin e J.B. Schor, Oxford, Clarendon, 1991, ed è stato ripreso da E.J. Hobsbawm, *Il secolo breve*, Milano, Rizzoli, 1995 [ed. or. New York 1994]. Quello di «trenta gloriosi» a J. Fourastié, *Les Trente Glorieuses: ou la révolution invisible de 1946 á 1975*, Paris, Fayard, 1979. Nella storia francese le «trois glorieuses» sono le giornate della rivoluzione parigina del luglio 1830 che portarono alla destituzione del re Carlo X.

20. Tra il 1950 e 1960 la quota di proprietari coltivatori diretti coreani raggiunge il 96% del totale: cfr. D.J. Yoong, Y.K. Yong, *Land reform, income redistribution, and agricultural production in Korea*, in «Economic Development and Cultural Change», 48 (2000), pp. 253-268; S.O. Park, *Innovation systems, networks, and the knowledge-based economy in Korea*, in *Region, globalization, and the knowledge-based economy*, a cura di J.H. Dunning, Oxford, Oxford University Press, 2000, pp. 328-348.

Alle più diverse latitudini, insomma, la generazione del Sessantotto arriva all'università sotto la spinta di crescenti aspettative. Ma si scontra bruscamente con strutture inadeguate ad accoglierla. In Brasile, Polonia e Ungheria più di metà dei potenziali iscritti non ha un posto fisico per partecipare alle lezioni, in India solo un quinto degli universitari può dormire in una foresteria.[21] Il luogo che rappresenta nello stesso tempo il simbolo e lo strumento di un futuro immaginato come migliore di quello dei loro genitori, si rivela insufficiente e arcaico: una specie di collo di bottiglia inevitabilmente destinato a surriscaldarsi per effetto della *frizione* esercitata da un'inedita e straripante massa critica di utenti. Quasi in tempo reale il sociologo francese Raymond Boudon chiama *déplacement*, spaesamento, la reazione degli studenti di fronte a questa frantumazione dei propri sogni. Finalmente arrivano a quell'istruzione superiore cui i loro genitori non hanno potuto accedere, ma la realtà si rivela assai peggiore di quella «viziata» che i loro stessi genitori li hanno incoraggiati ad aspettarsi.[22]

Déplacement è un termine che nasce dallo studio ravvicinato del caso francese ma nel suo significato generale può applicarsi a tutte le scintille raffigurate nella figura 1. La *frizione* contro un'università insufficiente dal punto di vista quantitativo riguarda tutti gli studenti – da Parigi a New Delhi – e non tarda a tradursi in *frizione* qualitativa contro insegnanti distaccati, retrogradi e autoritari, ben lontani dalla amorosa sollecitudine cui sono stati abituati in famiglia. La delusione provata in sede di istruzione superiore genera negli universitari un «effetto rimbalzo» – come lo definisce Albert Hirschman – che predispone all'azione collettiva.[23] D'altra parte la risposta delle istituzioni si muove ancora nella logica ottocentesca della funzionalità sistemica dell'istruzione superiore: formare classi dirigenti e lavoratori specializzati. Clark Kerr, rettore di Berkeley nel 1968, è uno di quelli che la nuova università di massa l'hanno voluta

21. M. de Moraes Ferreira, *1968 au Brésil*, in «Vingtième Siècle», 35 (2010), pp. 171; R. Cornell, *Students and politics in the communist countries of Eastern Europe*, in «Daedalus», 97 (1968), p. 169; W.J. Haggerty, *Higher and professional education in India*, Washington DC, Institute of International Studies, 1969, p. 108.

22. R. Boudon, *La crise universitaire française: essai de diagnostic sociologique*, in «Annales», 24 (1969), pp. 738-764. A distanza di tempo Boudon torna sull'argomento confermando la restrizione degli sbocchi occupazionali per i laureati fino al 1973: cfr. Id., *The French university since 1968*, in «Comparative Politics», 10 (1977), pp. 89-119.

23. A.O. Hirschman, *Felicità privata e felicità pubblica*, Bologna, il Mulino, 1983 [Princeton 1982], pp. 88-89.

e realizzata, per reagire al vantaggio conquistato dai sovietici con il lancio dello Sputnik nello spazio (1857) secondo criteri di efficienza della ricerca scientifica e tecnologica in stretta aderenza non solo alle tendenze del mercato del lavoro, ma anche alle esigenze delle grandi compagnie private.[24] Nell'Europa di oltrecortina il corrispettivo è rappresentato dalla rigida normalizzazione ideologica dell'istruzione superiore che precede il 1956.[25] Ma l'afflusso di massa e l'effetto-rimbalzo delle strutture inadeguate si rivelano più forti di ogni disegno tecnocratico.

4. *Donne*

La reazione spontanea a una situazione circoscritta e materiale di strutture inadeguate non fatica a trasformarsi in presa di posizione consapevole nei confronti di un mondo che, a dispetto della modernità, racchiude ancora guerre, ingiustizie e la minaccia costante ed esiziale della bomba atomica. Il Sessantotto degli studenti non somiglia così a nessuno dei modelli di rivoluzione – dalla *jacquerie* contadina alla sommossa giacobina, al colpo di stato militare – proposti fino ad allora dalla storiografia.[26] Ma, come osserva Jack Goldstone, proprio a partire dagli anni Settanta la categoria storiografica di rivoluzione si allarga progressivamente per comprendere i movimenti sociali e le trasformazioni culturali, in una direzione che rispecchia (senza dirlo) la traiettoria seguita dal Sessantotto.

> Mentre le «grandi rivoluzioni» del passato hanno tutte più o meno condotto a dittature populiste e guerre civili, diverse delle rivoluzioni più recenti –

24. C. Kerr, *The uses of the university*, Cambridge MA, Harvard University Press, 1963. All'epoca il testo di riferimento teorico negli Usa per il nesso tra università e sviluppo economico è E.F. Denison, *The sources of economic growth in the United States and the alternatives before us*, New York, Committee for Economic Development, 1962.

25. J. Connelly, *Captive university: the sovietization of East German, Czech, and Polish higher education 1949-1956*, Chapel Hill NC, University of North Carolina Press, 2000; D.I. Augustine, *Red Prometheus: engineering and dictatorship in East Germany 1945-1990*, Cambridge MA, Mit Press, 2007.

26. C. Johnson, *Revolution and the social system*, Stanford CA, Hoover Institution, 1964; J. Goldstone, *Theories of revolution: the third generation*, in «World Politics», 32 (1980), pp. 425-453; J. Foran, *Theories of revolution revisited: toward a fourth generation*, in «Sociological Theory», 11 (1993), pp. 1-20; C.B. Kroeber, *Theory and history of revolution*, in «Journal of World History», 7 (1996), pp. 21-40.

nelle Filippine, in Sudafrica, in Unione Sovietica e nell'est Europa – sembrano proporre un nuovo modello in cui il collasso rivoluzionario del vecchio regime si coniuga a una transizione alla democrazia relativamente non violenta [...]. In effetti questi eventi possiedono un nucleo di elementi comuni: a) spinte a cambiare il regime politico che poggiano su visioni antagonistiche di un ordine giusto, b) un notevole livello di mobilitazione di massa formale o informale, e c) spinte a forzare il cambiamento attraverso azioni non istituzionalizzate come dimostrazioni di massa, proteste, scioperi o violenze. Questi elementi possono essere combinati insieme per costruire una definizione più ampia e più contemporanea di rivoluzione: e cioè una spinta a trasformare le istituzioni politiche e le fonti di legittimazione dell'autorità politica di una società, accompagnata da mobilitazioni di massa formali o informali e da azioni non istituzionalizzate capaci di mettere in discussione le autorità costituite.[27]

È interessante notare come negli ultimi anni anche la sociologia storica che studia i movimenti di massa abbia progredito in una direzione convergente. Secondo questa letteratura più recente, gli effetti dei movimenti sociali non possono più essere misurati nei termini dicotomici di vittoria o sconfitta, bensì nei termini di modificazioni più profonde e meno immediatamente visibili della sfera culturale, soprattutto nei loro risvolti di vita personale quotidiana.[28] Queste trasformazioni possono anche rappresentare conseguenze non intenzionali dei movimenti medesimi e non figurare espressamente nei loro programmi, ma non per questo sono meno importanti. Il movimento femminista, per fare un esempio, può non raggiungere l'obiettivo di una piena parità tra i sessi, ma comunque cambiare radicalmente il senso comune di milioni di donne. È una circostanza ben presente in una interpretazione reazionaria e deprecatoria degli effetti a distanza dei movimenti di massa, che attribuisce al Sessantotto capacità tremende di pervertimento irreversibile della cultura civile.[29]

27. J. Goldstone, *Towards a fourth generation of revolutionary theory*, in «Annual Review of Political Science», 4 (2001), pp. 141, 143.

28. C. Tilly, *From interactions to outcomes of social movements*, in *How social movements matter*, a cura di M. Giugni, D. McAdam e C. Tilly, Minneapolis, University of Minnesota Press, 1999, pp. 253-270; J. Earl, *The cultural consequences of social movements*, in *The Blackwell companion to social movements*, a cura di D.A. Snow, S.A.Soule e H.Kriesi, Oxford, Blackwell, 2004, pp. 508-530; L. Bosi, K. Uba, *Introduction: the outcomes of social movements*, in «Mobilization: An International Journal», 14 (2009), pp. 409-415.

29. A. Bloom, *The closing of the American mind: how higher education has failed democracy and impoverished the souls of students*, New York, Simon and Schuster, 1987;

> La rivoluzione sessuale degli anni Sessanta fu quasi certamente soltanto un miraggio per la stragrande maggioranza delle persone, giovani o vecchie che fossero. Per quanto si può giudicare, interessi e pratiche sessuali in genere non cambiarono così rapidamente e radicalmente come allora si aveva l'abitudine di sostenere.[30]

> L'impatto del 1968 fu di portare alla ribalta quella che era stata una lenta trasformazione dei costumi sessuali nel corso del mezzo secolo precedente e permetterle di esplodere sulla scena sociale del mondo, con enormi ripercussioni per il diritto, le pratiche di vita, le religioni e il dibattito culturale.[31]

Judt e Wallerstein sostengono posizioni diametralmente opposte, ma a prima vista sembra difficile non dare ragione al primo. Amore libero, coppie aperte, comuni sono tra gli aspetti folkloristici del Sessantotto cui oggi si guarda con poca condiscendenza e zero nostalgia. Eppure, un sondaggio condotto nel 1969 su un campione stratificato (cioè selezionato per affinità con l'universo della popolazione femminile italiana) di 500 giovani donne italiane e delle loro 500 madri ci restituisce un quadro diverso. Solo un terzo delle mamme considera un'attività sessuale soddisfacente come fondamento di un buon matrimonio, contro il 90% delle figlie; due terzi delle mamme ritengono il sesso lecito solo da sposate, contro il 13% delle figlie; metà delle mamme non raggiungono mai l'orgasmo e un altro quarto non sa rispondere contro il 31% e il 12% delle figlie.[32] Rispetto ad altre ricerche assai più ampie (come quelle condotte

R. Kimball, *The long march: how the cultural revolution of the 1960s changed America*, San Francisco, Encounter Books, 2000; M. Veneziani, *Rovesciare il Sessantotto. Pensieri contromano su quarant'anni di conformismo di massa*, Milano, Mondadori, 2008.

30. Judt, *Dopoguerra*, p. 490. Stima sotto il 6% nel 1969 la quota di teenager inglesi con esperienze di rapporti sessuali G. Gorer, *Sex and marriage in England today: a study of the views and experience of the under-45s*, London, Nelson, 1971.

31. I. Wallerstein, *World system analysis: an introduction*, Durham NC, Duke University Press, 2004, p. 85.

32. L. Harrison, *La donna sposata. Mille mogli accusano*, Milano, Feltrinelli, 1972, p. 41. Per dati simili cfr. Tyler May, *Homeward bound*, p. 221; DeGroot, *The 60s*, p. 220; C.F. Turner, R.D. Danella, S.M. Rogers, *Sexual behavior in the United States 1930-1990: trends and methodological problems*, in «Sexually Transmitted Diseases», 22 (1995), pp. 173-190; S.L. Caron, E.G. Moskey, *Changes over time in teenage sexual relationships: comparing the high school class of 1950, 1975, and 2000*, in «Adolescence», 37 (2002), pp. 515-526; N. Beckman *et al.*, *Secular trends in self reported sexual activity and satisfaction in Swedish 70 year olds: cross sectional survey of four populations, 1971-2001*, in «BMJ»,

da Ronald Inglehart) il sondaggio italiano ha il pregio di mettere in evidenza la rottura di trasmissione generazionale diretta di valori e comportamenti interna alla famiglia. Alla connessione verticale tra madri e figlie si sostituisce almeno in parte la connessione orizzontale tra coetanee, che avviene sia attraverso i modi concreti della socializzazione *faccia a faccia*, sia attraverso i modi virtuali veicolati dai media.[33] Ecco un esempio concreto di effetto ricaduta dei movimenti sociali non valutabile nei termini manichei e immediati di vittoria o sconfitta. Su un piano assai meno significativo ma in qualche modo preparatorio ai mutamenti della sfera sessuale, la quota di giovani tedeschi dell'ovest che possono tornare a casa a qualsiasi ora della notte sale dal 2% (1% delle femmine) del 1966 al 48% (42%) del 1976.[34] Negli Stati Uniti tra 1950 e 1970 le ragazze che vanno a scuola aumentano dal 6 al 20% della classe di età compresa tra 18 e 24 anni; tra 1900 e 2000 la quota di donne salariate cresce dal 6 al 60% della popolazione femminile sopra i 16 anni; tra 1935 e 1970 i favorevoli all'impiego extradomestico delle donne sposate salgono dal 20 al 55%.[35] Come si vede, non sono cose che cambiano in un anno. La generazione del Sessantotto funziona anche da catalizzatore di processi che si accumulano nel tempo, con ritmi di crescita assai ineguali.

168 (2008), DOI: 337:a279 doi:10.1136/bmj.a279. Tra circa 40 mila persone interrogate nel periodo 1990-1993 in 43 paesi di tutti e cinque i continenti, la percentuale media non ponderata di quelle che ritengono «molto importante» una felice intesa sessuale passa dal 57% di quelle sopra 50 anni al 65% di quelle tra 30 e 49 anni, al 67% di quelle tra 16 e 29: R. Inglehart *et al.*, *Human values and beliefs: a cross-cultural sourcebook*, Ann Arbor, University of Michigan Press, 1998, tav. V207.

33. Secondo un sondaggio inglese del 1965 due terzi dei maschi tra 16 e 45 anni e un terzo delle femmine non hanno ricevuto educazione sessuale dai genitori: cfr. M. Schofield, *The sexual behaviour of young people*, London, Longmans, 1965.

34. Siegfried, *Don't Trust*, p. 739.

35. Owran, *Born*, p. 17; D.L. Costa, *From mill town to board room: the rise of women's paid labor*, in «Journal of Economic Perspectives», 14 (2000), Figure 1 p. 104; Mintz-Kellogg, *Domestic Revolutions*, p. 139; R. Fernández, A. Fogli, C. Olivetti, *Mothers and sons: preference formation and female labor force dynamics*, in «Quarterly Journal of Economics», 119 (2004), pp. 1249-1299; S. Albanesi, C. Olivetti, *Gender roles and technological progress*, New York, Columbia University, Department of Economics, Discussion Paper 0607-12, 2007, p. 34; R.R. Rindfuss, K.L. Brewster, A.L. Kavee, *Women, work, and children: behavioral and attitudinal change in the United States*, in «Population and Development Review», 22 (1996), pp. 457-482.

Tabella 1. Media degli anni di scuola completati dalle femmine sopra i 15 anni di età*

	1950	1960	1970	1980	1990	2000	2010
Mondo	78,3	79,0	80,5	80,9	86,2	86,0	89,0
Paesi in via di sviluppo (122)	62,5	66,5	70,8	73,3	81,2	82,0	85,9
Medio Oriente/nord Africa	40,6	41,8	43,4	52,2	61,3	72,2	80,4
Africa sub sahariana	58,8	56,9	57,0	58,4	67,2	74,4	80,0
America latina/Caraibi	84,4	86,8	88,1	91,6	97,2	97,5	98,4
Asia orientale/Pacifico	49,4	55,8	68,4	74,2	88,3	84,2	88,5
Asia meridionale	26,6	30,4	37,7	42,1	50,7	59,5	68,6
Paesi sviluppati (24)	92,0	91,3	92,5	92,8	95,7	95,5	97,8
Paesi ex socialisti	74,4	83,2	83,2	86,6	91,4	96,7	98,3

*Percentuale rispetto alla media dei maschi, ponderata secondo il peso demografico di ogni paese, 1950-2010. Fonte: R.J. Barro-J.W. Lee, *A new data set of educational attainment in the world 1950-2010*, in «Journal of Development Economics», 104 (2013), Table 4, p. 189.

Come si vede, è del pari una strada (ancora) lunga. Il Sessantotto ci si colloca nel mezzo senza determinare particolari mutamenti di ritmo che abbiano rilevanza globale. Claudia Goldin estrapola dalla storia degli Stati Uniti un modello di «rivoluzione silenziosa» delle donne, che passa per tre diverse fasi evolutive e una quarta fase rivoluzionaria attraverso trasformazioni parallele in tre sfere della loro vita sociale: scolarità, lavoro e famiglia. Le prime tre fasi abbracciano un arco di tempo secolare compreso tra 1880 e 1970. Dapprima sono donne giovani e poco scolarizzate a ricoprire occupazioni saltuarie non qualificate (domestiche, lavandaie) fino al matrimonio che segna l'uscita definitiva dal mercato del lavoro. Poi con le guerre mondiali sale il numero di donne non più soltanto giovani, impiegate in lavori intellettuali (segretarie, insegnanti, infermiere, bibliotecarie) grazie a un più alto livello di scolarità. Ma solo una ristretta minoranza continua a lavorare da sposata, anche a causa di leggi e contratti di lavoro punitivi delle gravidanze. Tra gli anni Cinquanta e gli anni Settanta la terza fase evolutiva incrina, come abbiamo visto, il muro dell'incompatibilità tra essere madri e lavoratrici e grazie a fattori esogeni – dagli elettrodomestici agli impieghi a tempo parziale – le occupazioni femminili acquistano stabilità e prospettive di carriera. Si genera tuttavia una nuova contraddizione tra il capitale umano incarnato da titoli di studio sempre più qualificati e un livello retributivo che invece rimane a stabile distanza dagli standard maschili. Ma la presenza di due redditi, seppur squilibrati, aumenta sensibilmente il benessere dei nuclei familiari: è l'America prospera degli anni Cinquanta, dei sobborghi residenziali, delle automobili e dei centri commerciali. Gli anni Settanta invece corrispondono alla «rivoluzione» sotto il profilo dell'età al matrimonio che si innalza insieme al prolungamento degli studi e al conseguimento di titoli qualificati anche in ambiti scientifici fin allora monopolio maschile, preludio a una prima significativa riduzione del gap salariale con i maschi che si dispiega nel decennio successivo. Cambiano allora orizzonte mentale, identità e potere decisionale delle donne; cambiano le aspettative e i progetti di vita, che non si riducono più all'attesa del "principe azzurro"; cambiano i documenti che mantengono il cognome da nubile; cambia la relazione tra vita pubblica e vita privata perché la soddisfazione sul lavoro diventa una componente della felicità personale, che a sua volta diventa almeno in parte anche una questione di scelta.[36]

Uno dei fattori che Goldin pone alla base della *quiet revolution* è la possibilità di una vita sessuale più libera e indipendente introdotta dalla «pillola»: è anche – o forse soprattutto – grazie a essa se si riesce a ritardare il matrimonio e a rimanere di più agli studi. Alla fine degli anni Sessanta la usa un quarto delle ragazze sotto i trent'anni negli Stati Uniti, un quinto delle coppie sposate inglesi (e il 10% delle donne non sposate), l'8% delle donne italiane sotto i quarant'anni.[37] Non si può infatti scordare che il Sessantotto si colloca in mezzo all'unica finestra temporale della storia umana libera da malattie trasmesse per via sessuale: negli anni Cinquanta gli antibiotici sconfiggono la sifilide (almeno nei paesi ricchi) e l'Aids comparirà solo all'inizio degli anni ottanta. Proprio il Sessantotto apre una fase di globalizzazione dei comportamenti riproduttivi: tra 1960 e 2000 l'uso di anticoncezionali sale in tutto il mondo dal 10% al 60% delle donne

36. C. Goldin, *The Quiet Revolution That Transformed Women's Employment, Education, and Family*, in «American Economic Review. Papers and Proceedings», 96 (2006), pp. 1-21.

37. D. Sandbrook, *White heat: a history of Britain in the swinging sixties*, London, Little Brown, 2006, p. 462; C. Goldin, L.F. Katz, *The power of the pill: oral contraceptives and women's career and marriage decisions*, in «Journal of Political Economy, 110 (2002), p. 732; Harrison, *La donna*, p. 131.

sposate (oggi siamo al 75%), sia pure con pronunciate differenze: dal 9% del Mali (oggi 41%) al 76% del Brasile (oggi 89%). Non si tratta solo di spontanea diffusione culturale. Talvolta ci si mette anche la potente "mano visibile" degli stati nazionali: nel 1955 i paesi con politiche attive di pianificazione familiare e di controllo delle nascite sono 2 ma salgono a 113 nel 1988, con alcuni casi-limite (come quello cinese) di restrizione severa delle libertà individuali attraverso pesanti sanzioni fiscali per le famiglie con più di due figli.[38]

Con forza sempre minore via via che ci si allontana dal Nordamerica, si diffonde un mutamento generazionale. I genitori «democratici» formati dal dr. Spock sono i primi a ragionare in massa sul matrimonio non come un destino scontato ma come una pianta che necessita di cure. Nel decennio postbellico sono più di mille i libri pubblicati sull'argomento negli Stati Uniti, seguiti a ruota dalle *sit-com* televisive.[39] A loro volta, i figli «viziati» da questi genitori sono incoraggiati a sperimentare la possibilità di un uso più libero e consapevole della sessualità: convivono senza sposarsi, ritardano il matrimonio, divorziano di più e i loro comportamenti intimi diventano oggetto di inchieste periodiche. Tra 1969 e 1973 la percentuale di quelli che nei sondaggi d'opinione condotti negli Stati Uniti disapprovano i rapporti sessuali prematrimoniali cala dal 68 al 48%. Un tradizionale rito di passaggio maschile, come l'iniziazione sessuale nelle case di tolleranza, declina rapidamente.[40] Un piccolo bestseller dell'epoca (se raffrontato

38. Unicef, *The state of the world's children 2005*, New York, United Nations Children's Fund, 2004, Table 8 p. 137; Id., *The state of the world's children 2018*, New York, United Nations Children's Fund, 2018, Table 3 p. 196; L. Pritchett, *Desired fertility and the impact of population policies*, in «Population and Development Review», 20 (1994), pp. 1-56; T. White, *China's longest campaign: birth planning in the People's Republic*, Ithaca NY, Cornell University Press, 2006. Il riferimento all'immagine della "mano visibile" (contrapposta alla visione del mercato come "mano invisibile" capace di accrescere e distribuire ricchezza, formulata da Adam Smith) è a A.D. Chandler, *La mano visibile. La rivoluzione manageriale nell'economia americana*, Angeli, Milano, 1981 [Cambridge MA 1977].

39. Owram, *Born*, p. 21.

40. Tyler May, *Homeward Bound*, p. 221; J.R. Gillis, *Youth and history: tradition and change in European age relations 1770-present*, New York-London, Academic Press, 1974, p. 189. Negli Usa l'età media delle donne al primo matrimonio cala fino a 20,3 anni nel 1960 per poi risalire a 20,8 nel 1970 fino a 23,9 nel 1990. In Inghilterra il tasso di divorzi per mille adulti sposati sale da 2,8 nel 1965 a 9,6 nel 1975 e a 12 nel 1980: Owram, *Born*, p. 18; Sandbrook, *White heat*, p. 658. Per la diffusione di questi costumi matrimoniali cfr. L. Rosero-Bixby, *Nuptiality trends and fertility transition in Latin America*, in *The fertility transition in Latin America*, a cura di J.M. Guzmán *et al.*, Oxford, Oxford University Press, 1996, pp.

ai numeri del dr. Spock) è *La scimmia nuda* dell'antropologo Desmond Morris – 10 milioni di copie in 23 lingue – che racconta come l'apparato sessuale degli umani sia il più grande fra quelli di tutti i primati e teorizza la promiscuità sessuale come un comportamento naturale.[41] Per il principe azzurro e il "marito posizionato" c'è sempre meno posto. Il matrimonio come sistemazione (in chiesa o in comune) non va più di moda, come mostra la Fig. 5.

5. *Effetto farfalla*

Insomma, per storicizzare il Sessantotto bisogna prendere le distanze dalla sfera soggettiva delle ideologie, delle assemblee e dei cortei, per andare alla ricerca di modificazioni molecolari meno vistose nel senso comune e nella vita quotidiana dei singoli individui. Come ci ricorda Doug McAdam, in uno degli epicentri della mobilitazione studentesca – gli Stati Uniti – la percentuale di coloro che durante il 1968 partecipano attivamente alle agitazioni non supera il 4% degli appartenenti alla medesima generazione. Eppure, ancora trent'anni dopo, un campione rappresentativo non solo dei sessantottini ma di *tutta* quella generazione ormai diventata quasi anziana mette in mostra stili di vita (percentuali maggiori di single e divorziati, minor numero di figli) che denotano gli influssi sotterranei e pervasivi di quella ristretta minoranza e di quel particolare momento di rottura.[42] Anche per chi non vi partecipa soggettivamente, il Sessantotto allarga il panorama dei punti di riferimento e dei modelli di vita (ideologie

135-150; E. Sonnino, *La popolazione italiana dall'espansione al contenimento*, in *Storia dell'Italia repubblicana*, Torino, Einaudi, 1995, vol. II, t. 1, p. 596; A. Schildt, D. Siegfried, *Youth, consumption, and politics in the age of radical change*, in *Between Marx and Coca-Cola: youth cultures in changing European societies 1960-1980*, a cura di A. Schildt e D. Siegfried, New York-Oxford, Berghahn, 2006, p. 20; N. Ogawa, R.D. Retherford, *The resumption of fertility decline in Japan 1973-1992*, in «Population and Development Review», 19 (1993), pp. 703-741. Tra le inchieste più famose sui comportamenti sessuali cfr. A. Kinsey *et al.*, *Sexual behavior in the human female*, Philadelphia, Saunders, 1953; W.H. Masters, V.E. Johnson, *Human Sexual Response*, Toronto-New York, Bantam Books, 1966.

41. D. Morris, *La scimmia nuda. Studio zoologico sull'animale uomo*, Milano, Bompiani, 1974 [London 1967].

42. D. McAdam, *The biographical impact of activism*, in *How social movements matter*, a cura di M. Giugni, D. McAdam e C. Tilly, Minneapolis, University of Minnesota Press, 1999, pp. 117-146. Per dati concordanti sul *gap* tra ristretta minoranza attiva e larga

politiche della New Left e del Black Power, filosofie orientali, ambientalismo) che vanno ad affiancarsi a quelli tradizionali, incarnati dalla famiglia d'origine e dal sistema scolastico e civile della nazione cui si appartiene. Sondaggi condotti in sei nazioni dell'Europa occidentale mostrano che tra gli anziani con più di 65 anni nel 1970 i valori «materialisti» connessi alla conquista del benessere economico sono 12 volte più presenti che tra i giovani con meno di 25 anni: tra questi ultimi predominano valori «post-materialisti»: libertà sessuale, femminismo, ambientalismo, secolarizzazione, diritti umani.[43] È chiaro che in questo cambio di priorità giocano un ruolo importante la fuoruscita dal precario orizzonte di scarsità dell'immediato dopoguerra e la relativa diffusione di sicurezza e prosperità. Ma pare altrettanto chiaro che il risultato, non ristretto all'Europa occidentale, è quello di una nuova generazione «viziata» dalle aspettative su di essa riversate dalla generazione precedente.

Diverse svolte di portata mondiale che a prima vista non sembrano intrattenere alcun nesso con il Sessantotto – la fine del comunismo, la divisione politica del mondo islamico, la lotta alla povertà intrapresa dalla Banca Mondiale, la rivoluzione informatica – nascono invece dalla rottura determinata dal Sessantotto nelle biografie degli individui. Quella rottura non trova spazio politico immediato (anzi spesso va incontro alla repressione e a uno spostamento verso destra degli equilibri politici nei vari contesti nazionali) però mette in moto una crisi lenta e graduale, ma inesorabile, di consenso e legittimità di quegli stessi equilibri tradizionali. In modi del tutto inaspettati e imprevedibili per i protagonisti e i testimoni di quel tempo (ma anche per gli storici dell'età contemporanea), il Sessantotto rappresenta la svolta periodizzante dell'intera seconda metà del Novecento.

L'invasione della Cecoslovacchia nel 1968 – seimila carri armati, quasi il doppio di quanti ne aveva impiegati Hitler per attaccare l'Urss nel giugno 1941 – segna un'inversione di ciclo economico per tutto il blocco di paesi facenti capo all'Unione Sovietica. I consumi privati, timidamente cresciuti nel decennio precedente, tornano a essere compressi, a tutto vantaggio del complesso militare-industriale; l'economia torna a essere rigidamente centralizzata; l'ideologia di stato torna a essere strumento severo

area diffusa di simpatia, cfr. N. Thomas, *Challenging Myths of the 1960s: The Case of Student Protest in Britain*, in «Twentieth Century British History», 13 (2002), pp. 282-283.

43. R. Inglehart, *The Silent Revolution in Europe: Intergenerational Change in Post-Industrial Societies*, in «American Political Science Review», 65 (1971), pp. 991-1017.

di allineamento e disciplina. Si gonfiano le aspettative dell'ala più aggressiva del Cremlino di fronte alle difficoltà dell'avversario americano, tra ritiro dal Vietnam e scandalo Watergate. Quella che è stata definita la «seconda guerra fredda» matura con gli interventi militari in Angola (1974), Etiopia (1977), Afghanistan (1979).[44] Ma si consuma così un divorzio tra *nomenklatura* e società civile che l'estremo tentativo riformatore di Gorbacëv condurrà al punto di rottura.

Viceversa, proprio l'invasione della Cecoslovacchia spinge Mao e il resto del gruppo dirigente a considerare l'Unione Sovietica come «il nemico principale» sulla scena internazionale e, di conseguenza, a valutare seriamente sul piano interno la necessità di un rapido ritorno all'ordine. Fin dalla primavera del 1968 le Guardie Rosse della Rivoluzione Culturale vengono smobilitate, non senza l'intervento pesante di reparti militari. Allo stesso periodo (novembre 1968) risale, non casualmente, la prima proposta di colloqui riservati indirizzata da Pechino alla Casa Bianca. La Cina comunista si trasforma da potenza rivoluzionaria sovversiva degli equilibri bipolari a soggetto consapevole della *governance* mondiale, ispirato da criteri di Realpolitik rispetto al proprio interesse nazionale piuttosto che da visioni ideologiche del mondo. L'ex segretario del partito Deng Xiaoping, esiliato dalla Rivoluzione Culturale, viene richiamato a Pechino da un Mao ormai malato nel 1973. Dopo un'altra dura battaglia tra 1976 e 1978, Deng tornerà a guidare il paese nell'epoca delle grandi modernizzazioni e dell'apertura al mercato globale. Il Sessantotto decide in senso diametralmente opposto i destini di Cina e Unione Sovietica.

Nel mondo musulmano i disordini che a partire dal febbraio 1968 insanguinano il Cairo (18 morti tra studenti e operai) segnano la fine del consenso al regime militare nazionalista di Nasser. La battaglia di Karameh, combattuta nel mese successivo al confine tra Israele e Giordania tra esercito israeliano e ribelli palestinesi, separa sul campo la causa palestinese da quella dei paesi arabi sconfitti nella Guerra dei Sei Giorni (1967). Nel Pakistan orientale gli studenti del Sessantotto guidano la rivolta che in nome della lingua bengali (in opposizione alla lingua urdu imposta dal Pakistan occidentale) porta alla scissione del primo stato islamico della storia. Bob McNamara, ministro della Difesa con Kennedy e Johnson, si dimette nel 1968 e va a dirigere la Banca Mondiale, riconvertendola in agenzia di lotta alla povertà. Bernard Kouchner, studente di medicina alla Sorbona durante il maggio francese, va

44. F. Halliday, *The making of the second cold war*, London, Verso, 1986.

come volontario della Croce Rossa in Biafra, la regione nigeriana affamata dalla guerra civile e dal blocco economico imposto dal governo. Nel 1971 fonda Medici senza Frontiere per realizzare una organizzazione umanitaria più vicina alle popolazioni che non ai governi. Tra gli studenti «viziati» del Sessantotto americano figurano Bill Gates e Steve Jobs. Alla scuola del primo le mamme regalano il collegamento telefonico ai computer *mainframe* dell'epoca; al secondo i genitori adottivi consentono di lasciare l'università (per la cui retta avevano impegnato la casa) per seguire i propri sogni.

È un po' come il *butterfly effect* di cui parlano gli scienziati quando studiano sistemi non lineari che non possono essere replicati in laboratorio, come la meteorologia. L'immagine che spesso usano è quella dell'uragano scatenato dal battito d'ali di una farfalla avvenuto settimane prima o a migliaia di chilometri di distanza. Nel loro lessico, spesso ostico, si chiama «dipendenza sensibile dalle condizioni iniziali».[45] In realtà, la farfalla non produce nessun uragano, ci mancherebbe. Ma un cambiamento anche minimo delle condizioni originarie di equilibrio di un sistema può mettere in moto una catena di eventi capace di provocare trasformazioni su vasta scala: il che rende impossibili, per esempio, previsioni del tempo a lunga distanza. La storia umana rimane il sistema non lineare per eccellenza, mai riproducibile in laboratorio. Anche gli apparenti corsi e ricorsi storici, di cui parlava Vico, non si ripetono mai completamente uguali a loro stessi. Proprio per questo, un mutamento collocato in un tempo e in uno spazio lontano può mettere in moto trasformazioni cumulative. Gli studenti in piazza del Sessantotto battono le ali, come le farfalle e, lì per lì, non se ne accorge quasi nessuno e il mondo torna tranquillamente com'era. Ma quel battito d'ali cambia le «condizioni iniziali». I processi storici si alterano in modo inizialmente impercettibile ma alla lunga decisivo. Per gli storici che cercano di praticare una storia globale, aperta sul mondo e non ristretta a una singola area, ciò significa allargare nello spazio e nel tempo il rapporto di causa-effetto rendendolo più elastico e meno immediato e diretto. «Sotto l'asfalto c'è la spiaggia» era uno dei tanti slogan del Sessantotto. Sotto i cortei degli studenti c'è molta più storia di quello che si direbbe a prima vista.

45. J. Gleich, *Caos. La nascita di una nuova scienza*, Milano, Rizzoli, 1989 [New York 1987], p. 27. Per una delle prime formulazioni dell'effetto farfalla cfr. E.N. Lorenz, *Deterministic nonperiodic flow*, in «Journal of the Atmospheric Sciences», 20 (1963), pp. 130-141.

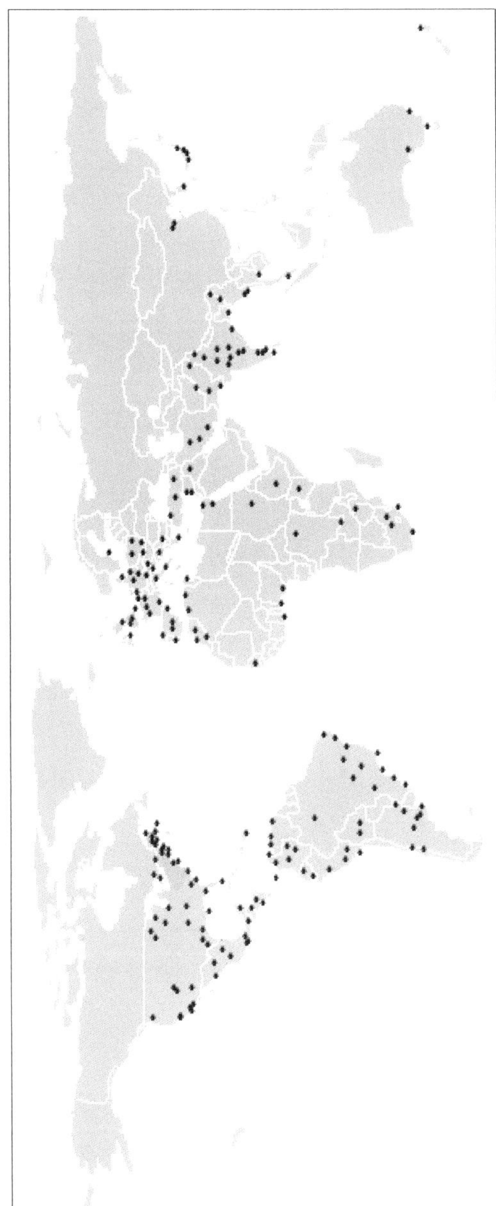

Figura 1. Episodi di rivolta studentesca, ottobre 1967-giugno 1968. Fonte: J.Jousellin, *Les révoltes des jeunes*, Paris, Éditions ouvrières 1968, pp. 13-15.

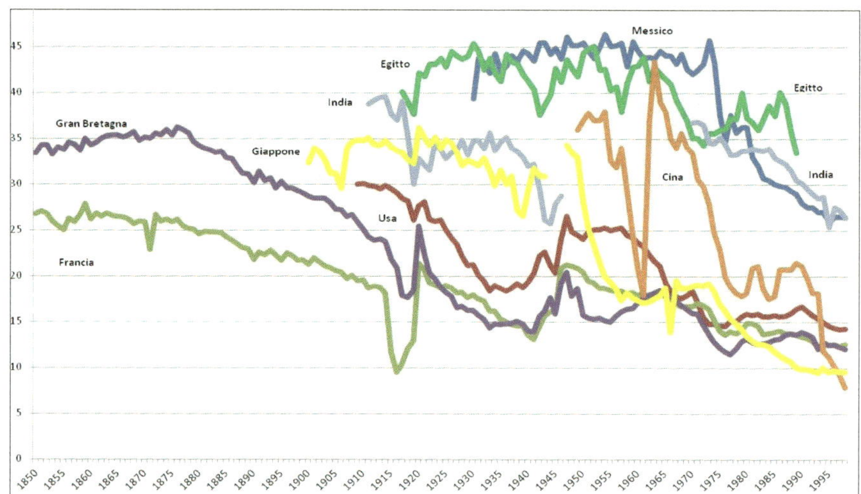

Figura 2. Tassi generici di natalità (nati vivi per mille abitanti) 1850-1998. Fonte: B.R. Mitchell, *International Historical Statistics*, vari volumi, New York, Palgrave MacMillan 2003-2007.

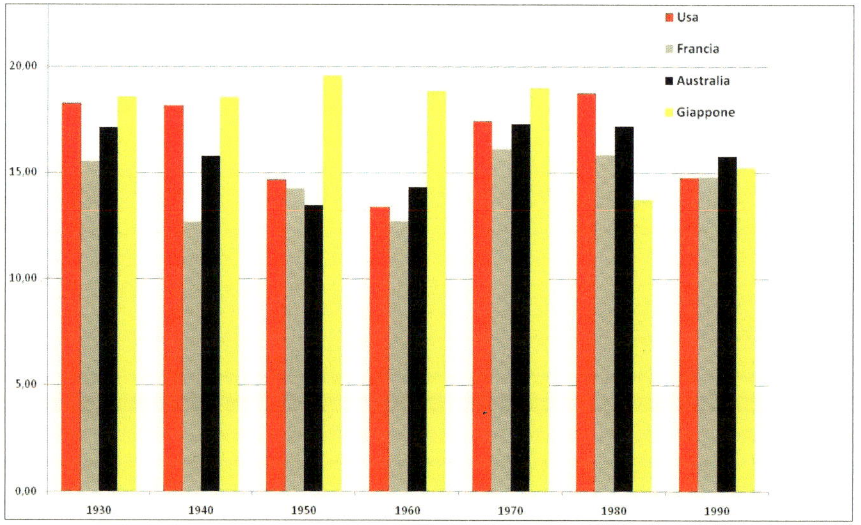

Figura 3. Classe di età 15-24 anni, percentuali sulla popolazione totale 1930-1990. Fonte: Mitchell, *International Historical Statistics*.

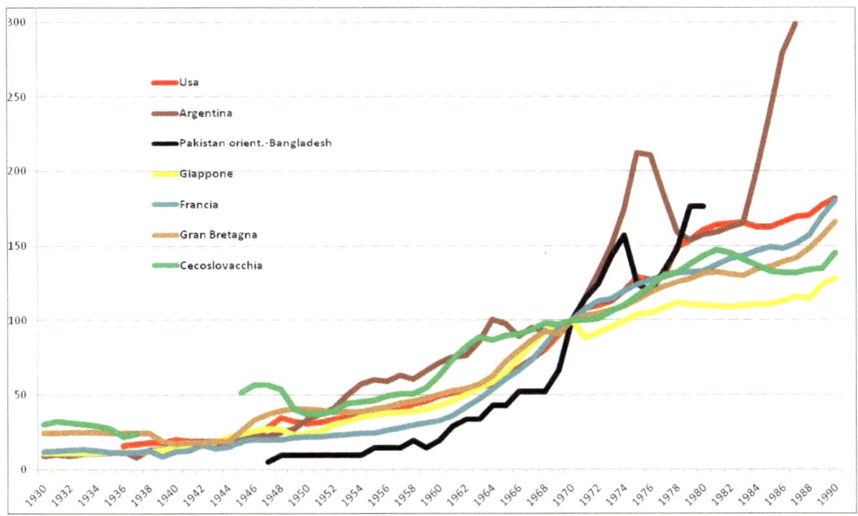

Figura 4. Studenti iscritti all'università o al livello di istruzione superiore, numeri indici (1970=100). Fonte: Mitchell, *International Historical Statistics*.

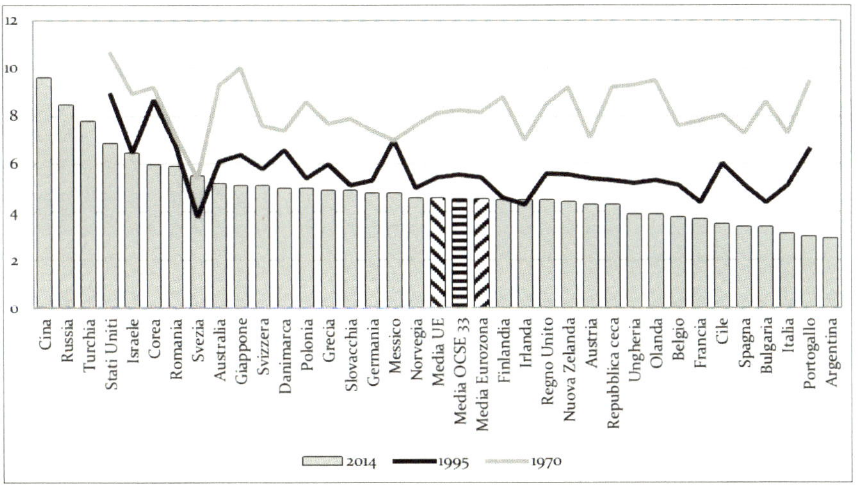

Figura 5. Tassi generici di nuzialità per mille abitanti, 1970, 1995 e 2014.

ANGELO VENTRONE

La violenza politica nella crisi della Repubblica

1. *La violenza come forma di «intelligenza politica»*

> Noi vediamo più a fondo di altri; gli altri si fermano alla carne, non scendono allo scheletro. Noi capiamo che tutto è violenza, che i rapporti sociali sono tutta una finzione, che la carne nasconde uno scheletro di violenza, è solo la violenza che esiste, è solo esercitando la violenza che si manifesta un potere reale; e dunque noi, per essere forti, dobbiamo esercitare la violenza. Perché siamo intelligenti e quindi abbiamo capito che non esiste altro che la violenza, e solo la violenza ci fa esistere in quanto soggetti politici e sociali forti.[1]

Anni dopo la sua partecipazione agli eventi, Enrico Fenzi, uno dei cosiddetti ideologi delle Brigate rosse, ha ricostruito con queste parole una delle ragioni profonde che avevano portato lui e i suoi compagni alla scelta della lotta armata.

La violenza, dunque, come forma di intelligenza politica. Intelligenza in un duplice senso: perché comprensione di qualcosa che agli altri sfugge – gli altri si fermano alla carne, non arrivano allo scheletro delle cose, alla realtà più profonda – e perché giudizio di valore sulle proprie capacità di analisi, superiori a quelle degli altri. In questa prospettiva, dunque, chi esercitava la violenza si collocava nel ristretto gruppo degli illuminati, di coloro che erano capaci di stracciare il velo di Maia perché finalmente consapevoli della vera realtà. Individui intenzionati a svelare l'essenza delle cose, a guidare chi era ancora inconsapevole nella transizione dalla cecità, dall'oscurità, alla chiarezza della visione.

1. S. Zavoli, *La notte della Repubblica*, Roma, Nuova ERI - Milano, Mondadori, 1992, p. 498.

Le frasi di Fenzi sono utili a mettere in rilievo due questioni determinanti. La prima riguarda l'esistenza di due tradizioni politiche, nella cultura occidentale contemporanea, capaci di esprimere una visione della realtà sociale – pur con sostanziali differenze su cui ci soffermeremo più avanti – come basata esclusivamente su rapporti di forza e di potere: il marxismo-leninismo, a cui finiranno con l'ispirarsi, con alcune differenziazioni interne, i gruppi di estrema sinistra, e il fascismo, a cui si riferirà, anche qui in modo non univoco, lo schieramento opposto. La seconda riguarda invece la labilità dei confini che, per molti aspetti, separano l'uso della violenza e la sua legittimazione nell'estrema destra e nell'estrema sinistra. Le parole di Fenzi avrebbero potuto infatti essere del tutto condivise da un militante dell'estrema destra; la netta contrapposizione ideologica, da questo punto di vista, nasconde analogie molto più profonde di quanto si possa immaginare.

Proviamo allora a esaminare in modo comparativo le ragioni che hanno spinto, tra gli anni Sessanta e Settanta del Novecento, la destra e la sinistra rivoluzionaria all'esercizio della violenza e alla sua legittimazione.

Le domande da cui avviare la riflessione mi sembrano essenzialmente due. Perché, in quegli anni, una parte consistente delle giovani generazioni ha espresso un giudizio del tutto negativo sul tempo presente? E perché la violenza è stata vissuta come un mezzo per liberare sé stessi e gli altri, per rigenerare, ovvero per far recuperare agli esseri umani quell'armonia interiore che molti erano convinti la società contemporanea stesse distruggendo? Se vogliamo comprendere le ragioni utilizzate per legittimare la violenza politica nell'Italia di quel ventennio dobbiamo collocare tali domande all'interno della storia delle culture rivoluzionarie del Novecento.

Innanzitutto, va ricordato che le culture rivoluzionarie di destra e di sinistra nel ventennio che stiamo prendendo in esame ruotavano molto attorno alla paura dell'avvento di un nuovo regime totalitario, che veniva descritto come un vero e proprio Grande Fratello, capace di omologare e manipolare la mente di ogni individuo. Una sorta di "totalitarismo perfetto", per così dire, che il progresso tecnologico e i nuovi mezzi di comunicazione di massa avevano reso non solo pensabile, ma addirittura inevitabile se non si fosse fatto nulla per fermarlo.

In effetti, gran parte del secolo scorso è stata attraversata dalla convinzione, condivisa in particolare dalle ali estreme dello schieramento politico, che nei sistemi capitalisti la crescita del benessere materiale tendesse inevitabilmente a degenerare in consumismo, cioè nel consumo per il consumo, nel nevrotico desiderio di avere sempre di più. E se ciò dava all'individuo l'illusoria certezza di essersi reso autonomo tanto dall'ambiente esterno quanto dagli altri esseri umani, nello stesso tempo lo indeboliva (spingendolo ad appoggiarsi sempre più alle macchine per poter condurre la propria vita) e corrodeva gradualmente le reti di solidarietà che lo avevano da sempre protetto, rendendo così ogni essere umano più solo e quindi più fragile. Inoltre, ed era questa un'altra questione dirimente, la spinta a concentrarsi su di sé e sui propri bisogni innanzitutto materiali toglieva necessariamente importanza ai valori morali, ovvero alla disciplina, alla volontà, all'abnegazione, alla capacità di donarsi agli altri e a un progetto collettivo. In altre parole, tutto ciò che da sempre aveva rappresentato la grandezza dell'essere umano finiva silenziosamente nel dimenticatoio.[2]

Grazie al boom economico degli anni Cinquanta e Sessanta, e alla rapida diffusione del benessere, queste convinzioni ritrovarono grande attualità. Come notava Italo Calvino, per esempio, nell'Italia di quegli anni, ormai avevano preso il potere le «cose»,

> gli oggetti che abbiamo creduto di possedere e che ci possiedono [...] lo sviluppo produttivo che doveva essere al nostro servizio e di cui stiamo diventando schiavi [...] i mezzi di diffusione del nostro pensiero che cercano di impedirci di continuare a pensare [...] l'abbondanza di beni che non ci dà l'agio del benessere ma l'ansia del consumo forzato [...] la finta pienezza delle nostre giornate in cui amicizie affetti amori appassiscono come piante senz'aria e in cui si spegne sul nascere ogni colloquio, con gli altri e con noi stessi.[3]

La società contemporanea, avrebbe scritto di lì a poco un altro attento osservatore, si stava dunque rivelando «una dichiarazione di guerra aperta contro la gioia», un tentativo perverso di togliere ogni incanto alla vita, e di dimostrare che «nulla, *assolutamente nulla* è speciale, unico, meraviglioso» perché tutto poteva ormai essere ricondotto a una routine meccanica e standardizzata.

Era questa la ragione per cui era così frequente nei film, nei romanzi, nelle opere teatrali di Jean-Luc Godard, François Truffaut, Michelangelo Antonioni, Samuel Beckett e di tanti altri artisti di quegli anni, la presenza di protagonisti capaci solo di reazioni automatiche, meccaniche, privi cioè

2. Sulle radici di questo timore, cfr. A. Ventrone, *La seduzione totalitaria. Guerra, modernità, violenza politica (1914-1918)*, Roma, Donzelli, 2003.

3. I. Calvino, *I beatniks e il «sistema»* (1962), in *Una pietra sopra. Discorsi di letteratura e società*, Torino, Einaudi, 1980, pp. 75-76.

di sentimenti, indifferenti e insensibili nei confronti di tutto ciò che li circondava. Esseri i cui atti esteriori apparivano poveri, svuotati di ogni umanità, e i cui corpi, quando entravano in contatto, si toccavano senza alcun calore.[4]

In effetti, una delle parole chiave per capire le generazioni che si sono succedute nel ventennio che stiamo esaminando è *desiderio*; desiderio non di possedere qualcosa, ma di dare *senso* alla propria vita, di raggiungere la pienezza di sé attraverso il contatto con le proprie emozioni profonde e tra queste e quelle degli altri, di recuperare quell'intensità emotiva, quella compiutezza di sé che sembrava impossibile raggiungere nella società contemporanea, ma che pure sarebbero state le uniche a rendere la vita di nuovo degna di essere vissuta, qui e ora, nel presente, e non in un incerto o indeterminato futuro.

Pensiamo agli scritti di Pier Paolo Pasolini e al suo disperato allarme a proposito della «mutazione antropologica» che stava colpendo l'Italia a causa della progressiva cancellazione di ogni diversità, della serializzazione, della standardizzazione dei visi, dei corpi, dell'abbigliamento, delle menti degli italiani, con l'intento di trasformarli in un'unica «Nuova classe media» o, per dirla in altro modo, in una nuova «Piccola Borghesia totale».[5] A suo avviso, attraverso il neocapitalismo, infatti, la borghesia ambiva ormai a «coincidere con la storia del mondo», a rendere, nei fatti, tutti uguali a sé stessa.

In realtà, queste polemiche si richiamano a una lunga tradizione che ha sostanzialmente accomunato tutte le culture rivoluzionarie del Novecento, tanto di destra quanto di sinistra. Naturalmente, ciò non vuol dire che destra e sinistra rivoluzionaria abbiano svolto lo stesso ruolo dal punto di vista storico, ma solo che hanno avuto un punto di partenza in comune, che hanno posto al centro della propria riflessione la stessa, sostanziale, domanda: dove ci sta portando l'accelerazione della storia provocata dalla modernità? E, soprattutto, qual è il posto, qual è il ruolo dell'essere umano in una società sempre più artificiale, sempre più anonima e impersonale, in cui l'incessante cambiamento sembra travolgere ogni cosa, ogni stabilità, e quindi anche la possibilità di progettare la propria vita?

4. T. Roszak, *La nascita di una controcultura. Riflessioni sulla società tecnocratica e sulla opposizione giovanile*, Milano, Feltrinelli, 1971 (1968), pp. 253-256 e 291.

5. P.P. Pasolini, *Contro i capelli lunghi* (1973), ora in *Scritti corsari*, Milano, Garzanti, 2005, pp. 7, 16 e 19, e la prefazione di A. Belardinelli. Su questi temi, lo scrittore sarebbe tornato in numerose occasioni, cfr. P. P. Pasolini, *Lettere luterane*, Torino, Einaudi, 1976.

Sul governo di queste trasformazioni le risposte sono state diverse, ma il punto di partenza è stato lo stesso. Perché i nemici erano gli stessi: l'individualismo, il materialismo, l'edonismo, l'utilitarismo, e la loro traduzione politica, la democrazia parlamentare, ovvero la democrazia "borghese". In altre parole, il rifiuto di quello che a inizio secolo veniva chiamato il "comfortismo" – ossia la vita dedicata alla sola ricerca del comfort, nella supina accettazione del dominio della materia sullo spirito – e il rigetto della meccanizzazione della vita, della sua riduzione al solo aspetto materiale. In effetti, l'antica distinzione tra spirito (gli ideali, l'etica) e materia (il cieco interesse personale, la «filosofia del ventre», si diceva a inizio secolo) attraversa come un filo rosso i discorsi di tutti coloro che nel Novecento hanno criticato l'individualismo, la società di massa, il consumismo, il mito del benessere. Un tema, come abbiamo detto, ancora frequente negli anni di cui stiamo parlando. Se uno dei capi dell'organizzazione di estrema destra Ordine nuovo, Franco Freda, si scagliava contro la società del suo tempo, che considerava l'economia «il destino dell'uomo», ponendo così al «proprio centro l'immagine ossessiva del tubo digerente (un tubo con due aperture: una per ingoiare e l'altra per evacuare)», e riducendo così l'essere umano alle funzioni più primitive, mangiare e digerire, anche Edoarda Masi su una rivista di estrema sinistra invitava a superare la «lotta di classe fondata su motivi di "ventre"».[6]

Queste osservazioni permettono di sciogliere un nodo di notevole interesse. Sono state infatti date varie spiegazioni del perché i giovani di quei decenni abbiano abbracciato parole, slogan e ideologie appartenenti al passato, che per di più negli anni Ottanta sarebbero state rapidamente abbandonate, come il marxismo-leninismo, il fascismo, l'idea stessa di rivoluzione. Ma, per certi versi, la risposta è più semplice di quanto si pensi. Settori significativi delle giovani generazioni cresciute in quei decenni si sono infatti trovati a utilizzare strumenti concettuali, ideali e linguaggio in buona parte condivisi dalle generazioni precedenti, perché convinti che fosse necessario rispondere alle stesse domande, agli stessi timori, e perché nutrivano la speranza di essere proprio loro a trovare la soluzione definitiva. È questa la ragione per cui un passato lontano sembrava in realtà ancora vitale a giovani cresciuti in un contesto storico apparentemente lontanissimo da quello di inizio secolo.

6. F. G. Freda, *La disintegrazione del sistema*, Padova, Edizioni di Ar, 2000 (1969), p. 26, ed E. Masi, *Rivoluzione nel Vietnam e movimento operaio occidentale*, in «Quaderni Rossi», 6 (maggio-dicembre 1965), p. 374

2. *La rivoluzione a sinistra*

Per fermare il cammino intrapreso da una società considerata corrotta e ingiusta nei suoi stessi fondamenti era quindi necessario un cambiamento radicale, anzi, una rivoluzione, che mettesse in discussione i pilastri su cui si reggeva il mondo presente. Per l'estrema sinistra italiana del periodo, il problema che si poneva era però come giungere alla rivoluzione non in un "paese arretrato", come tutti quelli in cui le forze comuniste erano arrivate al potere – l'Urss prima del 1917, la Cina o Cuba – ma in un paese a «capitalismo avanzato», dove i bisogni elementari, come alimentazione, vestiario, casa, istruzione, erano ormai soddisfatti. Dove la fame non era più un problema e dove la disuguaglianza sociale era meno drammatica perché la ricchezza era meglio distribuita.

Un ruolo fondamentale in questo cammino fu svolto da una rivista come «Quaderni rossi» che, per tanti versi, può essere definita l'esperienza inaugurale della Nuova sinistra italiana e di quella corrente politica al suo interno nota come "operaismo", che avrebbe rappresentato il punto di riferimento per le maggiori organizzazioni rivoluzionarie di sinistra, come Lotta continua e Potere operaio, oltre che per le principali formazioni armate, come Brigate rosse e Prima linea.

Il punto di partenza della riflessione operaista era che il cuore pulsante del capitalismo fosse rappresentato dai settori industriali più moderni, che svolgevano una funzione trainante per l'intero sistema, costringendo quelli più arretrati ad adeguarsi ai cambiamenti tecnologici e organizzativi introdotti dai primi.

È all'interno di queste riflessioni che gli operaisti avrebbero ripreso da Marx il concetto di «capitale sociale», per indicare il dominio capitalistico che ormai era uscito dalla fabbrica con l'obiettivo di estendere il proprio controllo e la propria logica sull'intero corpo sociale. Era infatti proprio fuori dalla fabbrica che «il potere del padrone» voleva piantare le sue radici, in un'aspirazione ritenuta, appunto, "totalitaria", perché volta a cancellare, nel nome della competizione, del profitto e dell'efficienza produttiva, ogni altro valore alternativo.[7]

7. R. Panzieri, *Le lotte dei giovani e i compiti del movimento operaio*, in Id., *La ripresa del marxismo-leninismo in Italia*, a cura di D. Lanzardo, Milano, Sapere Edizioni, 1972, pp. 121-123, e M. Tronti, *Il piano del capitale*, in «Quaderni Rossi», 3 (giugno 1963), pp. 52-53.

Opporsi a questo progetto voleva dire intraprendere una lotta senza quartiere contro tutti coloro che, avendo sposato posizioni di tipo riformistico, ostacolavano l'inasprimento dello scontro frontale e quindi la presa di coscienza dell'ingiustizia connaturata a quel sistema, impedendo così la ribellione delle masse e il collasso finale del sistema. Qualsiasi forma di collaborazione, di contrattazione con la classe capitalista, significava solo garantire «catene più dorate» alla classe operaia.[8] L'obiettivo doveva essere quindi il «potere operaio», fuori e contro le organizzazioni tradizionali della sinistra (partiti e sindacati), che erano accusate di aver abbandonato ormai da molto tempo ogni reale volontà rivoluzionaria, per collaborare apertamente con il capitale, che pure a parole dicevano di voler combattere.

D'altronde, se il XIX era stato il secolo dell'industrializzazione, se il periodo tra le due guerre aveva visto l'affermazione dei processi di "razionalizzazione", cioè del metodo tayloristico-fordista con l'introduzione della catena di montaggio, dalla fine degli anni Quaranta del Novecento si era aperta l'era dell'automazione (la cibernetica), ovvero della sostituzione della forza-lavoro umana con le macchine.[9] E proprio l'automazione, che serviva ad accrescere la produttività per rispondere alle esigenze di un mercato sempre più ampio e internazionale, rendeva inevitabile sia l'aumento dei costi di investimento per la realizzazione degli impianti, sia, conseguentemente, una produzione di massa capace di generare alti profitti necessari per ammortizzare gli alti costi. Per raggiungere questa certezza, i capitalisti non solo erano costretti a programmare rigidamente la produzione e gli sbocchi commerciali, ma dovevano anche sforzarsi di uscire dalla fabbrica per riuscire a orientare i gusti dei consumatori, spingendoli ad acquistare le proprie merci; con la non segreta speranza di riuscire alla fine a liberarsi da ogni condizionamento – cioè da ogni elemento di instabilità e di imprevedibilità – sia dentro che fuori la fabbrica. Era quindi necessario pianificare ogni cosa, costruire un modello in cui tutto filasse liscio e senza alcun intoppo, in cui dall'operaio al consumatore ognuno facesse il proprio dovere senza frapporre alcun ostacolo, in cui aspirazioni e desideri degli esseri umani fossero solo ed esclusivamente quelli funzionali al sistema.

8. R. Panzieri, *Sull'uso capitalistico delle macchine*, in «Quaderni Rossi», 1 (settembre 1961), pp. 65-66.

9. F. Pollock, *Automazione. Dati per la valutazione delle conseguenze economiche e sociali*, Torino, Einaudi, 1956, pp. 22-23.

Per chi condivideva queste riflessioni, il primo e più importante elemento di imprevedibilità che i capitalisti intendevano sconfiggere era certamente l'autonomia della classe operaia e dei sindacati. Era quindi in fabbrica che continuava a esprimersi, prima e meglio di qualsiasi altro luogo, l'essenza brutale e oppressiva della società capitalistica. Ed era pertanto alla classe operaia che bisognava guardare per giungere alla rivoluzione e quindi all'abbattimento del sistema.[10]

È evidente che in queste riflessioni riemergeva l'antico timore nato a fine Ottocento che il dominio della tecnica fosse in grado di rendere il mondo un inferno.[11] Un mondo in cui i "nemici" del genere umano – che per la sinistra erano i privilegiati, i "padroni" – avrebbero preso il sopravvento in modo totale e definitivo, schiacciando tutti coloro che si opponevano, plasmando le loro menti e cancellando la possibilità stessa di pensare a un modo di vivere diverso, di immaginare una possibile alternativa. Ciò avrebbe portato alla definitiva affermazione di quegli «uomini su misura», dotati di una mentalità «fatta apposta per piacere al futuro padrone», di cui aveva parlato a fine anni Cinquanta in un libro di grande successo Vance Packard, a proposito dell'ideale perseguito dai «persuasori occulti» – ovvero le agenzie pubblicitarie – che agivano dietro le quinte della società dei consumi. Un obiettivo, come denunciava lo studioso americano, che aveva portato alla nascita di una nuova scienza, l'«ingegneria umana», che estremizzava il sogno di regolare con «meccanica precisione» non solo la vita dei lavoratori, ma pure quella di ogni cittadino. Fino al punto di proporsi di plasmare la psicologia collettiva dando vita a un vero e proprio sistema di «allevamento di uomini» che permettesse di far interiorizzare a questi ultimi, senza resistenza, un «atteggiamento di cooperazione verso il proprio lavoro, il proprio padrone e i propri compagni».[12]

10. M. Tronti, *La fabbrica e la società*, in «Quaderni Rossi», 2 (giugno 1962), pp. 26-27, e A. Asor Rosa, *Il punto di vista operaio e la cultura socialista*, in «Quaderni Rossi», 2 (giugno 1962), pp. 125-126.

11. D. Pick, *Volti della degenerazione, una sindrome europea 1848-1918*, Firenze, La Nuova Italia, 1999 (1989), e M. Nacci, *L'antiamericanismo in Italia negli anni '30*, Torino, Bollati Boringhieri, 1989.

12. V. Packard, *I persuasori occulti*, Torino, Einaudi, 1989 (1957), pp. 8 e 220-221. Sulla manipolazione da parte del sistema, cfr. anche un libro cult del tempo, H. Marcuse, *L'uomo a una dimensione. L'ideologia della società industriale avanzata*, Torino, Einaudi, 1961 (1964).

Il progetto a cui si riferiva Packard era d'altronde del tutto interno a uno dei principali "sogni" prodotti dalla modernità: costruire una società perfetta e un mondo armonioso completamente sotto controllo, dove fosse eliminata ogni indeterminatezza, ogni ambiguità, dove la completa trasparenza potesse portare alla costruzione di una vera e propria "società di vetro". Un sogno che, soprattutto negli anni tra le due guerre, era sembrato estremizzarsi attraverso la comparsa dello stato totalitario, che Bauman in anni recenti ha definito uno «stato giardiniere»; uno stato che si era dato cioè il compito di sradicare le «piante infestanti» («l'ortica», secondo la metafora usata spesso dai nazisti) ed eliminare ogni imperfezione, ovvero tutto ciò che non risultasse conforme ai propri disegni e che potesse ostacolarli.[13] Basta sostituire la parola "imprevedibilità" a "imperfezione", per capire quanto il neocapitalismo potesse apparire nient'altro che la prosecuzione dell'esperimento totalitario.

In occasione di una sorta di riunione degli stati generali della sinistra per riflettere su come stesse cambiando il volto del capitalismo italiano all'inizio degli anni Sessanta, questa visione era stata espressa in modo efficace da Vittorio Foa, antifascista, partigiano e poi tra i massimi dirigenti della Cgil, che aveva ripreso un passaggio di un libro, *La voce dei delfini*, pubblicato sempre nei primi anni Sessanta da Leo Szilard, un noto fisico ungherese emigrato negli Stati Uniti per fuggire dal nazismo. Nel racconto si narra che i delfini hanno finalmente trovato il modo di comunicare con l'uomo. Essendo intelligentissimi, sono diventati abilissimi nella fisica, nella matematica e nelle altre scienze, ma continuano a non capire un altro aspetto del mondo umano: le ragioni della struttura politica e sociale degli Stati Uniti. E quando qualcuno finalmente tenta di spiegargliela, uno di essi pone una domanda spiazzante: «ma è esatto che gli americani sono liberi di dire tutto quello che pensano, visto che essi non pensano quello che non sono liberi di dire?». Ecco, appariva esattamente così la logica del capitalismo moderno, del "capitalismo maturo": «Io non impedisco a nessuno di dire quello che pensa», sintetizzava Foa, «io mi adopero perché egli non pensi quello che io gli impedisco di dire».[14] Di fronte a queste parole, non possono non venire

13. Per la «società di vetro», cfr. W. Sofsky, *Saggio sulla violenza*, Torino, Einaudi, 1998 (1996), p. 14, e per lo «stato giardiniere», Z. Bauman, *Modernità e Olocausto*, Bologna, il Mulino, 1992, pp. 30-31, 161-162.

14. *Intervento di Vittorio Foa*, in *Tendenze del capitalismo italiano*, vol. I, p. 233. Il libro di Szilard fu pubblicato da Feltrinelli nel 1962 (ed. or. 1961).

in mente famose opere di fantascienza, come *Il mondo nuovo*, di Aldous Huxley, o *1984*, di George Orwell. In quest'ultimo, l'autore chiarisce bene come essere ortodossi in un sistema totalitario non significa rinunciare a pensare autonomamente ma, molto più radicalmente, «non pensare, non aver bisogno di pensare». Come dice un personaggio del romanzo: l'«ortodossia è non-conoscenza» cioè, letteralmente, ignoranza di ogni possibile alternativa. In altre parole, è l'accettazione dell'esistente come orizzonte naturale ed eterno.[15]

Queste convinzioni erano – e sarebbero rimaste a lungo – un patrimonio comune a gran parte della sinistra rivoluzionaria, per la quale una versione estrema del Grande Fratello sembrava veramente a un passo dal diventare padrona del pianeta. Non stupisce perciò trovare questi richiami in un testo prodotto ancora all'inizio degli anni Ottanta da Prima linea, l'organizzazione armata più importante dopo le Brigate rosse. Durante il processo all'organizzazione, di fronte alla proclamazione delle leggi speciali contro il terrorismo e alla strategia dell'"emergenza", i suoi membri avrebbero infatti sostenuto che queste misure non erano state adottate solo per combattere la lotta armata, ma piuttosto per dar vita a un sistema di controllo che non era altro che una «versione aggiornata dell'incubo Orwelliano». Anche per Pl, dunque, si era ormai veramente «alla vigilia del 1984».[16]

Passiamo ora a un'altra fondamentale ragione di legittimazione della violenza, tuttavia strettamente legata a quella precedente. Un'altra novità della riflessione operaista, in particolare grazie al contributo di Mario Tronti, fu un'originale interpretazione della funzione delle lotte della classe lavoratrice nella società contemporanea. Ai suoi occhi, la ribellione operaia, infatti, al contrario di quanto si era a lungo creduto, non era per nulla temuta da chi governava il sistema produttivo, perché rispondeva in realtà a un profondo bisogno di quest'ultimo.

Paradossalmente, proprio attraverso la necessità di risolvere le disfunzioni che le proteste provocavano, il sistema capitalistico si trovava infatti costretto a innovarsi (l'automazione, che semplificava a tal punto il lavoro da rendere l'operaio una semplice appendice, del tutto sostituibile, della macchina, era l'esempio più evidente di questa dinamica), e questa sua ri-

15. G. Orwell, *1984*, Milano, Mondadori, 1952 (1949), p. 62. Per A. Huxley, *Il mondo nuovo. Ritorno al mondo nuovo*, Milano, Mondadori, 2012 (1932).

16. *Sarà che nella testa avete un maledetto muro* (Torino-Le Vallette, 1983), in *Le parole scritte*, Sensibili alle Foglie, Roma 1996, p. 279.

configurazione permanente costringeva anche la società a trasformarsi senza sosta. In fin dei conti, le rivendicazioni operaie avevano perciò sempre rappresentato una preziosa risorsa per il sistema capitalistico che, proprio perché basato sull'innovazione continua, aveva estremo bisogno di essere sollecitato a modernizzarsi. La conclusione che si poteva trarre da questa premessa era di grande rilievo: i capitalisti non erano interessati alla fine delle lotte, ma solo alla loro «istituzionalizzazione». Il loro vero obiettivo, tanto più nell'epoca avviata dal neocapitalismo e dalla società dei consumi, che si basavano appunto sulla assoluta necessità di una continua innovazione, non era quindi soffocarle, ma solo controllarle per renderle compatibili con le esigenze del capitale.[17]

Per combattere veramente quest'ultimo, era quindi necessario rifiutare ogni forma di collaborazione e, nello stesso tempo, radicalizzare le lotte fino al punto di rottura, per far sì che cessassero di essere un fattore di sviluppo e si trasformassero in un elemento capace di bloccare il sistema, di portarlo al collasso. Era cioè necessario che gli operai diventassero un elemento «irrazionale» dentro la razionalità del capitale, che la loro volontà di rifiutare ogni integrazione diventasse vera e propria «irragionevolezza», anzi, l'«unica anarchia» (l'unica imprevedibilità) che il sistema non riusciva a gestire. Partendo da qui, nel giro di qualche anno con Potere operaio (1969) e poi Autonomia operaia (1973), nata sostanzialmente dalle ceneri del primo, si sarebbe arrivati a teorizzare il "rifiuto del lavoro", cioè il rifiuto di ogni minima collaborazione con il capitale attraverso scioperi improvvisi e di breve durata, sabotaggio delle macchine, richieste così strampalate da essere impossibili da soddisfare da parte delle aziende, e mille altre iniziative simili.

Ma qual era la base sociale della futura rivoluzione? I non integrati, come abbiamo visto, ovvero quella parte di classe operaia non ancora sindacalizzata, i disoccupati, i giovani in cerca di prima occupazione, i carcerati, e altre categorie considerate socialmente marginali. Ma a partire dagli anni Sessanta e per buona parte del decennio successivo, l'estrema sinistra si sarebbe cullata anche nell'illusione che a livello della base comunista – che dal 1946 in poi era sempre cresciuta, raggiungendo circa il 30% nelle elezioni politiche tra la fine degli anni Sessanta e i primi Settanta, e addirittura il 34% nel 1976 – le spinte rivoluzionarie fossero ancora forti, che su di essa si potesse ancora contare e, soprattutto, che i giovani che si iscrivevano al partito

17. M. Tronti, *Alcune domande sullo sciopero-Fiat*, in «Problemi del Socialismo», 7-8 (luglio-agosto 1962), p. 650.

fossero potenzialmente più rivoluzionari dei vecchi militanti (ormai, come abbiamo detto, integrati). D'altronde, senza la base di massa garantita dal Pci, la rivoluzione in Italia sarebbe stata impossibile, perché non sarebbero certo bastate le poche decine di migliaia di militanti della Nuova sinistra. Per questa ragione, uno dei timori più grandi era che se il Pci si fosse pienamente integrato nel sistema, quest'ultimo si sarebbe stabilizzato, raggiungendo un compiuto assetto riformista. A quel punto, il capitale avrebbe definitivamente vinto – questa volta con dolcezza, cioè con il consenso operaio – e la rivoluzione sarebbe andata in soffitta per decenni, forse per sempre. Sarebbe stata proprio la volontà di impedire questo esito che avrebbe spinto le Brigate rosse a elaborare nel 1974 la strategia dell'«attacco al cuore dello stato», e che quattro anni più tardi le avrebbe viste portare a compimento un'azione che avrebbe lasciato sgomenta l'intera nazione: il rapimento e l'assassinio del presidente della Democrazia cristiana Aldo Moro. Ovvero, proprio di colui che stava tessendo la trama per far partecipare il Partito comunista a un esecutivo di coalizione, per costringerlo a misurarsi con il governo di un paese avanzato e, in prospettiva, spingerlo ad allontanarsi dal marxismo-leninismo per diventare un normale partito riformista.

La clamorosa azione delle Br arrivava d'altronde a conclusione di una lunga riflessione che a partire dalla seconda metà degli anni Sessanta – e tanto più dopo il fisiologico calo della mobilitazione studentesca e giovanile che già dall'autunno del 1968 era seguito all'intensa mobilitazione dei mesi precedenti – aveva portato molti a convincersi che lo «scontro di classe», pur crescendo di intensità, non riuscisse tuttavia a concludersi con vittorie nette e certe. Ai loro occhi, non si sarebbe andati da nessuna parte senza un *partito* capace di assicurare continuità, e quindi efficacia, alla mobilitazione operaia e giovanile. Infranto dalla realtà il mito della spontaneità rivoluzionaria delle masse, ci si convinse perciò che al partito rivoluzionario (ai partiti rivoluzionari, visto che l'estrema sinistra era frammentata in un pulviscolo di organizzazioni) dovesse essere affidato un compito essenziale: guidare le masse stando «solo un passo più in avanti» di loro, ma sempre con «un occhio indietro per vedere se seguono e un occhio avanti per capire dove andare».[18]

In queste riflessioni salta agli occhi come fossero anticipati alcuni degli elementi che, nel giro di poco tempo, sarebbero diventati i pilastri

18. M. Tronti, *Noi operaisti*, in *L'operaismo degli anni Sessanta, da «Quaderni rossi» a «Classe Operaia»*, a cura di G. Trotta e F. Milana, Roma, DeriveApprodi, 2008, p. 58.

ideologici dei settori più radicali dell'estrema sinistra e, qualche anno più tardi, anche di quelli che si sarebbero spinti fino alla lotta armata: in primo luogo, evitare a qualsiasi costo che il Pci potesse trasformarsi in un partito riformista e che in Italia potesse nascere una democrazia parlamentare (borghese) compiuta, basata sull'alternanza al governo tra progressisti e moderati, che avrebbe rappresentato la morte della rivoluzione; in secondo luogo, dar vita a un partito rivoluzionario in grado di disarticolare il sistema attraverso la capacità di acuire progressivamente lo scontro anche con l'uso aperto della violenza. Ma a questi due fattori ne va aggiunto un terzo, non meno importante, anzi, a mio avviso fondamentale: la convinzione che aspettare che si realizzassero le condizioni internazionali favorevoli per poter avviare un'insurrezione nella penisola fosse in fondo una manifestazione di «opportunismo», di «disimpegno», un modo per limitarsi a *sognare*, non a *fare* la rivoluzione.

Era questo il motivo che spingeva a recuperare la sollecitazione leninista a organizzarsi per spezzare la catena capitalista lì dove l'anello era più debole. Dar vita a una rivoluzione a livello nazionale era infatti «l'unica possibilità» reale disponibile, anche perché, visto il grado di integrazione mondiale che il capitalismo aveva ormai raggiunto, solo così si sarebbe potuto mettere in moto un processo, quasi un effetto domino, che nessuno sarebbe più riuscito a fermare. Avviata la rivoluzione in un paese centrale per il sistema capitalistico, tutti gli altri l'avrebbero seguita. E tuttavia, poiché per gli operaisti la catena si sarebbe spezzata, a differenza di quanto aveva sostenuto Lenin, non lì dove il capitalismo era più debole, ma lì dove la classe operaia era più forte (cioè meno integrata nelle forze sindacali e politiche tradizionali), si sarebbe dovuto scegliere il punto in cui agire in base alla presenza di un adeguato livello di sviluppo economico (cioè dove i lavoratori rappresentavano ormai una massa numerosa) e di un «alto grado» di sviluppo politico (ovvero, di rifiuto dell'integrazione nel sistema) della classe operaia. Il punto geografico dove queste due condizioni convergevano era proprio l'Italia, perché qui l'anticapitalismo era tradizionalmente forte e radicato, e perché i milioni di giovani operai che il boom aveva richiamato dalle campagne, non ancora sindacalizzati e per di più – dopo aver vissuto la realtà delle desolate periferie che circondavano le grandi città industriali – delusi dalle promesse non mantenute di una vita migliore, rappresentavano la vera base di massa per la futura rivoluzione.

In definitiva, una parte consistente della sinistra rivoluzionaria riteneva che nella penisola fossero già presenti le "condizioni oggettive" per arrivare a uno scoppio rivoluzionario, e che quindi bisognasse creare quelle soggettive. Fu la saldatura tra studenti e operai, che si ebbe a partire dall'autunno caldo del 1969, a convincere i rivoluzionari che il momento tanto atteso era finalmente giunto e che quindi fosse necessario passare all'azione. Non è un caso, dunque, che le maggiori organizzazioni rivoluzionarie, Potere operaio e Lotta continua, così come la principale formazione armata, le Brigate rosse, nascessero proprio tra la fine del 1969 e l'inizio del 1970.

3. *Violenza e rivoluzione a sinistra*

Passiamo ora alla seconda questione: perché la rivoluzione appariva il mezzo necessario per liberare sé e gli altri. Innanzitutto, perché, come abbiamo visto, qualsiasi forma di collaborazione con i "padroni" non avrebbe ottenuto altro risultato che assicurare solo "catene più dorate" alla classe operaia. In secondo luogo, perché si faceva sentire forte la ribellione verso tutte quelle forme di ingiustizia sociale che si potevano osservare tanto attorno a sé quanto in mondi lontani, nelle ex colonie occidentali in Africa e Asia, per esempio, per non parlare di quello che accadeva in Vietnam.

Per la Nuova sinistra, infatti, la violenza che nel martoriato paese asiatico si chiamava «napalm» era presente pure in Occidente, anche se in forme "più eleganti": era infatti

> la violenza della miseria, dei licenziamenti, delle multe [in fabbrica], dei ricatti; della silicosi, degli infortuni, degli omicidi bianchi; dei poliziotti e dei carabinieri che accorrono a difendere gli interessi dei padroni quando c'è uno sciopero; dei giovani pestati, arrestati o denunciati per la loro opposizione alla complicità con la guerra criminale [dell']imperialismo; degli operai e dei braccianti incarcerati per aver difeso il proprio posto di lavoro, o il proprio diritto a un pezzo di terra.

Insomma, agli occhi dei contestatori, per usare uno slogan del Sessantotto parigino, un «solo week-end non rivoluzionario [era alla fine] assai più sanguinoso che un mese di rivoluzione permanente».[19]

In effetti, le lotte degli sfruttati nel Terzo mondo o nel cuore dell'Occidente industrializzato avevano lo stesso scopo: trasformare gli «ultimi» nei

19. [A. Sofri], *Pisa, Torino, Napoli: divampa la lotta di classe*, in «Il Potere operaio», 11 (15 aprile 1968), p. 1, e, per lo slogan, *I muri di Parigi*, a cura di F. Lucco e G. Pesce, Padova, Marsilio, 1968, p. 19.

«primi» il che, come aveva scritto Frantz Fanon nel suo celebre *I dannati della terra*, non poteva avvenire se non in seguito a «uno scontro decisivo e micidiale» tra di loro. La violenza era indispensabile come strumento per riappropriarsi di quell'umanità di cui gli oppressi erano stati privati dagli oppressori.[20] Era anche per questa ragione, come abbiamo detto, che i riformisti venivano giudicati i nemici principali, in quanto ostacoli all'inasprimento dello scontro frontale e quindi al collasso finale del sistema.

Tuttavia, questo impegno solidaristico, una volta assolutizzato, finiva con il presentare alcune evidenti contraddizioni. Mi sembrano significative, per esempio, le riflessioni sviluppate a questo proposito qualche anno fa da Sergio Segio, passato dalla militanza in Lotta continua a quella armata in Prima linea. Ai nostri giorni, ha scritto, sembra

> essere diventata corrente la massima maoista, secondo la quale vi sono morti leggere come piume e altre pesanti come montagne. E basta guardare ogni giorno i titoli dei giornali o i commenti televisivi per capire quanto non solo le morti, ma anche le vite dei poveri e dei perdenti sono considerate irrilevanti. A quel tempo – ha aggiunto – ci parve necessario e possibile rompere questa eterna cappa di ipocrisia, prendere le parti di queste morti leggerissime, che avvenissero nelle foreste dell'Indocina o nei cantieri italiani. Sbagliando spesso obiettivi e soprattutto metodi. Ma quella era l'intenzione e il sentimento.[21]

Ciò che Segio non ha ricordato, però, è che la pratica della violenza esercitata da lui e dai suoi compagni di lotta armata non faceva altro che rovesciare di segno proprio la logica che si voleva combattere, semplicemente considerando pesanti le morti dagli altri considerate leggere (che quindi ci si proponeva di vendicare) e leggere quelle pesanti (i propri bersagli, giudicati non più persone, ma solo ingranaggi da eliminare per mettere in crisi il sistema).

Per quanto riguarda invece l'esercizio della violenza, mi sembra che si possano sostanzialmente individuare due questioni in grado di spiegare le ragioni che portarono alcuni gruppi (e alcuni individui) a scendere subito sul terreno dello scontro armato, e altri a rimandarlo a un indeterminato futuro.

Certo, l'obiettivo finale era sempre lo stesso, quello classico previsto dal marxismo-leninismo: scatenare la rivoluzione, instaurare la dittatura

20. F. Fanon, *I dannati della terra*, prefazione di J.-P. Sartre, Torino, Einaudi, 1962 (1961), pp. 28-29, 68-69 e 73-74.

21. S. Segio, *Una vita in prima linea*, Milano, Rizzoli, 2006, p. 63.

del proletariato, socializzare i mezzi di produzione e iniziare così il cammino verso una (in realtà mai definita) società comunista. Questo sfondo era condiviso da tutta l'estrema sinistra e non veniva messo in discussione da nessuno. Ciò che cambiava, all'interno di questa complessa galassia, erano invece le posizioni rispetto a due questioni centrali: la rivoluzione era vicina o lontana? E quanto si potevano allontanare le avanguardie (cioè, i più consapevoli) dalle masse che dovevano dirigere, prima di perdere contatto con queste ultime, iniziando così a perseguire obiettivi propri, non più condivisi da chi pure dicevano di voler rappresentare? Quanto più si pensava che la rivoluzione fosse vicina, che ci fossero cioè le condizioni per passare all'attacco finale, tanto più l'uso della violenza veniva ritenuto legittimo perché accelerava la transizione al nuovo mondo. E quanto più si riteneva che le avanguardie potessero allontanarsi dalle masse e decidere i propri obiettivi autonomamente, tanto più la violenza si estremizzava, spingendosi lontano dagli interessi immediati dei lavoratori perché catturata dalla logica dello scontro frontale, militare, con lo stato.

Tra le maggiori organizzazioni, Potere operaio si collocava sul versante di chi era convinto che la rivoluzione fosse vicina; la sua priorità era quindi la formazione di un'avanguardia che coincidesse con il "partito dell'insurrezione", priorità che nelle Brigate rosse (comparse nel 1970) si sarebbe ulteriormente radicalizzata. Lotta continua (nata nello stesso anno di PO e dallo stesso humus politico), si diceva invece convinta che la priorità fosse convincere e preparare le masse prima di poter scatenare la rivoluzione. Inoltre, a suo avviso, ogni azione violenta esercitata in nome «dell'astratta necessità di rispondere "colpo su colpo" alla violenza dei padroni», senza che le masse ne potessero comprendere il senso (perché estraneo alle loro reali e quotidiane esigenze), non solo avrebbe esposto l'intero movimento alla «repressione borghese», che aveva lo stato dietro di sé, ma non avrebbe certamente aiutato né «lo sviluppo della coscienza rivoluzionaria delle masse, né quindi la lotta per la presa del potere».[22] L'esaltazione «acritica» della violenza da parte di PO, secondo Lotta continua, esponeva a un livello di scontro con lo stato che con ogni probabilità il proletariato non era ancora in grado di gestire. Al contrario di quanto aveva detto Lenin, non bisognava infatti porsi alla testa delle masse, ma essere piuttosto «la testa delle masse», sforzandosi di collegare e unificare

22. *Legalità borghese e violenza rivoluzionaria*, in «Lotta Continua», 10/2 (18 aprile 1970), p. 7.

tutte le lotte e tutte le avanguardie che le singole lotte locali producevano spontaneamente, con l'obiettivo di creare nel tempo un fronte rivoluzionario unico, a quel punto imbattibile.[23]

Anche le Br si mossero inizialmente nella stessa direzione. In un documento del 1971, avevano infatti scritto che era loro intenzione «prestare la massima attenzione» affinché non si trasformassero nel «braccio militare delle masse», finendo col sostituirsi a esse nel corso della lotta.[24] Con il passar del tempo, tuttavia, il gruppo avrebbe assunto posizioni completamente diverse, fino a teorizzare nel 1974, come abbiamo visto, l'«attacco al cuore dello stato», in coincidenza con il rapimento del giudice Mario Sossi, per poi proseguire negli anni successivi su questa stessa strada.

Su questi temi c'erano in effetti vistose oscillazioni in tutte le formazioni; d'altronde, era l'idea stessa di rivoluzione nella versione marxista-leninista a contenere in sé la necessità/legittimità dell'uso della violenza. Per esempio, già il rapimento ai primi di marzo del 1972, a opera delle Br, del dirigente della SIT-SIEMENS Idalgo Macchiarini, e il rapimento e l'uccisione di poco successiva del dirigente della FIAT argentina Oberdan Sallustro, furono salutati da LC con entusiasmo perché giudicati effettivamente in sintonia con la volontà delle masse proletarie di spingere la lotta di classe anche sul terreno «della violenza e della illegalità» («L'esecuzione di Sallustro è stata la giusta prosecuzione militante di un movimento di massa forte, cosciente [...]. Non è stata un'azione disperata, né una scorciatoia rispetto alla strada maestra della lotta di classe», scriveva il giornale).[25] E così sarebbe stato, com'è noto, nella feroce campagna stampa contro il commissario Luigi Calabresi, accusato di essere responsabile della morte, avvenuta nel dicembre del 1969, dell'anarchico Giuseppe Pinelli, durante un interrogatorio sulla strage di piazza Fontana avvenuta pochi giorni prima.[26]

23. Cfr. la relazione di A. Sofri, *Avanguardia e massa*, in «Giovane Critica», 19 (inverno 1968-1969), pp. 21-30, e *Sul terrorismo*, in «Lotta Continua», 3 giugno 1972, p. 1.

24. Citato in F. Ferraresi, *Il rosso e il nero: terrorismi a confronto*, in *Destra/Sinistra. Storia e fenomenologia di una dicotomia politica*, a cura di A. Campi e A. Santambrogio, Roma, Pellicani, 1997, p. 176.

25. *Sallustro in Italia e la guerra di classe*, in «Lotta Continua», 14 aprile 1972, p. 4, ma anche *Viva la giustizia rivoluzionaria*, in «Processo Valpreda», 9 (10 marzo 1972), p. 2.

26. Tra i tanti articoli, *Pinelli un rivoluzionario, Calabresi, un assassino*, in «Lotta Continua», 1° ottobre 1970, pp. 12-13, e *Ucciso Calabresi, maggior responsabile dell'assassinio di Pinelli*, ivi, 18 maggio 1972, p. 1.

4. *Violenza e rivoluzione a destra*

Passiamo ora all'estrema destra. Come abbiamo visto, sia gruppi di estrema destra che di estrema sinistra si sentivano portatori di una concezione della violenza come elemento capace di svelare la via d'accesso a un mondo nuovo, come strumento necessario per la rigenerazione di una società malata. E, in effetti, è proprio nella ribellione contro alcuni aspetti della società "borghese" che hanno origine certe analogie tra estrema sinistra ed estrema destra.[27] D'altronde, basta esaminare alcuni passi dei documenti dell'epoca per notare come a ideologie profondamente opposte sottostesse un *humus* per tanti aspetti comune.

Certo, le differenze tra destra e sinistra erano evidenti. Se alla base dell'ideologia di sinistra c'era infatti una concezione egualitaria che criticava il «principio capitalistico basato sulla selezione e la competizione, per il quale devono sopravvivere, nella lotta per la vita, solo i "migliori", cioè i più forti»,[28] non era così per la destra, che all'affermazione del valore della coesione e della compattezza della comunità, affiancava il diritto al dominio permanente dell'élite, dei più capaci.

La sinistra rivoluzionaria criticava infatti la democrazia parlamentare in quanto puramente "formale" – perché proclamava l'uguaglianza di tutti davanti alla legge, ma poi non si adoperava affinché fosse garantita una reale uguaglianza sociale – e si batteva per una democrazia "sostanziale", il cui protagonista era lo stato socialista, l'unico soggetto politico capace di redistribuire potere e ricchezza in modo equo grazie all'abolizione della proprietà privata e quindi al suo non essere più condizionato da interessi o privilegi particolari.

La destra, invece, considerava con disprezzo la democrazia, formale o sostanziale che fosse (e tanto più il socialismo, considerato sua ultima e ancor più pericolosa degenerazione), perché frutto di ideali – l'umanitarismo, l'internazionalismo e il pacifismo – che erano accusati di non avere nessun aggancio con la realtà per come si era rivelata nel corso della storia umana, che al contrario appariva caratterizzata da una co-

27. Sulle radici di questo incontro, cfr. le classiche opere di Z. Sternhell, *La destra rivoluzionaria*, Milano, Corbaccio, 1997 (1984), *Né destra né sinistra. L'ideologia fascista in Francia*, Milano, Baldini & Castoldi, 1997, (1983) e, Z. Sternhell, M. Sznajder, M. Asheri, *Nascita dell'ideologia fascista*, Milano, Baldini & Castoldi, 1993 (1989).

28. *Per un dibattito sulla militanza*, in «Ombre rosse», 15-16 (1976), p. 6.

stante e spietata lotta per il dominio. Se l'ideale democratico era quindi accusato di sognare un irrealistico mondo irenico basato sulla pacifica collaborazione tra esseri umani, la democrazia parlamentare era criticata perché vedeva vincere i deputati che avevano raccolto il maggior numero di voti; ora, poiché la massa, nella visione elitaria fascista, era composta da mediocri, è chiaro che questi ultimi avrebbero inevitabilmente votato per altri mediocri, magari spinti a ciò dall'abilità demagogica dei candidati, dal clientelismo o, peggio ancora, dalla corruzione. In regime democratico, un individuo eccezionale, o un'élite con capacità di comando, sarebbero stati sempre inevitabilmente soffocati dal potere della quantità, stadio primitivo dell'umanità – appartenente al regno della «zoologia inferiore», non di quella umana, come aveva detto Mussolini – in quanto legato alla realizzazione degli istinti materiali e non di quelli spirituali, degli interessi egoistici e non di quelli generali.[29]

Fatta questa netta distinzione, non si può però dimenticare che nel giudicare la società contemporanea, le differenze sfumavano di molto. Anche alcuni ex-terroristi neo-fascisti hanno infatti raccontato la loro opposizione a una società che produceva isolamento, alienazione, infelicità. Per questo, avevano cercato di costruire, attraverso la loro esperienza politica, «spazi, di comunità [...], spazi in cui vivere secondo il nostro modo di sentire, di agire, di pensare [...] isole trovate nel deserto metropolitano». Per questo, la «Legione», cioè il gruppo più compatto all'interno di Terza Posizione, una delle formazioni principali della destra radicale della seconda metà degli anni Settanta, veniva per esempio vissuta come «la volontà di poter costruire un domani, una comunità di uomini [...] che si conoscessero effettivamente, profondamente, che potessero vivere realmente certi valori».[30]

> Rifiuto dei partiti, delle ideologie marxiste e capitaliste, del mondo borghese che ha come simboli discoteche e droga – scriveva il periodico del gruppo –; rifiuto delle metropoli soffocanti e della "civiltà" senza volto. Affermazione di un nuovo popolo che ritrovi la volontà di essere unito e di avere degli obiettivi non solo economici ma di civiltà [...]. Affermazione infine di giustizia che non vede [sic] più né parassiti né sfruttatori, non più abili parlatori

29. Per alcune osservazioni, cfr. D. Fisichella, *Le ragioni del torto. La critica di destra alla democrazia*, Roma, Ideazione editrice, 1997, pp. 26-27. Per la citazione di Mussolini, *L'Italia nel gennaio del 1915*, in *Scritti e discorsi*, vol. I, *Dall'intervento al fascismo (15 novembre 1914 - 23 marzo 1919)*, Milano, Hoepli, 1934, p. 33.

30. Citato in F. Ferraresi, *Il rosso e il nero*, p. 202 nota 46.

o ideologhi al potere ma piuttosto una schiera di uomini migliori a guidare il popolo verso la libertà.[31]

Ecco di nuovo emergere quella strenua opposizione a un modello di società – individualista, materialista, meccanica, debilitante, disumanizzante – che ha contribuito ad animare la "passione rivoluzionaria" delle giovani generazioni a partire da inizio Novecento, indipendentemente dalla loro collocazione ideologica.[32] Una tradizione culturale che ha visto il male da sconfiggere nell'anonimato, nella frenesia, nella velocità e nell'incontrollabilità dei cambiamenti che caratterizzano la vita moderna, e nell'isolamento a cui è condannato l'essere umano contemporaneo. Per questa ragione, tanto il fascismo quanto il comunismo hanno insistito sul primato della politica – cioè della volontà e dell'azione umana – sulle forze anonime e fredde, egoistiche, senz'anima, dell'economia, della finanza e della tecnica come strumento per costruire un diverso modello di società, sostanzialmente organica, anti-individualista e anti-materialista che si sarebbe collocato all'opposto della cosiddetta "modernità borghese".[33]

Un neo-fascista, per esempio, ha raccontato di aver aderito ad Avanguardia nazionale – la formazione nata nel 1960 da una serie di scissioni del Movimento sociale (il partito neofascista) – perché quest'ultima considerava lo stato democratico, il parlamentarismo, «una infezione dannosissima a [sic] quelli che erano i valori prìncipi dell'uomo: l'onore, la tradizione, la fedeltà», e la società contemporanea «una società dell'economia, dei mercanti», che costituiva «un pericolo gravissimo nei confronti di quella che era la spiritualità dell'uomo».[34] Se le «cosmopoli» (ovvero le metropoli, da sempre il luogo per eccellenza dove la modernità si dispiega apertamente) non erano altro che «covi e fucine di cancro, di nevrosi, di eroina, di disperazione», per un altro neo-fascista, Giusva Fioravanti,

31. *Lotta e vittoria*, «Terza Posizione», novembre-dicembre 1979, p. 1, ma cfr. anche *Crisi di dimensione*, in «Lotta studentesca», 1 (s.d. [ma autunno 1977]), periodico della stessa area. Della metropoli come una «giungla» o un «deserto», dove imparare a vivere e sopravvivere ha parlato anche il brigatista rosso Giorgio Semeria, in Zavoli, *La notte della repubblica*, p. 98.

32. Per un quadro europeo, cfr. R. Wohl, *La generazione del 1914*, Milano, Jaca Book, 1984 (1979).

33. Cfr. F. Furet, *Il passato di un'illusione. L'idea comunista nel XX secolo*, Milano, Mondadori, 1995, in particolare i capp. I e VI; sul fascismo, cfr. anche Nacci, *L'antiamericanismo in Italia negli anni '30*.

34. Citato in E. Pisetta, *Militanza partitica e scelte eversive nei terroristi neofascisti*, in *Ideologie, movimenti, terrorismi*, a cura di R. Catanzaro, Bologna, il Mulino, 1990, p. 205.

leader dei Nuclei armati rivoluzionari, condannato in via definitiva per la strage di Bologna, dedicarsi alla politica significava proprio tentare di liberarsi da questa società soffocante, «amare il mondo» e impegnarsi a creare un «uomo nuovo». Ma questo amore, nella sua visione, si sarebbe dovuto tradurre nella necessità di *uccidere* il vecchio mondo, di cui dava per scontata l'impossibilità di cambiarne mentalità e morale.[35]

Quello che si voleva era la fine dei "borghesi", cioè coloro che avevano creato quella società che produceva «le masse degli uomini senza volto», quel mondo «ignobile perché disumano» il cui dio era il denaro e in cui le banche erano le chiese dove venivano celebrati i suoi «immondi» riti. Era ormai iniziata, si sosteneva, la marcia che avrebbe portato alla sostituzione del popolo alla massa, degli uomini liberi agli schiavi, dei guerrieri ai mercanti, dei rivoluzionari ai conservatori.[36]

L'affermazione di lottare contro una società «vecchia» e «degenerata» era quindi comune ai settori più radicali di entrambe le sponde,[37] che nella loro lotta finivano col richiamarsi a concezioni e linguaggi sviluppatisi proprio nel clima concitato ed esplosivo dell'inizio del XX secolo.

5. *La pratica e le conseguenze della violenza*

Una drammatica ricerca di senso ha dunque attraversato gran parte dei movimenti ribellistici del Novecento. Ed è proprio questa parola – senso – che ci permette di fare un ulteriore passo in avanti. Una delle conseguenze della modernità, è stato notato, sembra essere stato proprio il graduale spostamento dal *senso* verso il *significato*, dal *vissuto* al *pensato*.[38] Per capire cosa ciò voglia dire, dobbiamo pensare alle conseguenze sulle nostre vite provocate dalle trasformazioni moderne; in particolare, dallo sforzo della tecnica di dominare le forze naturali per rendere l'essere

35. Citato in G. Bianconi, *A mano armata. Vita violenta di Giusva Fioravanti, terrorista neo-fascista quasi per caso*, Milano, Baldini & Castoldi, 1992, pp. 36-37. Per le «cosmopoli», cfr. *Diamo al nostro popolo una nuova nobiltà*, in «Terza Posizione», novembre-dicembre 1979, p. 3 e il successivo articolo *Contrometropoli*, in ivi, p. 4.

36. Rispettivamente, *Per quale mondo. Vogliamo poco: La nostra vita* e *Contro quale mondo. Vogliamo molto: la vostra fine*, in «Costruiamo l'azione», 1 (aprile 1978) e 2-3 (maggio-giugno 1978).

37. Cfr., per esempio, M. Lombardo-Radice, *Giovani senza rivoluzione*, in «Ombre rosse», 15-16 (1976).

38. U. Galimberti, *Idee: il catalogo è questo*, Milano, Feltrinelli, 1992, pp. 38-41.

umano sempre più libero da ogni condizionamento esterno (tanto da parte dell'ambiente, quanto dei suoi simili). Ma tutto ciò ha un costo: rendendo l'essere umano più autonomo, anzi, elevando l'autonomia individuale a valore supremo, si indeboliscono inevitabilmente i rapporti con gli altri esseri umani, che rischiano di essere percepiti come un ostacolo alla propria libertà più che come una risorsa.[39]

Fare politica appariva anche come una reazione a questo impoverimento emotivo che la società contemporanea sembrava portare con sé, perché poteva permettere di accedere, ha ricordato una ex-terrorista, a «un luogo in cui mi sono ritrovata unita con me stessa, una situazione e dei rapporti in cui non ero più separata dalle cose che facevo. Non avevo più problemi con il mio corpo, con la mia gestualità, non avevo più timidezze».[40]

La politica, ma ancor più la violenza, le azioni armate, erano capaci di produrre esaltazione, di scoprire delle potenzialità che si pensava non fosse possibile rivelare in altro modo.

> Probabilmente perché – ha affermato una protagonista di quelle vicende – è un impegno totale, lì uno si gioca la vita. Per cui si hanno mille occhi, mille orecchie, mille capacità, insomma. E ne viene fuori una forma di esaltazione... uno si sente grande, non so... potente, è molto gratificante. È vero che ci si trova un piacere.[41]

La violenza, dunque, come ipertrofia del sentire.

Paradossalmente, però, con l'assolutizzazione dell'ideologia nella lotta al cosiddetto, e fantomatico, "sistema", questa ricerca di senso si sarebbe tragicamente conclusa con la totale perdita del senso, cioè, in primo luogo, con la radicale spersonalizzazione delle vittime, private della loro umanità e ridotte a pure astrazioni, a semplice obiettivo da colpire.

Nessun linguaggio possiede una forza di persuasione maggiore di quello della violenza, che, com'è stato notato, non «necessita di alcuna traduzione e non lascia aperte domande».[42] Anche per questo, in un comu-

39. Cfr. A. Touraine, *Critica alla modernità*, Milano, EST, 1997 (1992).

40. Citato in L. Passerini, *Ferite della memoria. Immaginario e ideologia in una storia recente*, in «Rivista di storia contemporanea», 2 (aprile 1988), p. 193; cfr. anche la testimonianza di Barbara Graglia (membro di Prima Linea) in *Testimonianze*, ivi, pp. 263-264.

41. Citato in L. Passerini, *Ferite della memoria. Immaginario e ideologia in una storia recente*, in «Rivista di storia contemporanea», 2 (aprile 1988), p. 214.

42. Sofsky, *Saggio sulla violenza*, p. 13.

nicato delle Br seguito al breve rapimento nel 1973 del sindacalista della CISNAL Labate, si diceva:

> La figura avvilita e dissacrata del fascista legato e rapato di fronte a migliaia di operai, umiliava come una sconfitta bruciante, personale, le forze dell'ordine e i corpi separati [...]. Che migliaia di operai vedessero il capo del sindacato fascista, ridotto uno straccio disprezzato da tutti, significava svelare l'intima debolezza del grande padronato.[43]

D'altronde, Maurizio Costa, membro di Prima linea, ha ricordato che «le scelte non venivano fatte sugli obiettivi umani, ma sui contesti. Noi, cioè, avevamo già cancellato degli uomini prima di ucciderli».[44]

Alla spersonalizzazione della vittima corrispondeva peraltro la spersonalizzazione del carnefice, che doveva privarsi di ogni emozione per poter praticare l'omicidio. Susanna Ronconi, passata dalle Br a Prima linea, ha ricordato l'esperienza dei ferimenti e delle uccisioni come qualcosa di non

> molto descrivibile [...] sono cose che durano pochi minuti, la mia reazione è sempre stata quella di una sospensione totale di qualsiasi emotività. Prima l'emozione dominante è la paura, non solo la paura che vada male, è una paura più profonda, come se tu ti accorgessi che stai varcando una soglia [...] poi c'è una sospensione di qualsiasi cosa, ho una percezione di me come se neanche respirassi... come un'assenza di suoni, di rumori, di colori, una specie di vuoto...[45]

Infine, l'esercizio della violenza contro le persone provocava alla fine un'estraneazione dalla realtà così radicale da ridurre il mondo, ha scritto un ex-terrorista di destra, a semplice «spazio fisico da attraversare».[46] Non è certo un caso che l'arresto o la morte in uno scontro a fuoco siano stati molto spesso vissuti o attesi come momenti liberatori da una situazione divenuta ormai psicologicamente insostenibile.

Nella lotta contro il sistema "borghese", disumano, o meglio, antiumano, centrali erano le critiche rivolte al dominio del "capitale". Le pro-

43. In «Controinformazione», 5-6 (novembre 1974), p. 77; cfr. anche R. Catanzaro, *Il sentito e il vissuto. La violenza nel racconto dei protagonisti*, in *La politica della violenza*, a cura di R. Catanzaro, Bologna, il Mulino, 1990, pp. 225-228.

44. Citato in Zavoli, *La notte della repubblica*, p. 380.

45. Citato in *Testimonianze*, p. 282.

46. La citazione è in M. Fiasco, *La simbiosi ambigua. Il neofascismo, i movimenti e la strategia delle stragi*, in *Ideologie, movimenti, terrorismi*, pp. 184-185.

fonde differenze tra l'anticapitalismo della destra radicale – inteso a promuovere una rigenerazione etica della società – e l'anticapitalismo della sinistra rivoluzionaria, interessato anche al rivolgimento dell'assetto economico, non escludevano tuttavia un'analoga rivolta contro una modernità che sembrava assegnare il controllo della vita umana all'economia.[47]

Le organizzazioni di sinistra attribuivano un alto valore simbolico agli espropri proletari: furti, rapine, autoriduzioni. Per le Br, procurarsi il denaro necessario con un'azione pericolosa come la rapina era una scelta ideologica dettata dalla convinzione che quello era «il primo passo concreto di espropriazione di quello che Lenin chiamava il capitale finanziario, tanto è vero che portavamo via solo i soldi della banca, e non ad esempio i soldi dei clienti».[48]

Atteggiamenti simili si trovavano nei loro avversari. «Ci rendevamo conto», hanno detto infatti alcuni ex-terroristi di destra «[che] la società era basata sull'economia, la dovevamo combattere con le stesse armi: per questo abbiamo iniziato ad andare in banca [...] ci sembrava di colpire proprio il capitale nel cuore».[49]

Tuttavia, vanno sottolineate altre importanti differenze. Nell'estrema destra si ha l'impressione che i reati di sangue costituissero una questione certo sempre difficile da affrontare, ma in misura minore che tra i loro avversari. Anzi, a sentire Fioravanti, per la "moralità" dei neo-fascisti era forse più facile colpire una persona che dedicarsi a furti o rapine.[50]

I gruppi di sinistra, inoltre, rifiutavano l'attributo di terroristi, anche perché le loro azioni non erano volte, teoricamente, a produrre "terrore", ma ad attirare il consenso delle masse sul loro progetto; preferivano perciò definirsi, ed essere definiti, "sovversivi". Il che non toglie che, fra il 1974 e il 1982, le vittime del terrorismo di sinistra in Italia siano state più di 130.

Se a partire dagli anni Sessanta l'estrema destra iniziò a discutere delle sottili – e terribili – distinzioni tra «terrorismo selettivo» (eliminazione di singoli individui) e «terrorismo indiscriminato» (attentati stragisti), la sinistra dovette affrontare invece grandi difficoltà per giustificare l'uso della violenza, soprattutto di quella contro le persone.[51] D'altronde, ave-

47. Su questi temi, cfr. i già citati lavori di Z. Sternhell.

48. Citato in Zavoli, *La notte della repubblica*, p. 118.

49. Citato in Ferraresi, *Il rosso e il nero*, p. 203 nota 48.

50. Bianconi, *A mano armata*, pp. 89-90.

51. Per la distinzione tra terrorismo selettivo e indiscriminato, G. Giannettini, *Tecniche della guerra rivoluzionaria*, Roma, I gialli politici, 1965.

va costituito sempre un passaggio problematico per la sinistra lottare per la liberazione, l'emancipazione, l'auto-realizzazione dell'intera umanità, e trovarsi poi a dover praticare una violenza mortale nei confronti degli avversari. Nel marxismo-leninismo, quanto meno a livello teorico, l'uso della violenza doveva essere temporaneo, la guerra di classe avrebbe dovuto essere l'ultima guerra, dopo di ché la violenza avrebbe dovuto essere bandita. Nella tradizione fascista, al contrario, la violenza era ipotizzata come strumento permanente, valido ad assicurare il dominio del più forte e la gerarchizzazione sociale che ne derivava.

Per questo, se per la destra terroristica la violenza contro le persone fu una scelta precoce, non fu così per la sinistra, che dovette affrontare un complesso e contraddittorio percorso che l'avrebbe portata dalla violenza simbolica, alla violenza contro le cose, a quella contro le persone, fino all'ultimo atto: l'omicidio. Come è stato notato, la difficoltà dell'estrema sinistra di gestire il rapporto con la violenza era evidente nella pletora di documenti, e nella loro lunghezza, che accompagnavano ogni azione dei gruppi clandestini proprio per la necessità di spiegare la decisione di applicare la violenza, la legittimità di quell'azione. Non a caso, ogni volta che una vittima veniva colpita – non necessariamente uccisa – questo atto era seguito dall'elenco delle accuse nei suoi confronti, anzi, dall'elenco delle sue «colpe».[52] Da questo punto di vista, le osservazioni sull'esistenza di due cicli differenziati di violenza interni alla sinistra sembra decisamente più rilevante rispetto a una simile distinzione per la destra.

Nel primo ciclo, all'incirca 1968-1975, a sinistra si passò rapidamente dalla ripresa delle forme non-violente di protesta del movimento studentesco e di quello per i diritti civili americano (i sit-in, la resistenza pacifica), alla messa in scena di forme di trasgressione e di provocazione simbolica, con l'obiettivo di causare veri e propri «choc psicologici» nei benpensanti – dal linguaggio volgare, agli spogliarelli davanti alle autorità o al loro sbeffeggiamento, al boicottaggio di manifestazioni tradizionali, come per esempio l'apertura della stagione lirica alla Scala – per arrivare, infine, alla violenza contro le cose e le persone.[53]

52. Ivi, pp. 177-178, e Catanzaro, *Il sentito e il vissuto*, pp. 204-207. Per alcuni esempi, cfr. i comunicati delle Br in «Controinformazione», 7-8 (giugno 1976), pp. 158-160.

53. A. Marwick, *The Sixties: Cultural Revolution in Britain, France, Italy and the United States, c. 1958 - c. 1974*, Oxford-New York, Oxford University Press, 1998, e P. Ortoleva, *I movimenti del '68 in Europa e in America*, Roma, Editori Riuniti, 1998.

In un numero del dicembre del 1974 di «Rosso», rivista legata all'area dell'autonomia, si leggeva:

> L'assenteismo, il linciaggio morale e a volte fisico dei professori, la copiatura, la falsificazione delle firme, l'insubordinazione continua, le fughe di casa, le bande del quartiere, il furto, la ricerca di una cultura alternativa, l'immoralità, non sono che gli strumenti coi quali si è espressa e attuata l'appropriazione studentesca e giovanile della libertà dallo studio, dalla disciplina, dalla mancanza di denaro, dalla famiglia, dalla morale corrente, dal sacrificio e dal lavoro [...]. Organizzare, rendere coscienti, radicalizzare e elevare i comportamenti di massa, far saltare gli orari, la divisione in classe, l'obbligo di frequenza, la selezione, la disciplina, le lezioni, spazzare via campanelle, registri, assenze, giustificazioni, libri, voti, interrogazioni, pagelle, esami a settembre e bocciature, professori che spiegano e controllano.[54]

Nel secondo ciclo, apertosi con la seconda metà degli anni Settanta, il drammatico passaggio alla violenza contro le persone si spinse fino all'eliminazione fisica dei cosiddetti «nemici del popolo». Anche se non fu facile superare, come ha scritto il brigatista Valerio Morucci, la «repulsione a essere obbrobriosi anche combattendo l'obbrobrio».[55]

Ad ogni modo, col tempo, in entrambi gli schieramenti la violenza si andò radicalizzando, diventando sempre più fine a sé stessa e sempre meno legata a un qualsiasi progetto politico. Ciò dipese dal concorso di più fattori: il crescente isolamento sociale, la maggiore efficacia repressiva delle forze dell'ordine, le dinamiche sempre più auto-referenziali delle varie organizzazioni, assorbite integralmente dallo scontro con lo stato, la perdita del contatto con il mondo esterno, la competizione fra i vari gruppi terroristici in anni in cui il bacino di reclutamento si stava drasticamente restringendo, le lotte interne ai gruppi stessi, la ricerca della massima visibilità sui mass-media; dinamiche che in qualche modo caratterizzano la vita di tutti i gruppi chiusi, settari.[56]

54. *Sulla strada dell'autonomia*, in «Rosso», 13 (dicembre 1974), p. 18.

55. V. Morucci, *Ritratto di un terrorista da giovane*, Casale Monferrato, Edizioni Piemme, 1999, p. 87.

56. Ha esaminato queste dinamiche D. della Porta, *Il terrorismo di sinistra*, Bologna, il Mulino, 1990, in particolare, pp. 235-256. Sulla reazione dello Stato, cfr. *Protesta sociale e violenza politica in Italia e nella Germania federale negli anni Sessanta e Settanta del Novecento*, in «Annali dell'Istituto storico italo-germanico in Trento», XXXIV (2008), Bologna, il Mulino, 2009.

Naturalmente, a queste ragioni si aggiungeva l'intempestiva e inefficace risposta delle istituzioni e del sistema politico nel suo complesso.[57] Nonostante si sia detto che il sistema politico all'inizio degli anni Settanta, incapace di un'incisiva azione autonoma, sia stato portato dalla piazza ad approvare una serie di riforme che pure ebbero grande impatto sociale (la legge sul divorzio, lo Statuto dei lavoratori, la riforma del diritto di famiglia, l'istituzione del Servizio sanitario nazionale, e altre ancora) fu proprio nella seconda metà del decennio che questa grande difficoltà di mediare con le esigenze dei movimenti sociali e di trasferirle sul piano politico divenne ancora più grave, contribuendo a frustrare ulteriormente le attese, a sollecitare le spinte antisistema, ad accentuare il ricorso alla violenza più estrema.

Anche in questo caso, si possono trovare alcune profonde somiglianze tra le due ali estreme dello spettro politico. In particolare, rilevanti analogie sono individuabili nell'immaginario legato alle pratiche violente, che spesso sono state descritte negli stessi termini, con le stesse parole: come espressione di intelligenza politica, abbiamo visto, ma anche come unica risposta possibile contro il soffocante potere dei *castrati* e addirittura come mezzi suscitatori di eccitazione erotica, soprattutto nel caso dell'uso delle armi, spesso descritte con metafore falliche.

Del primo dato abbiamo già parlato, ma anche questi ultimi elementi sono particolarmente significativi perché chiariscono proprio il tipo di immaginario al cui interno si muovevano sia gli estremisti di destra che di sinistra. L'accusa agli avversari di essere dei castrati, degli impotenti – divenuta frequente nel lessico politico italiano soprattutto a partire dall'inizio del Novecento, proprio all'interno della rivolta contro il sistema liberale che avrebbe conosciuto la sua massima radicalizzazione nel fascismo – si collocava sullo stesso piano simbolico delle analogie falliche e sessuali suggerite dalle armi. Queste metafore, che attraversavano con estrema facilità le barriere ideologiche, esprimevano infatti la convinzione che la violenza avesse un ruolo rigeneratore, creatore, e che chi si opponeva a essa – l'ideologia democratica – era proprio per questo incapace di produrre, di creare alcunché: era, in altre parole, sterile.

Se è lecito aspettarsi di trovare metafore di questo tipo nel mondo della destra radicale, per la sua ideologia, per il culto della virilità,

57. Cfr. P. Scoppola, *La Repubblica dei partiti. Storia ed evoluzione di un sistema politico*, Bologna, il Mulino, 1997, pp. 381 e ss.

dell'azione militare e violenta, per la volontà di dominio,[58] meno scontato è ritrovare le stesse immagini a sinistra. Anche un ex-terrorista appartenente a quest'area ha però ricordato che la lotta armata era «attraente, perché era [...] una rottura, [...] una rottura con un modo castrato, obsoleto di fare politica, vecchio»; il modo *castrato*, *vecchio*, e quindi di nuovo *sterile*, di fare politica era in questo caso quello riformista del Pci. E un altro ha detto: «Le armi hanno un fascino in sé, che è poi un fascino che ti fa sentire in qualche modo più... più virile... appunto questa sensazione di sentirsi più forti, più virili, tant'è vero che come tutti anch'io... non so... mi capitava... di farle vedere alle donne per tentare, appunto, di conquistarle...».[59]

Domanda di senso, culto dell'azione e della violenza contro il predominio della dimensione concettuale, fredda e astratta della vita, e antiindividualismo come aspirazione a una fusione/confusione del proprio sé nell'appartenenza collettiva, sono elementi che scavalcano le distinzioni ideologiche.

6. *La strategia della tensione e la lotta al comunismo*

Passiamo ora a esaminare un'ultima questione: le radici e le ragioni della stagione di attentati e stragi indiscriminate che colpì l'Italia tra il 1969 e il 1974 – con la tragica coda della strage alla stazione di Bologna nel 1980 – durante la cosiddetta "strategia della tensione".

La strategia della tensione mosse i primi passi già negli anni Sessanta, ma il paese se ne accorse solo il 12 dicembre 1969 con la strage alla Banca dell'Agricoltura in piazza Fontana, a Milano, che provocò, in totale, 17 morti e 105 feriti. Poco dopo fu la volta dell'attentato sul treno Freccia del Sud a Gioia Tauro, nel luglio 1970, con 6 morti e 54 feriti; poi di quello a Peteano (Gorizia), in provincia di Udine, nel maggio 1972, con 3 morti e 3 feriti; l'anno successivo fu la volta di via Fatebenefratelli, nei pressi della questura di Milano, il 17 maggio 1973, con 4 morti e 46 feriti; poi piazza della Loggia,

58. Cfr. M. Revelli, *La cultura della destra radicale*, Milano, Angeli, 1985.

59. Entrambe le citazioni sono in Catanzaro, *Il sentito e il vissuto*, p. 217. Per una testimonianza di parte femminile sul «grande senso di potenza» per l'esibizione delle armi durante una rapina, cfr. B. Guidetti Serra, *Donne, violenza politica, armi: un'esperienza giudiziaria*, in «Rivista di storia contemporanea», 2 (aprile 1988), p. 232.

a Brescia, il 28 maggio 1974, con 8 morti e 94 feriti; ancora, l'Espresso 1486 "Italicus", nei pressi di San Benedetto Val di Sambro, il 4 agosto 1974, con 12 morti e 44 feriti. E infine la più grave di tutte, quella che ebbe luogo alla stazione ferroviaria di Bologna, il 2 agosto 1980: questa volta i morti furono 85 e 200 i feriti. In totale, gli attentati avrebbero provocato 135 morti e 546 i feriti. Se si escludono i paesi colpiti da terrorismi di matrice nazionalista e separatista, come la Spagna e l'Irlanda del Nord, ciò che accadde in Italia rappresenta un caso unico nell'Europa occidentale dopo il 1945.

Il tentativo di destabilizzare il nostro paese non si limitò però solo agli attentati dinamitardi. Vennero infatti programmati anche piani golpisti che si proponevano di rovesciare la Repubblica. Piani che però, per misteriosi contrordini arrivati all'ultimo minuto, o perché scoperti e disattivati per tempo dalle forze dell'ordine, non sarebbero mai entrati nella fase operativa.

Per parlare di questo periodo, è necessario superare l'immagine dominante che se ne ha: un'immagine caratterizzata dalla convinzione che anni di depistaggi e una lunga serie di condanne, seguite molto spesso da assoluzioni, abbiano nei fatti impedito di individuare i responsabili delle stragi. E che non siano riusciti a far sciogliere il nodo dei tentativi golpisti per capire se fossero "colpi di stato da operetta", come pure qualcuno ha detto, o invece qualcosa di molto serio e minaccioso.

In realtà, attraverso le inchieste giudiziarie su quanto è accaduto negli anni Settanta, siamo arrivati a possedere più certezze di quanto si pensi sulla strategia della tensione. Non solo le indagini hanno permesso, in alcuni casi, di individuare i colpevoli, anche alcuni responsabili delle stragi, ma soprattutto è stata raggiunta la certezza di quali sono stati gli ambienti politici in cui – almeno a livello operativo – la strategia della tensione è stata elaborata e attuata. Questi ambienti politici sono stati *in primis* la galassia neonazista e neofascista ruotante attorno a Ordine nuovo e Avanguardia nazionale.

L'ondata di violenza stragista che investì il nostro paese trovava le sue ragioni innanzitutto sia nella sua collocazione geopolitica che nella polarizzazione del sistema politico nazionale. Per quanto riguarda la collocazione geopolitica, la penisola era in effetti stretta in una tenaglia tra Est e Ovest, ovvero fra mondo filosovietico e filoamericano, e tra Nord e Sud del mondo. Per quanto riguarda la seconda questione, dobbiamo ricordare che in Italia c'era il Partito comunista più forte d'Occidente e che proprio per questo motivo il contrasto a questa ideologia aveva trovato nel nostro paese un terreno privilegiato. Peraltro, il contesto internazionale, dal dopoguerra in poi, aveva visto i regimi comunisti conquistare sempre maggiore spazio. Dopo essere arrivati al potere in Cina nel 1949, essi controllavano circa un quinto dell'intero pianeta. Attraverso i movimenti di liberazione nazionale, avevano conquistato spazio anche nelle ex colonie; addirittura, tra la fine degli anni Quaranta e i primi Sessanta, in Indocina e in Algeria si erano dimostrati capaci di sconfiggere un paese come la Francia, che aveva un esercito certamente ben armato e addestrato. Dopo la rivoluzione cubana del 1959, il comunismo era arrivato inoltre a due passi dagli Stati Uniti. Non si può capire, quindi, quello che è accaduto in Italia se non si tiene conto del fatto che l'Occidente sentiva il fiato sul collo del comunismo.[60]

Il Partito comunista italiano, come abbiamo detto, era quello con maggiore seguito in Occidente e uno dei più forti fuori dall'orbita sovietica. Per arrivare al potere aveva rinunciato (almeno dagli anni Cinquanta in poi) alla via insurrezionale. Sapeva infatti che il contesto internazionale non l'avrebbe permesso, e che un suo colpo di mano sarebbe stato seguito, inevitabilmente, da un intervento armato occidentale (sotto la direzione statunitense) per soffocarlo. Per questo, con il passar degli anni, e in maniera sempre più convinta, il Pci aveva scelto la via legalitaria. Ma, paradossalmente, ciò non faceva meno paura ai suoi avversari, perché molti pensavano che questa scelta fosse in realtà solamente una accorta strategia per arrivare silenziosamente, con *passo felpato*, nelle stanze del potere, dandogli tempo di radicarsi, di conquistare maggior consenso, di inserire i propri uomini ovunque, addirittura nelle forze dell'ordine e nelle forze armate.[61]

La strategia comunista, secondo i suoi nemici, era sempre la stessa: utilizzare qualsiasi mezzo, anche gli spazi di libertà offerti dalle liberaldemocrazie, per arrivare al potere e quindi, com'era successo in Europa orientale dopo il 1945, entrare in governi di coalizione con altre forze politiche, per poi, appena ci si fosse sentiti sufficientemente sicuri, prendere il potere con la forza.

Quando nel 1960 si aprì la fase politica del centrosinistra, in molti ambienti anticomunisti si diffuse l'idea che era iniziato un percorso estremamente pericoloso. Che l'ingresso dei socialisti al governo fosse cioè

60. G. Galli, *Un programma per tutto l'Occidente* (1962), ora in *La democrazia e il pensiero militare*, Gorizia, La Libreria Editrice Goriziana, 2008, pp. 117-118.

61. Sui timori suscitati dal Pci, V. Zaslavsky, *L'apparato paramilitare comunista nell'Italia del dopoguerra (1945–1955)*, in Id., *Lo stalinismo e la sinistra italiana. Dal mito dell'Urss alla fine del comunismo 1945-1991*, Milano, Mondadori, 2004.

solo il primo passo, a cui sarebbe seguito l'arrivo anche dei comunisti. L'avvio della contestazione del Sessantotto, caratterizzata da disordine sociale, scioperi, lotta di classe e critica delle gerarchie tradizionali nelle università, nelle scuole e persino nelle caserme, sembrarono a molti la conferma che anche in Italia fosse partito l'*attacco finale* del comunismo per la presa del potere.[62]

Chi voleva combattere il comunismo doveva perciò essere pronto a utilizzare qualsiasi strumento per fermarlo. Il giudice Giovanni Tamburino, per esempio, quando a metà degli anni Settanta chiese a uno degli indagati per il tentato golpe della Rosa dei Venti (1973) come fosse possibile mettere bombe nelle piazze, nelle stazioni e uccidere persone innocenti, donne e bambini, ne ricevette una risposta chiarissima: «Giudice, meglio una strage che una guerra civile».[63]

Era infatti questa la prospettiva: se il Pci fosse andato al potere, in Italia sarebbe scoppiata una guerra civile, o perché voluta proprio dai comunisti, o, al contrario, da chi non li voleva al governo del paese. Il che voleva dire che persino le stragi indiscriminate, se fossero servite a impedire tale esito catastrofico, avrebbero potuto essere accettate in quanto *male minore*.

L'affermazione che il giudice Tamburino si trovò ad ascoltare, tuttavia, è interessante anche perché chiarisce bene una questione fondamentale: come il terrorismo nell'età contemporanea, da strumento militare utile a mostrare la propria forza e a colpire l'avversario, si sia trasformato innanzitutto in uno strumento di «propaganda armata», come si diceva allora, volto cioè a condizionare l'opinione pubblica.

In effetti, la strategia della tensione deve essere considerato uno strumento volto innanzitutto a condizionare, a manipolare l'opinione pubblica, per far passare un duplice messaggio: al Pci, che non doveva azzardarsi ad avvicinarsi all'area di governo, altrimenti sarebbe successo l'irreparabile; e a chi lo avversava, che i comunisti, come vedremo accusati falsamente di essere i responsabili occulti degli attentati, rappresentavano un pericolo mortale per la nazione.[64]

62. A. Ventrone, *La strategia della paura. Eversione e stragismo nell'Italia del Novecento*, Milano, Mondadori, 2019, pp. 256-257.

63. G. Tamburino, *La Rosa dei Venti nel quadro dell'eversione stabilizzante*, in *Il terrorismo di destra e di sinistra in Italia e in Europa. Storici e magistrati a confronto*, a cura di C. Fumian e A. Ventrone, Padova, Padova University Press, 2017, p. 200.

64. M. Dondi, *L'eco del boato. Storia della strategia della tensione*, Roma-Bari, Laterza, 2014.

I movimenti di sinistra nei paesi occidentali erano quindi accusati di agire dietro ispirazione sovietica e di utilizzare la democrazia per distruggere la democrazia stessa; se questa era la premessa, allora diventava possibile utilizzare qualsiasi strumento *per salvare la libertà* minacciata dal comunismo.

Questo scenario chiarisce una questione importante: che chi combatteva il comunismo ricorrendo alla violenza non apparteneva necessariamente all'estrema destra perché, come ormai sappiamo, un ruolo centrale fu svolto dall'anticomunismo non fascista, o addirittura antifascista, che riteneva che per lottare contro il comunismo non fosse necessario distruggere la democrazia con un golpe militare. Infatti, un colpo di stato autoritario continuava a essere desiderato solo da ristrette minoranze di simpatie e nostalgie fasciste all'interno della galassia che operava a favore della strategia della tensione. L'obiettivo vero era infatti tenere lontano i comunisti dal governo senza però giungere al punto di rottura che avrebbe potuto generare esiti imprevedibili quale, per l'appunto, una guerra civile. Per dirla in modo sintetico, si mirava a «destabilizzare l'ordine pubblico [tramite gli attentati], per stabilizzare l'ordine politico [rafforzando le forze politiche moderate]».[65] Il che voleva dire, ed è una cosa a lungo sfuggita agli storici, che il progetto complessivo era sì volto a isolare e delegittimare la sinistra, ma nello stesso tempo intendeva colpire anche l'estrema destra (che pure era paradossalmente utilizzata per compiere gli attentati), in modo da spingere l'opinione pubblica ad allontanarsi dalle ali estreme e a votare in modo compatto per i partiti di centro.

Oltre all'abbondantissima documentazione raccolta nel corso delle inchieste e alle sentenze che ne sono derivate in oltre cinquant'anni di procedimenti giudiziari, un aiuto importante per decifrare l'operato di coloro che hanno diretto la strategia della tensione viene dai testi teorici che sono alla base della dottrina della guerra contro-rivoluzionaria. È proprio grazie a essi che si riesce a comprendere meglio il quadro in cui le azioni terroristiche si collocavano e qual era il piano generale individuato per combattere il comunismo. Proviamo a ricostruirne i caratteri generali.

Tradizionalmente, nella lotta alla sovversione, fino alla prima metà del Novecento, la metafora utilizzata era stata quella del metodo chirurgico. Era quello a cui si era ispirato nei primi anni Venti il fascismo, per esem-

65. V. Vinciguerra, *Stato d'emergenza. Raccolta di scritti sulla strage di piazza Fontana*, s.l., Vincenzo Vinciguerra, 2013, p. 109.

pio, con le sue «spedizioni punitive» contro le sezioni socialiste bruciate, estirpate, come un bubbone maligno.[66] E, su scala più ampia, era ciò che si era cercato di fare negli stessi anni, subito dopo la nascita dell'Unione Sovietica, quando vari paesi occidentali, Italia compresa, avevano inviato reparti militari per soffocare la rivoluzione. Un intervento, tuttavia, a cui il regime comunista era riuscito a sopravvivere, tanto da costringere i suoi avversari ad accettarne – o a subirne – la presenza sulla scena internazionale. Quando poi una trentina di anni più tardi, nel 1949, l'Urss si era dotata della bomba atomica, era diventato chiaro a tutti che la sua aggressione avrebbe scatenato un conflitto nucleare. A quel punto l'Unione sovietica – sapendosi al riparo da ogni attacco diretto – aveva potuto continuare a esportare la rivoluzione in tutto il mondo, finanziando, armando, addestrando tutti coloro che potevano in qualche modo esserle utili.

A partire dalla fine degli anni Quaranta, dunque, per evitare un conflitto nucleare, la competizione tra le due superpotenze, Usa e Urss, aveva dovuto necessariamente prendere altre strade, meno pericolose, rispetto allo scontro frontale. La guerra rivoluzionaria comunista e quella controrivoluzionaria che voleva combatterla, operando attraverso il sostegno a movimenti o regimi apparentemente indipendenti dalle grandi potenze, divennero così la necessaria risposta per evitare uno scontro diretto che avrebbe inevitabilmente assunto un carattere apocalittico.

Di fronte al *virus comunista* che sembrava capace di diffondersi ovunque, la metafora della cura dalla sovversione da attuare tramite un intervento chirurgico non era più adeguata; dovette perciò essere sostituita da quella della medicina preventiva, della profilassi. Il pericolo contro cui lottare non era infatti più simile al tumore che si sviluppa all'interno dell'organismo e che va estirpato, ma, per l'appunto, quella del microrganismo che assale dall'esterno un essere vivente e lo colonizza.

Come scriveva all'inizio degli anni Sessanta il generale francese André Beaufre, uno dei maggiori teorici della guerra non ortodossa al comunismo:

> La guerra antica incideva la storia a colpi di battaglie come una sanguinosa chirurgia. La nuova guerra [quella condotta dei comunisti], tutta sfumature, è più simile al processo delle malattie infettive. La sua azione lenta e meno drammatica non deve, però, essere sottovalutata. Le operazioni cruente della guerra calda vengono sostituite dalle infezioni che non solo non sono meno

66. M. Franzinelli, *Squadristi. Protagonisti e tecniche della violenza fascista 1919-1922*, Milano, Mondadori, 2004.

letali, ma sono anche più insidiose. Contro queste infezioni il metodo chirurgico è ben di rado efficace. È necessario [pertanto] procedere a vaccinazioni preventive o a contro-infezioni e a curare il male sin dal suo insorgere.[67]

In altre parole, di fronte alla minaccia rivoluzionaria, bisognava agire in via preventiva. O quantomeno bisognava agire già nei primi stadi della *malattia*, altrimenti i costi da pagare sarebbero stati estremamente alti.[68]

Qual era il senso di questa nuova metafora medico-politica? Che le «contro-infezioni», ovvero le vaccinazioni preventive, erano l'unica arma valida e risolutiva contro il virus della sovversione comunista. In altre parole, si doveva introdurre una dose limitata di veleno (il vaccino) per spingere l'organismo ad accorgersi del pericolo e a produrre i necessari anticorpi. Ciò che avviene negli esseri viventi poteva ripetersi in uno stato: occorreva introdurre una dose limitata di disordine con gli attentati, fingendo che i colpevoli fossero di sinistra, per scaricare la colpa su quest'ultima e nello stesso tempo far prendere coscienza all'opinione pubblica che il comunismo rappresentava un pericolo mortale.

Tutto era peraltro reso più complicato dal fatto che il Pci evitava prudentemente di scendere sul piano della violenza, come invece avrebbero voluto molti dei suoi avversari. Infatti, se lo avesse fatto, tutto sarebbe stato più facile per i suoi nemici. Il generale Giovanni de Lorenzo – l'organizzatore nel 1964 del cosiddetto Piano Solo, che *solo* con l'intervento dei carabinieri aveva previsto, dietro incarico del presidente della Repubblica Antonio Segni, l'arresto e la deportazione, in caso di disordini, dei principali esponenti della sinistra politica e sindacale – lo disse molto chiaramente agli americani nel corso di quei mesi: se i comunisti fossero scesi sul piano della violenza, la partita sarebbe stata facile e si sarebbe chiusa subito, perché a quel punto le forze armate sarebbero potute intervenire legalmente e legittimamente. Ma i comunisti avevano scelto la via legale, e questo complicava di molto la situazione, perché rendeva impossibile un intervento repressivo che si sarebbe potuto giustificare solo con la necessità di difendere la Repubblica da tumulti o incidenti, che però il Pci, per l'appunto, non aveva intenzione di scatenare.

I riferimenti medici erano d'altronde quanto mai comuni nei testi in cui si rifletteva su come combattere il comunismo. Un esempio illuminante

67. A. Beaufre, *Introduzione alla strategia*, Bologna, il Mulino, 1966 (1963), p. 75.

68. D. De Villegas, *Guerra + Rivoluzione*, con presentazione di E. Beltrametti, Roma, Trevi, 1967 (I ed.1963).

ci è fornito da due scritti di Clemente Graziani, uno dei fondatori di Ordine nuovo. Un suo saggio venne pubblicato nel 1963, con un titolo esplicito: *La guerra rivoluzionaria*. Un secondo, che riprendeva e rielaborava quello precedente, si intitolava *Appunti per una «risposta» alla guerra sovversiva*, e fu presentato nel maggio 1965 nel corso del convegno dell'Istituto di Studi Militari Alberto Pollio, organizzato con il silenzioso sostegno del SIFAR, il servizio segreto militare, e che oggi sappiamo aver rappresentato il passaggio alla fase operativa della strategia della tensione.[69]

In particolare, l'ordinovista faceva riferimento alle scoperte di Ivan Pavlov, il noto scienziato russo, sulla possibilità di sostituire istinti artificiali agli istinti naturali, come aveva mostrato il famoso esperimento del cane a cui era stato somministrato cibo accompagnandolo al suono di un metronomo o di una luce lampeggiante. L'esperimento, com'è noto, aveva rivelato che dopo un certo periodo di tempo il cane automaticamente associava il suono al cibo, per cui quando ascoltava il metronomo, anche se non gli veniva dato da mangiare, aumentava la propria salivazione, proprio come se avesse di fronte il pasto. Graziani – ma come lui anche altri teorici della cosiddetta guerra non ortodossa al comunismo – pensava che questa scoperta potesse essere utilizzata in campo politico.

Attraverso «opportuni condizionamenti», scriveva l'ordinovista, «è possibile agire sugli stati psichici, emotivi e fisiologici degli animali». Ma ormai si sapeva che la teoria dei riflessi condizionata poteva essere trasferita dal mondo animale anche a quello umano. E uno degli strumenti principali attraverso cui agire, secondo Graziani, era proprio il «terrorismo» di sicura efficacia, perché agiva sul «principale riflesso innato» di animali ed esseri umani: la «paura», il «terrore», l'«istinto di conservazione».

In un contributo sempre al convegno del Pollio, Guido Giannettini, legato ad Avanguardia nazionale, in contatto con Ordine nuovo e dal 1966 sul libro paga del SID, l'intelligence militare, condannato in primo grado per la strage di piazza Fontana ma assolto in appello, aggiunse poi un'altra importante osservazione. Come aveva notato Pavlov, se al cane si continuava a far sentire solo il metronomo senza dare più cibo, smetteva di salivare: il che voleva dire che senza una continua sollecitazione l'istinto artificiale si perdeva e l'istinto naturale riprendeva il sopravvento. Se si voleva utilizzare questa scoperta in funzione del progetto destabilizzante di cui abbiamo parlato, bi-

69. Gli atti furono raccolti in *La guerra rivoluzionaria. Atti del Primo Convegno organizzato dall'Istituto Pollio*, Roma, Volpe, 1965.

sognava quindi ripetere gli attentati in modo cadenzato, «a intermittenza, secondo certi periodi opportunamente studiati», come poi sarebbe effettivamente accaduto. In effetti, in Italia non ci fu un'escalation incontenibile di attentati miranti a provocare il caos (le stragi indiscriminate, come abbiamo detto, furono molto distanziate fra loro, a eccezione delle due del 1974), perché l'obiettivo, più semplicemente, era tenere sempre vivo l'istinto artificiale della paura indotta – la paura del comunismo – che rappresentava la condizione necessaria per attivare gli anticorpi, ovvero forze armate, forze dell'ordine e, in generale, opinione pubblica, a cui era demandato il compito di combattere l'agente patogeno, il comunismo.

D'altronde, questi discorsi circolavano ampiamente negli ambienti dell'estrema destra. Uno dei giovani che già negli anni Cinquanta li frequentava, Giulio Salierno, li avrebbe riportati in un libro che è anche una riflessione su quell'esperienza. Nella sua ricostruzione, in uno dei tanti incontri volti a delineare i metodi per combattere il comunismo, Pino Rauti, il leader più autorevole di ON, dopo essersi soffermato sulla «validità dei riflessi condizionati come forma di propaganda», aveva ben spiegato quale fosse la strategia da seguire: in particolare, provocare, isolare, screditare e indebolire i comunisti, perché solo dopo aver così preparato il campo, «gli attentati, le bombe» avrebbero potuto acquisire «peso politico». «La dinamite e la rivoltella», continuava, «devono diventare immagini, pubblicità subliminale. Il loro ruolo effettivo deve essere quello di agire a livello dell'emotività individuale e collettiva. [Bisogna o]pporre alla ragione le istanze del profondo della psiche umana».[70] E tra le «istanze del profondo», come abbiamo visto, una delle più potenti era naturalmente la *paura*. Attentati e stragi, in altre parole, dovevano diventare strumenti per condizionare inconsciamente l'opinione pubblica.

In effetti, grazie ai mezzi disponibili – radio, televisione, stampa – era diventato possibile «lo stupro psicologico delle masse», scriveva crudamente Graziani riprendendo il titolo di un famoso testo di Serghej Ciacotin, studioso di psicologia collettiva e collaboratore di Pavlov. «Esiste, dunque, la possibilità di suggestionare le folle, di galvanizzarle intorno a un'idea, di costringerle, insomma, entro schemi psicologici precostituiti»; in altri termini, di spingerle dove si voleva che andassero.

70. G. Salierno, *Autobiografia di un picchiatore fascista*, Torino, Einaudi, 1976, pp. 95-96; il corsivo è mio.

E concludeva il suo ragionamento sottolineando che «la guerra rivoluzionaria» non ubbidiva «alle regole del *fair play*. Chi si getta in una lotta come questa deve sapere che ci sono casi in cui non verrà risparmiato. Non dovrà *dare*, e non dovrà *chiedere* pietà».[71]

7. *La strategia della tensione come «messa in scena»*

L'obiettivo delle forze sovversive è sempre quello di accrescere la loro capacità di richiamo grazie alla paura che le azioni terroristiche incutono nella popolazione, alla evidente potenza che dimostrano e alla capacità di far emergere che lo stato non è più in grado di proteggere la popolazione. È dunque il successo dell'azione terroristica la condizione necessaria perché la propaganda armata sia efficace. Un suo fallimento, evidentemente, attenua la capacità di richiamo degli insorti e permette al regime aggredito di recuperare prestigio e credibilità. C'è una frase che sintetizza bene questa convinzione diffusa negli ambienti della guerra contro-rivoluzionaria: il terrorismo «fa tacere [perché minaccia], fa fuggire [perché incute paura], fa aderire [perché vincente]». Ma se fallisce, non fa tacere, non fa fuggire, non fa aderire.

Questa considerazione apre uno squarcio di grande interesse su quanto accadde in Italia tra il 1969 e la metà degli anni Settanta. Al di là della spessa coltre di nebbia che ha a lungo coperto, e in parte copre ancora, le vicende stragiste e golpiste, appare infatti possibile individuare uno *schema* che si ripete costantemente nella sequela di attentati e tentati golpe che si susseguirono in Italia in quegli anni.

Come nel 2015 ha scritto a proposito della strage di Brescia del 28 maggio 1974 la Sentenza della Corte di Assise d'Appello di Milano – in cui sono stati condannati due responsabili della strage, Carlo Maria Maggi e Maurizio Tramonte, entrambi ordinovisti – la strategia della tensione si è basata su attentati attribuiti alla sinistra ma commessi in realtà da neofascisti con la complicità, la copertura (anche tramite depistaggi) e la fornitura

71. C. Graziani, *Appunti per una «risposta» alla guerra sovversiva*, in «Ordine Nuovo», 3-4 (maggio-giugno 1965), pp. 27-28. Il riferimento è a S. Ciacotin, *Le viol des foules par la propagande politique*, Paris, Gallimard, 1952 (1939); la traduzione italiana del libro di Ciacotin sarebbe apparsa nel 1964, *Tecnica della propaganda politica*, Milano, Sugar.

di armi ed esplosivi da parte di uomini delle istituzioni, civili e militari, e di centrali di potere occulto, nazionali e internazionali.[72]

Tuttavia, di questi numerosissimi attentati solo una piccola parte, fortunatamente, provocò morti o feriti. I tanti falliti o volutamente depotenziati, che non provocarono vittime o al più solo qualche ferito, appaiono quindi legati a una precisa strategia: ridurre o limitare le stragi indiscriminate perché l'obiettivo, come abbiamo visto, non era il caos e un conseguente golpe ma, da una parte, evitare di giungere al punto di rottura, dall'altra, tenere sotto pressione l'opinione pubblica in senso anticomunista.

Anche la strategia di scaricare sulla sinistra la responsabilità degli attentati per delegittimarla va dunque letta in una luce diversa. Tale strategia si è infatti rivelata molto più complessa di quanto per molto tempo abbiamo creduto.

Il primo elemento da sottolineare è che gli attentati, la cui matrice si diceva fosse di sinistra, erano sempre accompagnati da una più o meno contemporanea diffusione di notizie sulle possibili responsabilità, al contrario, della destra neofascista o neonazista. Infatti, mentre le indagini ufficiali per la strage di piazza Fontana si diressero immediatamente (premeditatamente, si dovrebbe dire) verso la cosiddetta "pista anarchica", che portò all'arresto dell'anarchico Pietro Valpreda e che entro un paio d'anni si sarebbe rivelata del tutto falsa,[73] i servizi segreti militari in una nota del 16 dicembre indicavano possibili responsabilità di persone di estrema destra – Mario Merlino e Stefano Delle Chiaie nello specifico – fino a quel momento del tutto fuori dall'inchiesta, e che invece oggi sappiamo essere stati effettivamente implicati nella strategia della tensione.[74] Tuttavia, mentre si facevano i loro nomi, nello stesso tempo venivano introdotte importanti inesattezze, con l'obiettivo di produrre un voluto effetto confusione: Merlino, infatti, era descritto come anarchico ma in realtà era legato ad Avanguardia nazionale, e aveva quindi effettivi legami con Delle Chiaie, il leader dell'organizzazione.

72. Sentenza 22 luglio 2015, Corte d'assise d'appello di Milano (presidente-estensore Anna Conforti), pp. 457-451; la sentenza è diventata definitiva dopo la pronuncia della Corte di Cassazione, Prima sezione, il 20 giugno 2017.

73. P. Morando, *Prima di piazza Fontana. La prova generale*, Roma-Bari, Laterza, 2019, e B. Tobagi, *Piazza Fontana. Il processo impossibile*, Torino, Einaudi, 2019.

74. A. Giannuli, *La strategia della tensione. Servizi segreti, partiti, golpe falliti, terrore fascista, politica internazionale: un bilancio definitivo*, Milano, Ponte alle Grazie, 2018, pp. 497 e ss.

Un ulteriore elemento sorprendente è che tutti o quasi tutti gli attori sui quali vennero scaricate nel corso del tempo le responsabilità dei progetti eversivi apparivano, secondo la mentalità dell'epoca, dei veri e propri *border-line*; individui, cioè, che, qualsiasi cosa avessero rivelato alle forze dell'ordine e ai magistrati, inevitabilmente sarebbero risultati non credibili, né affidabili. Da Pietro Valpreda anarchico ballerino ma claudicante, di cui si prospettavano l'omosessualità e le ambigue amicizie nell'estrema destra, tra cui proprio Mario Merlino; a Gianfranco Bertoli, responsabile dell'attentato alla Questura di Milano nel maggio 1973, presunto anarchico individualista, dipinto come un venditore ambulante alcolista, ma che come oggi sappiamo era stato addestrato e preparato prima della strage da membri di ON, con cui era in contatto da anni; a Ermanno Buzzi, arrestato per la strage di piazza della Loggia e poi ucciso in carcere da suoi compagni, presumibilmente perché pronto a rivelare qualcosa di troppo ai magistrati, noto come ladro di opere d'arte, espulso dal Msi in quanto omosessuale e pure con una inaspettata relazione con un giovane iscritto alla Federazione giovanile comunista.

È dalla ripetizione costante – anche in molti altri casi – di questo schema volto a confondere le acque che emerge l'estrema sofisticatezza della strategia della tensione. Una strategia che, a guardarla a tanti anni di distanza, appare una vera e propria, accurata, «messa in scena».[75] Questa definizione, che non vuol sminuire la tragicità degli eventi legati a quella stagione, con le centinaia di morti e feriti che ha provocato, è utile per chiarire il disegno complessivo all'origine dello stragismo nel nostro paese. In ambito teatrale, per messa in scena si intende infatti il complesso di operazioni volte a orientare lo sguardo dello spettatore in modo da farlo dirigere lì dove il regista vuole che vada. Messa in scena è quindi l'insieme delle accortezze usate per rendere credibile un racconto che in realtà è una finzione, e per creare l'atmosfera emotiva che si vuole trasmettere allo spettatore. D'altronde, «fingere» e «ingannare» sono due delle principali «azioni» offensive previste dalla strategia contro-rivoluzionaria proprio per nascondere il progetto realmente perseguito.[76] Così come la «creazione

75. A. Ventrone, *«La dinamite e la rivoltella sono pubblicità subliminale». la strategia della tensione come «messa in scena»*, in *La Strategia della tensione in Italia tra Piazza Fontana e l'Italicus. Fenomenologia, rappresentazioni, memorie*, a cura di M. Cuzzi, M. Dondi e D. Guzzo, Milano, Biblion, 2021.

76. Beaufre, *Introduzione alla strategia*, pp. 29-30.

di “messe in scena” emozionanti», cioè capaci di colpire le emozioni delle persone, è un elemento centrale nella guerra psicologica.[77]

Queste considerazioni permettono di sciogliere alcune importanti contraddizioni che, come abbiamo visto, si sono presentate in quanto è accaduto in questi anni. Se l’obiettivo non era realizzare un colpo di stato autoritario o tornare al regime fascista, ma solo tenere in allarme la popolazione, proprio la categoria di “messa in scena” rende infatti comprensibile il fatto che i golpe non abbiano mai avuto luogo e che siano sempre stati coperti e sventati per tempo. Così come contribuisce a spiegare perché gli attentati intenzionalmente mortali legati alla strategia della tensione siano troppo pochi (dicembre 1969, maggio 1973, maggio 1974 e agosto 1974) e distanziati tra di loro per scatenare il caos, premessa indispensabile affinché un colpo di stato apparisse legittimo agli occhi dell’opinione pubblica e fosse da essa accettato.

Facciamo allora un ulteriore passo avanti. Come abbiamo detto, il terrore fa tacere, fa fuggire, fa aderire; ovvero, proprio il successo degli attentati mostra sia la forza di chi li commette, sia l’impotenza dello stato, spingendo molti a schierarsi con chi, in quel momento, appare più forte. Ciò crea però una situazione paradossale. La strategia terroristica dei comunisti, nei paesi in cui volevano arrivare al potere, doveva necessariamente risultare vincente perché potessero legittimarsi come nuova autorità. Ma se in Italia è proprio questo che si voleva impedire, gli attentati – la cui responsabilità veniva fatta cadere sulle spalle della sinistra – non potevano e non dovevano aver successo. In tal caso, infatti, avrebbero rafforzato i comunisti stessi, cioè coloro che si voleva combattere. È probabilmente questa la ragione per cui si facevano commettere attentati a uomini dell’estrema destra con l’obiettivo di scaricarne la responsabilità sulla sinistra e, subito dopo, proprio per evitare l’effetto paradosso di un rafforzamento di quest’ultima, si faceva filtrare l’ipotesi che forse era stata invece la destra a realizzarli. Il dubbio insinuato otteneva un duplice effetto: da una parte screditava la sinistra rivoluzionaria (e indirettamente il Pci) in quanto probabile responsabile degli attentati, ma nello stesso tempo impediva che essa potesse godere del successo che nasceva dagli attentati realizzati, proprio perché forse non suoi. Dall’altra, far emergere le responsabilità della destra neofascista aveva lo scopo inverso: screditarla a sua volta, ma pure evitare che potesse

77. E. Cerquetti, *Le forze armate italiane dal 1945 al 1975. Strutture e dottrine*, Milano, Feltrinelli, 1975, p. 338.

approfittare degli attacchi terroristici per far precipitare la situazione e, nel caos che ne sarebbe seguito, andare al potere.

È questa la strada seguita per far sì che nessuno degli "opposti estremismi", come si diceva nell'Italia di quegli anni, potesse veramente avvantaggiarsi della tensione creata nel paese, e che anzi entrambi ne uscissero delegittimati. E per far sì che lo stato – controllato dalle forze moderate, cioè antifasciste e contemporaneamente anticomuniste –, trovandosi aggredito nello stesso momento dall'estrema destra e dall'estrema sinistra, venisse percepito come l'unico garante della vita civile, l'unico saldo appiglio a cui aggrapparsi per non sprofondare nel caos, il solo baluardo capace di tutelare la sicurezza della nazione. D'altronde, come prevedeva la guerra contro-rivoluzionaria, il conflitto doveva essere combattuto per «interposti avversari» e i veri contendenti, quelli che manovravano dietro le quinte, non dovevano mai apparire pubblicamente.[78]

Non ha quindi fondamento l'immagine caotica del mondo legato alla strategia della tensione che ha dominato per decenni. Un'immagine composta apparentemente da un intreccio inestricabile di centri di potere e di organismi dello stato in lotta tra di loro, e per di più attraversati a loro volta da divisioni e spaccature interne.

Nell'immagine che abbiamo avuto di questo periodo, sembrava di assistere a una guerra permanente di tutti contro tutti, in cui ognuno era portatore di interessi e progetti inconciliabili con quelli degli altri: forze armate, carabinieri, polizia, guardia di finanza, massoneria, mondo imprenditoriale, neofascisti, neonazisti, settori lealisti e non lealisti dei servizi segreti, Ufficio Affari Riservati del Ministero dell'Interno (UAR, embrione del futuro servizio segreto civile), regimi filofascisti di Grecia, Spagna e Portogallo, superpotenze come gli Stati Uniti, e altri ancora. Proprio l'esistenza e la pervasività di questi conflitti intestini sono state utilizzate per giustificare l'incapacità dello stato di riuscire a fermare, e poi ad arrestare, i responsabili dell'orrore che ha colpito il paese.

Dalla documentazione raccolta, invece, è vero che emerge con chiarezza l'esistenza di una pluralità di soggetti attivi, ognuno dei quali aveva una propria volontà, propri scopi, propri metodi, ma all'interno di una regia coordinata e convergente su un obiettivo comune, condiviso da tutti: tenere il Partito comunista fuori dal governo e ridurne la forza e la legittimazione popolare. È questa la ragione che spiega un'affermazione

78. Beaufre, *Introduzione alla strategia*, p. 81.

come quella del gen. Nicola Falde, tra i massimi dirigenti del SID, secondo il quale «l'attentato di piazza Fontana era stato in qualche modo organizzato dall'Ufficio Affari Riservati del ministero dell'Interno», e il «Sid si era poi adoperato per coprire tutto».[79]

Non c'era quindi un unico soggetto a manovrare ogni cosa, un grande burattinaio, un'unica mente che agiva ma – questo ormai si può dire – la strategia era condotta ai livelli alti in modo unitario, anche attraverso la mediazione tra le esigenze nazionali e le pressioni internazionali legate alla Guerra fredda (il ruolo svolto dalle varie intelligence statunitensi è ormai acclarato). Ed era proprio questo uno dei motivi per cui ha funzionato così bene, visto che ancora oggi, nonostante l'individuazione di molti dei responsabili diretti, non sappiamo quasi nulla dei mandanti.

Tutto ciò, naturalmente non vuol dire che i conflitti interni non ci siano stati, né che non ci sia stata una effettiva e a volte accesa competizione tra i vari centri di comando per rivalità personali o per scontri di correnti interne ai soggetti coinvolti. Ma questa competizione si è sempre mossa, per l'appunto, entro una strategia condivisa e coordinata. L'effetto confusione, le cortine di nebbia sparse a piene mani, le messe in scena costruite ad arte, sono dunque da considerare una parte essenziale dell'intera strategia.

Per chiarire quanto sia fuorviante la definizione di "settori deviati" dei Servizi segreti – di cui abbiamo sentito parlare per anni e anni – come responsabili se non delle stragi, quanto meno dei depistaggi per coprirle, basti pensare al fatto che dell'intelligence nazionale non sono stati indagati, arrestati e in alcuni casi condannati solo ufficiali intermedi o magari alti gradi "deviati", ma i suoi stessi massimi vertici, come i generali Miceli, Maletti e Santovito, ovvero coloro che controllavano l'organizzazione, decidevano le nomine, assegnavano gli incarichi ed emanavano le direttive da seguire. Come è possibile, inoltre, continuare a credere a conflitti e lotte ferocissime tra UAR e SID se, come oggi sappiamo, ogni settimana, puntualmente, i loro massimi dirigenti si vedevano per coordinare le proprie azioni? Se Giuseppe Santovito, Comandante della divisione Folgore, rimosso dal ministro della Difesa Giulio Andreotti nel 1974 in quanto coinvolto nel golpe Sogno, venne richiamato nel 1978 a capo del SISMI (il nuovo nome assunto dal Servizio segreto militare) dallo stesso Andreotti, questa volta nelle vesti di presidente del Consiglio? Se Gianadelio Maletti, capo dell'ufficio "D" del SID, ovvero del controspionaggio, condannato in via definitiva per aver depistato le

79. G. Salvini, sentenza-ordinanza 3 febbraio 1998 nel processo contro Giancarlo Rognoni e altri, imputati di banda armata e reati specifici, pp. 424-425.

indagini sulla strage di piazza della Loggia, ha raccontato che fino al 1974 nessuno aveva spiegato alla nostra intelligence che la priorità era difendere la Costituzione, lasciando quindi intendere che l'unico vero obiettivo fino a quel momento era stato la lotta al comunismo?[80]

C'è una testimonianza, in particolare, che smentisce radicalmente l'immagine dei servizi segreti italiani come non sufficientemente preparati a gestire l'emergenza terroristica. Una testimonianza che mostra, al contrario, quanto meno l'abbondanza di informazioni di cui essi disponevano e che per anni, se non per decenni, hanno nascosto ai magistrati. Come ha infatti ricordato un perito che ha lavorato al processo per la strage di Brescia, i casi accertati di infiltrati o collaboratori di organismi istituzionali o internazionali dentro Ordine nuovo, l'organizzazione direttamente responsabile delle stragi, sono così numerosi da lasciare stupefatti:

> un confidente dei Carabinieri [...], uno della Guardia di Finanza, un ufficiale del SIOS-Esercito [il servizio segreto dell'esercito], un confidente del servizio segreto tedesco, quattro informatori della CIA, tre informatori dell'ufficio affari riservati, nove tra confidenti del SIFAR/SID [SIFAR è il nome del servizio segreto militare fino al 1965, SID fino al 1977], e due persone in contatto con elementi del SIFAR/SID o della CIA. Senza contare i contatti con il SIFAR del leader nazionale Pino Rauti.[81]

Da quanto abbiamo visto, sembra quindi inevitabile ricavarne una conclusione netta: la nebbia che ha aleggiato – e in parte continua ad aleggiare ancora oggi – su quegli anni così drammatici non è stata il frutto di un caotico sommarsi di impreparazione, depistaggi, omissioni, fughe all'estero di testimoni, omicidi e suicidi sospetti, distruzione di documenti, rivalità tra i corpi dello stato e personali, ma è stata, al contrario, il primo e più importante obiettivo da raggiungere.

80. G. Fasanella, C. Sestieri, G. Pellegrino, *Segreto di Stato. La verità da Gladio al Caso Moro*, Torino, Einaudi, 2000, p. 99.

81. L'intervento del perito, Gioacchino Genchi, è nell'udienza del 13 aprile 2010 della Corte di Assise di Brescia, Verbale di udienza, proc. pen. n. 3/08 R.G. a carico di Maggi Carlo Maria + altri, 13 aprile 2010.

Raffaello A. Doro

Dalla contestazione al riflusso: consumi e comunicazioni di massa nella vita pubblica, 1967-1988

Nel periodo compreso tra il 1967 e il 1988 il ruolo dei mezzi di comunicazione di massa si intreccia strettamente con i cambiamenti della società italiana, che passa dalla stagione della contestazione a quella del «riflusso».[1] I consumi culturali si trasformano a causa di fattori sociali, politici, economici e tecnologici che riguardano la domanda e l'offerta mediatica, passando progressivamente da un modello pedagogico collettivo a un altro che privilegia la ricerca del divertimento e dell'intrattenimento individuale. Emblematica di questi mutamenti è la vicenda della televisione, passata in pochi anni dal monopolio pubblico alla presenza dei canali privati nazionali, che attraverso il boom della pubblicità negli anni Ottanta alimentano la spinta ai consumi definendo una «mutazione individualista».[2] Si determina il concetto di consumo mediale,[3] inteso non come fruizione di un singolo medium, ma in una prospettiva che considera la reciproca influenza e i legami con gli altri media in un sistema integrato.[4] Questi non sono l'unico luogo di rappresentazione di una società, perché attraverso i loro contenuti e la loro organizzazione è possibile ricostruire

> l'insieme di discorsi, immagini, consapevolezze vere o presunte sulla realtà che i membri di una società condividono, [...] senza quasi avvertirne la provenienza, quasi identificandole con la propria quotidiana esperienza della vita sociale.[5]

1. F. Colombo, *Il paese leggero. Gli italiani e i media tra contestazione e riflusso (1967-1994)*, Roma-Bari, Laterza, 2012.
2. G. Gozzini, *La mutazione individualista. Gli italiani e la televisione 1954-2011*, Roma-Bari, Laterza, 2011.
3. S. Gundle, *Spettacolo e merce. Consumi, industria culturale e mass media*, in *Il secolo dei consumi*, a cura di S. Cavazza ed E. Scarpellini, Roma, Carocci, 2009, pp. 175-196.
4. *Il pubblico dei media*, a cura di M. Livolsi, Firenze, La Nuova Italia, 1992, p. VIII.
5. Colombo, *Il paese leggero*, p. XI

Quella che è stata definita «cultura sottile», perché «respirata ovunque, discussa fra i pari, incastrata fra le pieghe della cultura alta ancora assorbita e guardata con rispetto»,[6] trova nei mezzi di comunicazione un luogo privilegiato di espressione. I processi di modernizzazione, che investivano gran parte delle società avanzate dell'Occidente a livello tecnologico, influenzavano le trasformazioni che si sarebbero realizzate.[7] In Italia il dibattito tra «apocalittici e integrati» rispetto alla cultura veicolata dai mezzi di comunicazione di massa era stato avviato da Umberto Eco già nel 1964.[8] Negli anni successivi, anche sull'onda di un'analisi critica dell'industria culturale, i prodotti dello spettacolo e dell'intrattenimento furono considerati come una merce da consumare all'interno della nuova società dello spettacolo dove «tutta la vita delle società nelle quali predominano le condizioni moderne di produzione si presenta come un'immensa accumulazione di spettacoli»;[9] secondo Jean Baudrillard poiché i mass media costruiscono una «pseudo realtà» essi rendono «consumabile» ogni aspetto della vita reale.[10] Scopo di questo contributo è individuare come simili cambiamenti abbiano riguardato l'Italia,[11] nella consapevolezza che i media rappresentano «specchi infiniti» attraverso i quali descrivere i mutamenti sociali.[12]

1. *Comunicazioni di massa e consumi culturali: dalla tradizione al cambiamento 1967-1974*

Il 1967 si era aperto per l'industria culturale italiana con un evento drammatico e inatteso che esprimeva un più generale cambiamento all'in-

6. F. Colombo, *La cultura sottile. Media e industria culturale in Italia dall'Ottocento agli anni Novanta*, Milano, Bompiani, 1998, p. 242.

7. D. Forgacs, *L'industrializzazione della cultura italiana (1880-2000)*, Bologna, il Mulino, 2000.

8. U. Eco, *Apocalittici e integrati. Comunicazioni di massa e teorie della cultura di massa*, Milano, Bompiani, 1964.

9. G. Débord, *La société du spectacle*, Paris, Buchet-Castel, 1967 (trad. it., *La società dello spettacolo*, Milano, Baldini&Castoldi, 2008, p. 53).

10. J. Baudrillard, *La société de consommation. Ses mythes, ses structures*, Paris, Denoël, 1970, (trad. it. *La società dei consumi. I suoi miti e le sue strutture*, Bologna, il Mulino, 2010, p. 136).

11. E. Scarpellini, *L'Italia dei consumi. Dalla Belle Époque al nuovo millennio*, Roma-Bari, Laterza, 2008, pp. 238-252.

12. A. Sangiovanni, *Specchi infiniti. Storia dei media in Italia dal dopoguerra a oggi*, Roma, Donzelli, 2021.

terno dei consumi culturali come il suicidio di Luigi Tenco al Festival di Sanremo dopo l'esclusione della sua canzone *Ciao amore ciao* dalla finale. Mettendo da parte la tragicità dell'episodio, questa vicenda poneva nuove questioni rispetto all'importanza del mercato musicale e più in generale al ruolo dei cantautori che si sarebbe affermato negli anni seguenti con autori quali, tra i tanti, Fabrizio De André, Francesco Guccini e Francesco De Gregori. Il gesto del cantautore genovese collocava al centro della discussione il rapporto con il pubblico.[13] Un pubblico inteso come misura del successo di un artista: «ho voluto bene al pubblico italiano e gli ho dedicato inutilmente cinque anni della mia vita. Faccio questo [...] come atto di protesta contro un pubblico che manda *Io, tu e le rose* in finale e una commissione che seleziona *La rivoluzione*».[14] Se il presentatore televisivo del Festival Mike Bongiorno l'indomani utilizzò parole vaghe ed evasive per ricordare il fatto, Ugo Zatterin, membro della commissione giudicatrice, sul «Radiocorriere Tv» lo definì come il gesto di uno «sbandato»,[15] minimizzandone la portata. Esso invece segnalava come fosse in atto un profondo cambiamento in uno dei settori dell'industria culturale, quello musicale, che più di altri stava trascinando il sistema dei media verso una trasformazione. Negli anni caratterizzati dall'avvento della musica rock, era la radio che si faceva interprete di una sensibilità nuova soprattutto nei gusti del pubblico giovanile, che stava assurgendo a vero protagonista delle strategie dell'industria delle comunicazioni di massa. La radio pubblica intercettava bene questo bisogno di novità, anche grazie ad alcune importanti innovazioni nei contenuti e nello stile dei programmi. Dopo la riforma della radiofonia voluta da Leone Piccioni nel 1966 furono proprio le trasmissioni rivolte ai giovani quelle destinate a cambiare il quadro e a influenzare lo stile della futura emittenza libera e commerciale dalla metà del decennio successivo. La riforma esprimeva la scelta di segmentare l'audience, aprendosi alla cultura giovanile e alla musica adolescente da un lato, sperimentando dall'altro per la prima volta la formula del programma *call in* (radio e telefono).

Queste considerazioni avevano condotto alla nascita di programmi musicali specificatamente rivolti al pubblico giovanile come *Bandiera Gialla* e *Per voi giovani*, ma anche all'assoluta novità di *Chiamate Roma*

13. Cfr. M. Santoro, *Effetto Tenco. Genealogia della canzone d'autore*, Bologna, il Mulino, 2010.

14. Citato in Sangiovanni, *Specchi infiniti*, p. 169.

15. U. Zatterin, *Protesta calibro 7,65*, in «Radiocorriere Tv», 44, 6 (5-11 febbraio 1967), p. 28.

3131. Il primo, in onda dal 1965 al 1970, anticipò attraverso l'abile conduzione di Gianni Boncompagni e Renzo Arbore il successo di *Per voi giovani*, trasmesso dal 1966 al 1976, proponendo musica rock straniera (Beatles, Rolling Stones, Beach Boys, Bob Dylan) ma anche gruppi e cantanti italiani che non trovavano canali adeguati di diffusione (Rokes, Nomadi, Patty Pravo, Caterina Caselli). Lo stesso duo radiofonico qualche anno dopo avrebbe dato una spinta decisiva alla conduzione radiofonica attraverso uno stile ironico e originale con il programma *Alto gradimento*, trasmesso sul secondo canale dal luglio 1970 all'ottobre 1976, capace di inventare figure cult restate nell'immaginario non solo giovanile e di segnare un'epoca. In quello stesso periodo iniziò anche ad ampliarsi l'offerta radiofonica per il pubblico italiano perché stava emergendo Radio Montecarlo che diffondeva i propri programmi verso la parte nord-occidentale della penisola, così come quelli di Radio Capodistria nella parte nord-orientale. A testimonianza di una contaminazione tra stili diversi importati dalle radio estere, va registrato il successo di un programma come *Supersonic*, in onda dal 1971 al 1977 con una proposta quotidiana di oltre trenta brani musicali, dall'idea di Tullio Grazzini che presentava al pubblico molto vasto della radio pubblica novità come il ritmo serrato, interventi spiritosi e dissacranti, una grande preparazione musicale, componenti che si erano imposte negli anni Sessanta nel mondo anglosassone. Dal 1973 al 1976 *Popoff* venne trasmesso nello spazio dalle 21:30 alle 22:30, seguendo *Supersonic* e costituendone una sorta di integrazione con generi meno noti al grande pubblico. La collocazione era una novità per la Rai, che apriva così una nuova fascia serale, sinora non dedicata a questo genere di programmi. Dal gennaio 1969 *Chiamate Roma 3131*, nato da un'idea di Luciano Rispoli e Adriano Magli per la conduzione di Gianni Boncompagni e Franco Moccagatta, introdusse la novità assoluta dell'uso delle chiamate in diretta in un programma radiofonico, raggiungendo ascolti da record attraverso la bi-direzionalità del flusso comunicativo con l'uso del telefono. Il programma, con una media di tre milioni di ascoltatori e cinquecento chiamate telefoniche al giorno, anticipò l'idea della radio fatta dagli ascoltatori, che poi sarebbe divenuto il marchio distintivo di molte radio libere e private nella seconda metà degli anni Settanta.[16] Sarà il Ses-

16. F. Monteleone, *Storia della radio e della televisione in Italia. Costume, società e politica*, Venezia, Marsilio, 2006, p. 366.

santotto a mandare in frantumi il precedente modello di comunicazione di massa.[17] Se nel 1967 vi erano state le prime avvisaglie di profonde trasformazioni, nel 1968, vero evento globale dell'età contemporanea,[18] queste trasformazioni arrivarono a compimento. Secondo Michel De Certeau la presa della parola era stato uno dei momenti più significativi del maggio francese:[19] gli studenti e gli operai in sciopero lo avevano testimoniato proprio attraverso l'uso dei media più diversi, dal manifesto, al volantino, alla stampa auto-prodotta, criticando apertamente la voce ufficiale del governo veicolata dai media tradizionali.[20]

I riflessi di queste trasformazioni si erano avuti anche in Italia, soprattutto nel momento in cui si era diffusa l'idea che i media rendessero i loro fruitori «passivi e schiavi», come sostenuto da una delle tesi della scuola di Francoforte. La traduzione italiana del saggio di Herbert Marcuse *L'uomo a una dimensione*, da parte della casa editrice Einaudi nel 1967, era stata accompagnata da un grande successo di pubblico con la vendita di 100.000 copie in un anno. Già alla metà degli anni Sessanta si poteva riscontrare una certa vivacità culturale contrassegnata nel campo dell'editoria per esempio dall'uscita della rivista simbolo della controcultura italiana «Mondo beat» di Melchiorre Gerbino nel 1966. Il Sessantotto non era stato solo l'anno del maggio francese ma anche quello dell'emersione di un protagonismo giovanile a livello globale, generato anche dall'opposizione alla guerra in Vietnam. Nata dalle contestazioni nei campus universitari all'inizio degli anni Sessanta, la rivolta generazionale avrebbe vissuto dei momenti di grande partecipazione anche a livello musicale come la prima edizione del Festival dell'isola di Wight, seguito l'anno dopo dal Festival di Woodstock; stava avvenendo allo stesso tempo una trasformazione nel rapporto con i mezzi di comunicazione *mainstream* che venivano contestati anche perché gli stessi giovani si erano formati all'interno di quella indu-

17. P. Ortoleva, *Saggio sui movimenti del '68 in Europa e in America*, Roma, Editori Riuniti, 1988.

18. M. Flores, G. Gozzini, *1968. Un anno spartiacque*, Bologna, il Mulino, 2018.

19. M. De Certeau, *La prise de la parole et autres écrites politiques*, Paris, Éditions du Seuil, 1994 (trad. it.: *La presa della parola e altri scritti politici*, Roma, Meltemi, 2007).

20. Sono rimasti celebri i manifesti degli studenti dell'Ecole des Beaux Arts di Parigi, alcuni dei quali molto critici verso l'informazione radiotelevisiva come «Attention, la radio ment» e «La police vous parle tous les soirs à 20 heures» che ritraeva un gendarme al microfono del servizio pubblico dell'Ortf.

stria culturale. Per l'Italia è il 1969 l'anno che costituisce uno spartiacque nel rapporto con il mondo dell'informazione. La strage di piazza Fontana a Milano il 12 dicembre e la morte dell'anarchico Pinelli, precipitato dal quarto piano della questura alcuni giorni dopo, furono eventi che si inserirono in quella che sarebbe stata definita la «strategia della tensione»;[21] dopo questi fatti, davanti alla versione ufficiale che individuava negli anarchici i responsabili dell'attentato, si era sviluppata una intensa pubblicistica di controinformazione, una rielaborazione dell'*advocacy journalism*, il giornalismo militante nato nei primi anni Sessanta negli Stati Uniti.[22] Da questo punto di vista emblematiche le testate della sinistra extraparlamentare che a partire dal 1969 con l'uscita del settimanale «Lotta continua», divenuto quotidiano nel 1972, e poi con la nascita de «il Manifesto» (1972) e del «Quotidiano dei lavoratori» (1974), dimostrarono la loro vivacità realizzando modelli di giornalismo politico e culturale diversi da quelli tradizionali.[23] La pubblicazione dell'inchiesta sulla strage di stato nel 1970[24] avrebbe rappresentato il primo esempio del giornalismo di controinformazione. In questa fase si manifestava l'effervescenza dell'underground con la nascita della rivista «Re Nudo» grazie a un gruppo di intellettuali riuniti intorno ad Andrea Valcarenghi e della casa editrice Stampa alternativa, fondata da Marcello Baraghini.

Nel marzo del 1970, Danilo Dolci in Sicilia lanciò per poche ore Radio Sicilia Libera trasmettendo per la prima volta nella storia un programma radiofonico al di fuori del monopolio, allo scopo di denunciare i ritardi nella ricostruzione dopo il terremoto che aveva colpito la Sicilia occidentale nel 1968. Questi pochi esempi sono testimonianza della vitalità del settore delle comunicazioni di massa che, spinte anche dagli eventi di attualità, cercavano forme nuove e inedite. A queste trasformazioni si accompagnavano quelle nel settore della stampa quotidiana: alla metà degli anni Settanta si manifestava da un lato una vivacità editoriale e giornalistica, alimentata soprattutto dalle vicende pubbliche come le

21. M. Dondi, *L'eco del boato. Storia della strategia della tensione 1965-1974*, Roma-Bari, Laterza, 2015.

22. G. Gozzini, *Storia del giornalismo*, Milano, Bruno Mondadori, 2000, p. 273.

23. P. Murialdi, *Storia del giornalismo italiano*, Bologna, il Mulino, 2006, pp. 240-241.

24. Aa. Vv., *Le bombe di Milano*, Parma, Guanda, 1970. Si veda anche *La strage di Stato: controinchiesta*, Roma, Savelli, 1971. Per un quadro generale cfr. M. Veneziani, *Controinformazione. Stampa alternativa e giornalismo d'inchiesta dagli anni Sessanta ad oggi*, Roma, Castelvecchi, 2006.

vertenze operaie e studentesche, lo Statuto dei lavoratori, il dibattito sul divorzio, mentre dall'altro cresceva la crisi finanziaria dei quotidiani,[25] portando all'acquisizione del «Corriere della Sera» da parte del gruppo Rizzoli (1974), con il sostegno fornito da Eugenio Cefis, presidente della Montedison. Nel 1972 per volere di Giulia Maria Crespi la direzione del «Corriere» era stata affidata a Piero Ottone, una scelta che porterà alle dimissioni dal quotidiano di Indro Montanelli che nel 1974 fonderà il «Giornale nuovo», come voce di quella maggioranza silenziosa che non si riconosceva nelle posizioni più progressiste del nuovo direttore.[26] A questo si aggiunga una trasformazione anche nei periodici di informazione come «Panorama» che nel 1967 era divenuto settimanale, mentre «L'Espresso» diretto dal 1963 da Eugenio Scalfari, si affermava quale rivista delle inchieste, attestandosi negli anni Settanta sui 4-5 milioni di copie.[27]

Queste trasformazioni riflettevano l'aumento del pubblico dei lettori, sempre più ampio grazie agli effetti della riforma della scuola media del 1962 e più in generale all'aumento del reddito, ma anche a strategie di vendita nuove, come l'avvento dei libri tascabili unitamente alla riorganizzazione della promozione e della rivendita. Per Fausto Colombo gli anni Settanta sono «il decennio dei libri, della scrittura e della lettura».[28] Dal 1971 al 1979 nascono 545 case editrici contro le 221 del decennio precedente. L'editoria libraria sfrutta la crescita di lettori di quotidiani e periodici, mettendo a punto sempre più raffinate tecniche pubblicitarie. In questa sintetica panoramica sugli italiani e l'editoria, merita di essere incluso un riferimento anche al mondo dei fumetti. Dal 1965 il mercato editoriale iniziò a offrire la rivista «Linus», ideata da Giovanni Gandini che ne resterà direttore fino al 1972 quando gli subentrerà Oreste Del Buono. La rivista, mirando a un pubblico non solo giovanile, permetteva di presentare il meglio del *comic* statunitense e internazionale portando in Italia personaggi come i *Peanuts* di Charles Schultz ma anche tra gli altri, *Bristow*, *Calvin&Hobbes*, *Dick Tracy*, *Dilbert*, *Doonesbury*, *The Dropouts*, *Jeff Hawke*, *Krazy Kat*, *Li'l Abner*, *Il mago Wiz*, *Pogo*, *il Po-*

25. Sangiovanni, *Specchi infiniti*, p. 237.

26. P. Murialdi, *La stampa italiana dalla Liberazione alla crisi di fine secolo*, Roma-Bari, Laterza, 2003, pp. 192-194.

27. Murialdi, *Storia del giornalismo italiano*, pp. 252-254.

28. Colombo, *Il paese leggero*, p. 57.

peye di Segar; insieme a un universo di fumetti permise accanto al «Corriere dei Piccoli», poi «Corriere dei Ragazzi», di conoscere alcuni tra gli autori più importanti, tra cui Guido Crepax, creatore di *Valentina mela verde*.[29] A dimostrazione della crescente centralità dei fumetti nel consumo culturale degli anni Settanta va ricordato come anche la televisione favorisse una pubblicità al mondo del *comic*: dal 1972 sul secondo canale Rai con la trasmissione *Gulp. Fumetti in Tv* apparvero in televisione il *Nick Carte*r e le *Sturmptruppen* di Bonvi, *Corto Maltese* di Hugo Pratt, *Alan Ford* di Magnus e Max Bunker, alcuni degli autori più importanti di questa generazione. Dal 1977 vennero inclusi nella trasmissione anche i cartoni animati dei supereroi della Marvel Comics prodotti dalla Grantray-Lawrence Animation e dalla Hanna & Barbera.

Tra il 1967 e il 1975 gli abbonamenti televisivi passarono dai 7.577.653 ai 12.033.422 a dimostrazione che il piccolo schermo si stava progressivamente affermando come il medium maggiormente seguito.[30] Nel 1967 la Rai aveva trasmesso il primo programma in mondovisione, *Il nostro mondo*, prova dello sviluppo tecnologico del settore, che pure rimaneva in ritardo rispetto ad altri paesi europei sulla questione del colore.[31] Nel luglio del 1969 la Rai trasmise in diretta lo sbarco sulla Luna, tenendo incollati agli schermi milioni di telespettatori di notte e di giorno. Tra i programmi televisivi di maggiore successo che segnalavano una trasformazione rispetto ai costumi, occorre ricordare la longeva *Canzonissima* in onda fino al 1975, con il lancio nel 1970 del celebre ballo Tuca Tuca e l'ombelico scoperto di Raffaella Carrà; sul versante dell'intrattenimento sportivo l'avvio di *90° minuto* riscosse un enorme successo alimentando la passione popolare per il calcio; nell'ambito delle fiction l'inizio della serialità televisiva con *La famiglia Benvenuti* (1968-69) e in quello del varietà il successo nel 1974 di *Milleluci*, affidato al duo Carrà-Mina. Il monopolio della Rai si era incrinato in parte nel corso degli anni Sessanta. Dal 1962 in Lombardia e Piemonte si iniziarono a diffondere i programmi della televisione della Svizzera italiana. In Valle d'Aosta, Liguria, Piemonte e Toscana nel gennaio 1967 si incominciava a captare la televisione di Montecarlo. In Friuli, Veneto e sulla costa adriatica fino alla Marche dal gennaio 1971 Tele Capodistria. I grandi eventi sportivi

29. Ivi, pp. 78-79.
30. ISTAT, *Annuario Statistico dello Spettacolo 1989*, Tab. 80 a.
31. Sangiovanni, *Specchi infiniti*, p. 177.

come le Olimpiadi di Monaco di Baviera del 1972 e i mondiali di calcio del 1974 riproponevano la questione del colore. Inoltre, nell'aprile 1971 nasceva Telebiella fondata da Giuseppe Sacchi, ex regista della Rai che utilizzava la tecnologia del cavo, con l'obiettivo di proporre un'informazione locale alternativa ma anche di realizzare una televisione dal basso. Nel 1973 il regista Roberto Faenza pubblicò un altro testo simbolo di questa stagione, *Senza chiedere permesso*,[32] con lo scopo di dimostrare che era ormai possibile sviluppare emittenti locali a basso costo al di fuori del monopolio. Alla fine del 1974 lo stesso Faenza sarebbe stato protagonista di una settimana di trasmissioni radiofoniche sperimentali lanciando Radio Bologna per l'accesso pubblico. Il decreto del ministro Gioia nel 1973 costrinse alla chiusura Telebiella. Un anno dopo il ministro Togni ordinò lo smantellamento dei ripetitori delle Tv straniere, portando nel luglio 1974 la Corte costituzionale ad affermare il diritto dei privati di ripetere programmi televisivi esteri, purché non interferissero con le trasmissioni Rai, oltre a legalizzare le radio e le televisioni private via cavo in ambito locale. Da più parti si spingeva per una riforma della Rai monopolista guidata da Ettore Bernabei, anche perché la televisione pubblica sembrava essere lontana dalla vita del paese, almeno dal punto di vista dell'informazione, negli anni più intensi del conflitto sociale. Si discuteva del progetto di riforma promosso dal governo fin dal 1969, negli anni dell'istituzione delle regioni nel 1970, dell'avvicinarsi della scadenza della convenzione stato-Rai nel 1972, dell'aumento dell'ascolto delle tv estere, della nascita delle prime esperienze locali, ma anche di una crescente domanda di partecipazione alla vita pubblica.[33] Sindacati, stampa, regioni, associazioni di ogni tipo si fanno promotori di discussioni e proposte. Le richieste principali riguardavano l'accesso ai media, il decentramento e il pluralismo dell'informazione alimentate anche da alcuni settori della stampa come per esempio «L'Espresso» di Eugenio Scalfari.[34] Dopo anni di discussioni e rinvii si giunse alla Riforma della Rai del 1975, con il passaggio del controllo dell'azienda dal governo al

32. R. Faenza, *Senza chiedere permesso. Come rivoluzionare l'informazione*, Milano, Feltrinelli, 1973.

33. Cfr. P. Ortoleva, *Un ventennio a colori. Televisione privata e società in Italia (1975-1995)*, Firenze, Giunti, 1995; E. Menduni, *Televisione e società italiana, 1975-2000*, Milano, Bompiani, 2002; I. Piazzoni, *Storia delle televisioni in Italia. Dagli esordi alle web tv*, Roma, Carocci, 2014.

34. E. Scalfari, *E ora libertà d'antenna*, in «L'Espresso», 23 gennaio 1972.

parlamento e la nascita di una commissione di vigilanza, l'introduzione di un regime di concorrenza tra le due reti, la nomina di direttori di testate indicati dai partiti e la messa in cantiere di una terza rete (varata solo nel 1979) in grado di dare voce alle istanze locali e regionali.[35]

Un altro grande settore dell'industria culturale italiana come il cinema viveva in quegli anni la sua ultima stagione felice. Nel periodo compreso tra il 1967 e il 1974 i biglietti venduti nelle sale passarono da 568.926 a 544.356.[36] Gli incassi premiarono la produzione nazionale che raggiunse il 61% nel 1973 laddove i film di produzione statunitense ottennero il 23%.[37] Nella stagione 1967-68 tra i primi dieci incassi figuravano tre pellicole italiane come *Dio perdona... io no* di Giuseppe Colizzi, *I giorni dell'ira* di Tonino Valeri e *Banditi a Milano* di Carlo Lizzani, primo poliziesco all'italiana.[38] L'anno seguente fu *Serafino* di Pietro Germi a ottenere oltre 3 miliardi di incassi, seguito da *Il medico della mutua* di Luigi Zampa e dal film di Sergio Leone *C'era una volta il West*. Nel 1970 i primi sette film in classifica erano italiani. Tra questi troviamo *Nell'anno del signore* di Luigi Magni, *I girasoli* di Vittorio De Sica e *Il prof Dottor Guido Tersilli primario della clinica villa celeste convenzionata con le mutue* di Luciano Salce. Sono anni in cui, a partire da una riflessione tutta sociale, nacque il cinema di denuncia civile con *Indagine su un cittadino al di sopra di ogni sospetto* di Elio Petri, seguito da pellicole come *La classe operaia va in paradiso* dello stesso Petri e *Il caso Mattei* di Francesco Rosi.

Il successo del cinema italiano era manifesto: da autori come Luigi Magni, Luciano Salce, Alberto Sordi, a registi affermati e popolari come Roberto Rossellini, Ermanno Olmi, Michelangelo Antonioni, Pier Paolo Pasolini, Marco Ferreri, Marco Bellocchio, Bernardo Bertolucci, i fratelli Taviani, ma anche Liliana Cavani e Lina Wertmüller, come esponenti del cinema femminile.[39] Negli anni successivi la produzione italiana restò in testa come dimostrano i dati delle stagioni cinematografiche con pellicole come *Per grazia ricevuta* di Nino Manfredi nella stagione 1970-71 davanti a *Lo chiamavano Trinità* di E.B. Clucher (Enzo Barboni) con

35. Monteleone, *Storia della radio e della televisione in Italia*, p. 373.

36. I dati della vendita dei biglietti sono tratti da ISTAT, *Annuario dello Spettacolo 1989*, Tab. 23.

37. Ivi, Tab. 45a.

38. Per le classifiche dei film più venduti in Italia si rimanda al sito: https://www.hitparadeitalia.it/bof/boi/index.html [ultima consultazione 31 marzo 2022].

39. Colombo, *Il paese leggero*, pp. 64-65.

il duo Bud Spencer-Terence Hill; l'anno seguente il *Decameron* di Pier Paolo Pasolini si piazzò dietro il secondo episodio della saga di *Trinità*, insieme a film più di caratterizzazione sociale quali quelli interpretati da Sordi come *Bello onesto emigrato Australia sposerebbe compaesana illibata* di Luigi Zampa e *Detenuto in attesa di giudizio* di Nanni Loy; se nel 1973 si registrò un successo assoluto di opere cult come *Il padrino* e *Ultimo tango a Parigi*, nel 1974 si confermò il trend del cinema italiano con il successo al botteghino ancora per la coppia Bud Spencer-Terence Hill con *Altrimenti ci arrabbiamo* di Marcello Fondato. Anche opere come *Amarcord* di Federico Fellini e *Il portiere di notte* di Liliana Cavani erano tra i dieci film più visti in sala, prova della ricchezza e della popolarità anche in termini di generi differenti del cinema italiano.

2. *La rivoluzione dell'etere 1976-1980*

Quando in seguito alle sentenze della Corte costituzionale, pronunciate tra il 1974 il 1976, il monopolio sui programmi televisivi e radiofonici era stato messo in discussione, il mondo politico aveva risposto, come abbiamo visto, varando nell'aprile del 1975 la legge di riforma della Rai. Questa era concepita soprattutto per il settore televisivo, relegando la radio in una posizione di subalternità. Anche per questi motivi sulla spinta di fattori politici, economici, tecnologici e culturali nacque il movimento delle radio libere.[40] Le emittenti si diffusero rapidamente raggiungendo ben presto il numero di diverse centinaia. La sentenza della Consulta del 28 luglio 1976, mentre confermò la riserva alla Rai delle trasmissioni radiofoniche nazionali, autorizzò le trasmissioni in ambito locale. La Corte rinviò al legislatore la definizione esatta di ambito locale che sarebbe tuttavia rimasta a lungo oscura e avrebbe comportato in mancanza di ogni tipo di regolamentazione una crescita selvaggia del settore radiofonico locale e privato. Lo sviluppo impetuoso dell'emittenza radiofonica libera in Italia può essere riassunto in alcune cifre: tra il 1975 e il 1979 le radio private passano da circa 150 a oltre 2700. Nel 1984 un censimento del ministero delle poste conferma questa tendenza indican-

40. *Radio FM 1976-2006. Trent'anni di libertà d'antenna*, a cura di P. Ortoleva, G. Cordoni e N. Verna, Bologna, Minerva, 2006, e R.A. Doro, *In onda. L'Italia dalle radio libere ai network nazionali (1970-1990)*, Roma, Viella, 2017.

do in oltre 4200 le stazioni presenti sul territorio nazionale. Il numero, anche se probabilmente gonfiato rispetto alla realtà effettiva, dimostrava come l'Italia avesse conosciuto una febbre radiofonica diffusa in modo capillare e omogeneo nelle varie aree del paese, che nel giro di pochi anni l'aveva condotta a essere seconda soltanto agli Stati Uniti nel rapporto tra numero di abitanti ed emittenti.[41] Lo sviluppo delle radio libere era da collegarsi a parallele innovazioni tecnologiche come la diffusione in Europa della modulazione di frequenza che oltre a consentire una migliore ricezione dei programmi, favoriva l'aumento dell'offerta di ascolto. Il clima di intensa partecipazione sociale e politica giovanile, la presenza di gruppi interessati a mettere a frutto la propria azione politica nel settore delle comunicazioni di massa in un'ottica di controinformazione e cultura alternativa, il bisogno di nuovi canali espressivi e la richiesta di un'informazione capace di esprimere punti di vista differenti da quelli governativi della Rai, innescarono lo sviluppo di diverse tendenze radiofoniche completamente alternative allo stile della radio pubblica.[42]

Lo spazio del locale, inteso come voce delle singole comunità territoriali, trovò nelle radio un luogo di espressione rapido. La radio si prestava a intercettare le evoluzioni sul piano dei consumi culturali in Italia che avrebbe contribuito a fare di questo medium il primo a diffusione di massa in termini di *broadcasting*, un medium individualizzato, personale e in movimento. Attraverso le radio politiche di movimento e quelle basate sul formato *non stop music*, oltre a un'industria discografica in cerca di nuovi spazi di diffusione, l'offerta radiofonica italiana si diversificò nelle migliaia di emittenti presenti sul territorio nazionale. Davanti alla diminuzione della quota di ascolto globale della radio causata dalla parallela proliferazione delle televisioni locali, le radio private sottrassero circa metà dell'uditorio radiofonico nazionale alla Rai. Secondo un'indagine del marzo 1979 le radio pubbliche ottennero il 49,6% dell'audience, mentre le private il 43,2% e le radio estere il 7,2%. La stagione dei cento fiori radiofonici[43] fu caratterizzata dalle radio commerciali sul modello di Radio Milano International, così come da quelle militanti e alternative

41. E. Menduni, *Il mondo della radio dal transistor a Internet*, Bologna, il Mulino, 2001, p. 150.

42. Doro, *In onda*, pp. 53-80.

43. S. Dark, *Libere! L'epopea della radio italiana degli anni '70*, Viterbo, Stampa Alternativa, 2009, p. 38.

come, tra le altre, Radio Città Futura, Radio Radicale, Radio Onda Rossa a Roma, Radio Popolare a Milano e la sperimentale e irriverente Radio Alice a Bologna, chiusa per l'intervento delle forze dell'ordine nel marzo 1977 e protagonista dell'ultima ondata di contestazione collettiva con il movimento di quell'anno.

Nel 1974 il passaggio del «Corriere della Sera» alla proprietà Rizzoli coincise con una concentrazione di quotidiani che contribuì a definire l'editore come un maxi-gruppo editoriale. Nonostante un buon trend di vendite rimasto costante per tutto il decennio, nel 1977 avvenne l'avvicendamento alla direzione tra Piero Ottone e Franco Di Bella. Nel 1975 la vendita media dei quotidiani fu di 4,5 milioni di copie, con il «Corriere della Sera» in testa con 500.000 copie, seguito da «La Stampa» con 361.000, «l'Unità» 239.000, «Il Messaggero» 227.000, oltre a «Il Giorno» e il «Giornale» di Montanelli (175.000 copie), con i tre quotidiani dell'estrema sinistra che nel momento di maggiore diffusione non superavano le 60.000 copie.[44] Nella seconda metà degli anni Settanta i lettori erano in forte aumento superando i 5 milioni di copie vendute, anche per la richiesta di maggiore informazione politica in anni che avevano visto ampliarsi il dibattito pubblico con il referendum sul divorzio, le elezioni regionali e politiche del 1975 e del 1976 e poi successivamente con l'ondata di contestazioni del 1977 e degli anni più cupi del terrorismo con il rapimento e il sequestro di Aldo Moro nel 1978. Nel panorama della stampa quotidiana faceva il suo ingresso all'inizio del 1976 il nuovo quotidiano «la Repubblica», edito da Carlo Caracciolo e da Mondadori, diretto da Eugenio Scalfari. In edicola con il formato tabloid, il giornale scelse di collocarsi nell'area della sinistra laica e riformista, seguendo da vicino la campagna elettorale del 1976, prestando grande attenzione alle vicende del movimento del 1977 e schierandosi sulla linea della fermezza nei giorni del sequestro Moro. Si trattava di un quotidiano che sceglieva apertamente di dichiarare il proprio orientamento politico, così come aveva fatto il «Giornale» di Montanelli sul versante opposto, dimostrando la volontà della stampa di rivolgersi a un pubblico specifico. I quotidiani dopo gli anni più intensi di conflitto sociale riflettevano anche un mutamento nelle trasformazioni della sensibilità dei lettori. Se

44. P. Murialdi, N. Tranfaglia, *I quotidiani negli ultimi venticinque anni. Crisi, sviluppo concentrazioni*, in *La stampa italiana nell'età della TV*, a cura di V. Castronovo e N. Tranfaglia, Roma-Bari, Laterza, 2008, pp. 5-20.

nelle lettere inviate al quotidiano «Lotta Continua» alla fine degli anni Settanta emergevano temi legati alla sfera individuale, il «Corriere della Sera» promuoveva un dibattito, costruito ad arte, sul tema del "privato".[45] Il settimanale «Panorama» all'inizio del 1979 affrontava in copertina il tema del «riflusso» definendolo come la nuova filosofia degli italiani.[46] A questa fase apparteneva anche il tentativo del gruppo Rizzoli di lanciare un tabloid popolare ispirato al «Daily Mirror» come «L'Occhio» nell'ottobre 1979. Il direttore era Maurizio Costanzo e l'operazione puntava a conquistare il pubblico dei non lettori. Dopo un iniziale successo, frutto del prezzo più basso rispetto agli altri quotidiani, che lo portò a raggiungere le 500.000 copie di tiratura, nel giro di un anno stabilizzò le vendite intorno alle 100.000 copie. Lo scoppio dello scandalo P2 che coinvolse l'editore Angelo Rizzoli e il forte indebitamento del gruppo condussero questa esperienza a chiudersi alla fine del 1981.[47]

Nella Rai post riforma si intravedevano i primi segnali di cambiamento: se nel campo dell'informazione le testate televisive erano affidate a direttori di nomina politica, le principali novità si registravano soprattutto nell'ambito degli spettacoli di intrattenimento. Anche a causa delle restrizioni sui consumi generati dalla crisi petrolifera del 1973, la Rai aveva puntato su trasmissioni capaci di coinvolgere il pubblico nelle domeniche casalinghe. Tra queste nacque nel 1976 *Domenica In*, condotto dal suo ideatore Corrado Mantoni nelle prime tre edizioni; era il primo programma contenitore in onda lungo tutta la fascia pomeridiana della domenica sulla Rete 1, per l'intera famiglia ma composto da parti destinate a segmenti di pubblico diversi in cui si mescolavano differenti generi, che riscosse subito un grande successo. Esso replicava su un registro diverso l'innovazione di un'altra trasmissione domenicale come *L'altra domenica*, condotta da Renzo Arbore dal 1976 al 1979 sulla Rete 2, che adeguava lo schema radiofonico di *Alto gradimento* all'insegna dell'ironia e dell'intrattenimento leggero, introducendo la novità dei giochi telefonici in diretta; inoltre avrebbe iniziato a trasmettere a colori già nel settembre 1976, prima dell'avvio ufficiale delle trasmissioni a colori

45. P. Morando, *Dancing Days. 1978-79, I due anni che hanno cambiato l'Italia*, Roma-Bari, Laterza, pp. 25-26.

46. *La nuova filosofia degli italiani: tanto vale divertirsi*, in «Panorama», 2 gennaio 1979. Si veda anche A. Masini, *L'Italia del «riflusso» e del punk (1977-84)*, in «Meridiana», 92 (2018), pp. 187-210.

47. Murialdi, *Storia del giornalismo italiano*, p. 250.

fissato per il febbraio 1977. Frutto di questa stagione fu anche il primo talk show televisivo inaugurato da Maurizio Costanzo con il titolo *Bontà loro* tra il 1976 e il 1978: un format giornalistico basato sulle interviste, ma che per il tono adottato si trasformava in una conversazione leggera dove si eliminavano i confini tra pubblico e privato.[48] Il successo di questo programma anticiperà quello del *Maurizio Costanzo show*, inaugurato nel 1983 quando il giornalista aveva lasciato la Rai per la televisione privata. Si ricordino il rotocalco *Odeon. Tutto quanto fa spettacolo* ideato da Brando Giordani ed Emilio Ravel, ma anche programmi inediti quali *Discoring*, trasmissione musicale condotta nella prima edizione da Gianni Boncompagni in onda alla fine del decennio in una fascia all'interno di *Domenica in*. A questi si aggiungano trasmissioni sperimentali e la ricerca di soluzioni alternative come *Onda libera* di Roberto Benigni, ma soprattutto *Non stop*, programma ripreso dal cabaret senza la presenza di un conduttore per la regia di Enzo Trapani in onda dal 1977 al 1979 e il successivo *La sberla* di Giancarlo Nicotra. Il successo di questi programmi era dovuto alla presenza di un gruppo di giovani comici in gran parte esordienti destinati a un grande successo, anche cinematografico, nel decennio seguente. Tra loro Marco Messeri, Carlo Verdone, Massimo Troisi, Enzo De Caro e Lello Arena (nel trio napoletano La Smorfia), I Gatti di Vicolo Miracoli, I Giancattivi (trio toscano composto da Francesco Nuti, Athina Cenci e Alessandro Benvenuti) e il duo Zuzzurro e Gaspare. Una menzione per *Portobello* in programma tra il 1977 e il 1983, nato dall'inventiva di Enzo Tortora conduttore della trasmissione con esperienze anche nelle prime Tv locali e nella televisione della Svizzera italiana. L'idea di un mercatino dove i partecipanti potevano vendere le loro invenzioni o cercare oggetti, facendosi contattare da casa attraverso telefonate in diretta, incontrava i gusti del pubblico raggiungendo punte di 28 milioni di ascoltatori, prefigurando le innovazioni anche nei palinsesti delle future reti private. Il cambiamento più grande era stato sancito dall'adozione del colore dal 1° febbraio 1977. Un mese prima aveva chiuso il suo lungo ciclo ventennale *Carosello*, sacrificato a criteri promozionali alternativi. Un'ulteriore novità nei contenuti era costituita dall'arrivo sulle reti Rai degli *anime* giapponesi che come ricordava il

48. Per una visione di lungo periodo del talk show cfr. E. Novelli, *La democrazia del talk show. Storia di un genere che ha cambiato, la televisione, la politica, l'Italia*, Roma, Carocci, 2016.

«Radiocorriere Tv» erano apprezzati anche da un vasto pubblico adulto: *Goldrake* diffuso dal 1978, *Capitan Harlock* dal 1979, ma anche su un registro totalmente diverso *Heidi* e *Remi*.[49]

Nel magmatico mondo delle tv private all'indomani della sentenza della Corte costituzionale il fenomeno iniziò una fase di grande espansione: tra il 1976 e il 1978 le tv private salirono a 434. La maggior parte aveva scelto la trasmissione via etere, anche se la normativa limitava la ricezione all'ambito locale vietando l'interconnessione. Tra queste spiccavano come bacino di utenza dal 1978 Telemilano 58, di proprietà dell'imprenditore edile Silvio Berlusconi che trasmetteva dal quartiere Milano 2 nel comune di Segrate, ma anche Antenna Nord di Rusconi, Telealtomilanese di Rizzoli e le romane Teleroma 56 e GBR. Questa esplosione favorì la crescita esponenziale degli investimenti pubblicitari fino a quel momento esclusi dalla televisione; ne approfittarono esercizi commerciali e piccole aziende intenzionate a sfruttare le promozioni a livello locale. Si entrava nell'epoca della «neotelevisione» come avrebbe intuito Umberto Eco:

> La Paleo Tv voleva essere una finestra che dalla più sperduta provincia mostrava l'immenso mondo. La Neo TV indipendente [...] punta la telecamera sulla provincia, e mostra al pubblico di Piacenza la gente di Piacenza, riunita per ascoltare la pubblicità di un orologiaio di Piacenza, mentre un presentatore di Piacenza fa battute grasse sulle tette di una signora di Piacenza che accetta tutto per essere vista da quelli di Piacenza mentre vince una pentola a pressione.[50]

Con la crescita della domanda di pubblicità televisiva, un ruolo determinante fu affidato alle concessionarie private di pubblicità, in grado di competere con la concessionaria della Rai Sipra.

> Dalla GPE di Mondadori a Publitalia di Berlusconi, dalla STP di Lorenzo Nicolini, alla GRT legata a Rizzoli, dalla Radiovideo di Callisto Tanzi alla Manzoni di Carlo Caracciolo, le concessionarie preparavano un insieme di prodotti acquistati offrendo ore di programmazione preconfezionate con titoli di sicuro successo, appendice a un pacchetto di spot preinseriti da fornire, attraverso le rispettive case di distribuzione, tra cui la Telemond di Mondadori e Rete Italia di Berlusconi, alle stazioni affiliate in un intreccio complesso di accordi.[51]

49. P.G. Cavallina, *Ma che bambini! Piace ai grandi*, in «Radiocorriere Tv», 56, 42 (14-20 ottobre 1979), pp. 113-114.
50. U. Eco, *Tv: la trasparenza perduta*, in Id., *Sette anni di desiderio*, Milano, Bompiani, 1983, p. 176.
51. Piazzoni, *Storia delle televisioni in Italia*, p. 137.

Si affermava così la tendenza alla formazione di catene e circuiti, che finiva per privilegiare i soggetti in grado di rafforzarsi sul piano tecnologico e su quello dell'offerta per attrarre pubblicità, la quale a sua volta tendeva ad aggregarsi. Nel 1979 circa il 90% degli investimenti pubblicitari fu indirizzato su circa il 10% delle emittenti.[52] Al tramonto degli anni Settanta su questi presupposti si avviò un rapido processo di concentrazione e di assestamento del settore televisivo privato.

Nell'anno dell'arrivo della disco music e dell'esplosione della musica punk, tra le pubblicazioni underground uscì la rivista a fumetti «Cannibale» alla quale avrebbero partecipato anche Andrea Pazienza e Filippo Scòzzari; nello stesso anno apparve in edicola la prima serie del longevo *Ken Parker* di Giancarlo Berardi e Ivo Milazzo, pubblicato da Sergio Bonelli che contribuiva a rinnovare il fumetto seriale italiano. Nella seconda metà degli anni Settanta anche nel cinema si registravano i segnali di un cambiamento che avrebbe visto nel giro di pochi anni la crescita impetuosa degli incassi delle pellicole di Hollywood. I biglietti venduti passarono da 454.501 nel 1976 a 241.891 nel 1980. Se ancora nel 1976 i film italiani incassavano il 57% del totale a fronte del 30% dei film statunitensi, questo rapporto cambiò sul finire del decennio con un sostanziale equilibrio tra i due mercati che ottennero circa il 40% ciascuno degli incassi. La diffusione della disco music era stata potentemente amplificata dal successo di film come *Saturday Night Fever* che aveva alimentato il mito del «travoltismo», facendo dell'attore John Travolta un divo acclamato,[53] nell'anno dell'arrivo in Italia della prima saga di *Star Wars* di George Lucas (stagione 1977-78), primo nelle classifiche con circa 9 miliardi di lire di incasso e di *Incontri ravvicinati del 3° tipo* di Steven Spielberg. Già nel 1977 con l'uscita di *Un borghese piccolo piccolo* di Mario Monicelli, si annunciava la fine della commedia all'italiana, che seguiva il grande successo del primo episodio di *Amici miei* dello stesso regista. La stagione 1976-77 fu caratterizzata da pellicole come *King Kong* (primo), dal primo episodio della saga del pugile *Rocky* interpretato da Sylvester Stallone (quarto) e da *Taxi Driver* di Martin Scorsese interpretato da Robert De Niro (sesto), laddove la coproduzione internazionale del primo atto di *Novecento* di Bernardo Bertolucci ottenne il terzo posto. La tendenza a premiare le pellicole statunitensi si con-

52. *Ibidem.*
53. Morando, *Dancing Days*, p. 79

fermava anche nelle stagioni cinematografiche seguenti con gli 8 miliardi di incassi del film *Grease* di Randall Kleiser che aumentava la popolarità di Travolta, ma anche con *Superman* di Richard Donner, nell'anno della produzione italo-francese de *Il vizietto* in una celebre interpretazione di Ugo Tognazzi e Michel Serrault; nella stagione 1979-80 il cinema italiano, su tutti i film interpretati da Adriano Celentano come *Qua la mano* e *Mani di velluto*, superava a livello di incassi le pellicole di Hollywood con cinque film nella classifica dei primi dieci, nell'anno dei successi di *Kramer contro Kramer* di Robert Benton (primo), *Manhattan* di Woody Allen (terzo) e *Apocalypse Now* di Francis Ford Coppola (quinto).[54]

3. *Dai network televisivi al duopolio Rai-Fininvest 1980-1984*

La stagione dell'impegno e della partecipazione collettiva si chiuse anche simbolicamente con la marcia dei quaranta mila quadri intermedi della Fiat a Torino nell'ottobre 1980, decretando dopo oltre un mese di blocco la fine della vertenza degli operai e con essa la conclusione di un'epoca.[55] Si entrava in quella che Christopher Lasch definiva «età del narcisismo», che aveva come conseguenza «il ritiro dalla politica e il ripudio del passato recente».[56] In questi anni, nonostante la legge sull'editoria del 1981, volta ad assicurare la trasparenza delle proprietà e dei finanziamenti e a stabilire limiti alle concentrazioni dei quotidiani, oltre che sostegni pubblici alla stampa, si registrava la crisi dei quotidiani con la chiusura di numerose testate. Una buona parte di queste appartenevano al gruppo Rizzoli, sconvolto nel 1981 dallo scandalo P2, loggia massonica alla quale risultavano affiliati tra gli altri Angelo Rizzoli, Bruno Tassan Din e il direttore del «Corriere della Sera» Di Bella, conducendo il gruppo a chiedere l'amministrazione controllata nell'ottobre 1982. Favorito dalla crisi del «Corriere» era «la Repubblica» che grazie alla presenza di firme provenienti anche dal quotidiano milanese come Alberto Ronchey, Enzo Biagi e sul versante sportivo Gianni Brera, superò le 370.000 copie nel

54. Cfr. https://www.hitparadeitalia.it/bof/boi/boi1979-80.htm [ultima consultazione 5 aprile 2022].

55. P. Ginsborg, *Storia d'Italia 1943-1996. Famiglia, società, Stato*, Torino, Einaudi, 1998, pp. 478-482, G. Crainz, *Il paese mancato. Dal miracolo economico agli anni Ottanta*, Roma, Donzelli, 2003, pp. 585-587.

56. Ch. Lasch, *La cultura del narcisismo*, Milano, Bompiani, 1981, p. 16.

1985. Un fenomeno di questo periodo è l'ampia diffusione dei giornali di informazione economica e sportiva. Se «Il Sole-24 Ore», quotidiano di Confindustria, tra il 1976 e il 1984 passò da 90.000 a 170.000 copie giornaliere, la «Gazzetta dello Sport» e il «Corriere dello Sport-Stadio» tra il 1976 e il 1982 raddoppiarono le vendite, anche sull'onda del successo della nazionale italiana ai mondiali di calcio del 1982, e in generale a causa della maggiore disponibilità di programmi sportivi in televisione. La «Gazzetta» tra il 1982 e il 1984, superando le 550.000 copie, si fregiò del titolo di quotidiano più venduto in Italia, in una classifica che vedeva il «Corriere dello Sport» al terzo posto davanti a «la Repubblica» e a «La Stampa». Tra i settimanali di informazione la sfida tra «Panorama» e «L'Espresso» risentiva del nuovo linguaggio pubblicitario anche se entrambi si attestavano sulle 300.000 copie; tra i familiari il primato era per «Famiglia cristiana» delle Edizioni Paoline con oltre un milione di copie, mentre «Gente» e «Oggi» si dividevano un mercato di oltre 1 milione di copie e i settimanali femminili più venduti erano stabili sulle 350.000. Da segnalare la crescita dei settimanali dedicati alla tv con «Sorrisi e canzoni Tv» passato dal gruppo Rizzoli a Berlusconi tra il 1983 e il 1984, leader assoluto con oltre due milioni di copie, il tradizionale «Radio corriere Tv» ai quali si aggiungevano «Eva Express» di Rusconi, «Bolero» di Mondadori oltre a «Famiglia TV», «Telesette» e «Guida TV» per una vendita complessiva nel 1983 di circa 4 milioni di copie alla settimana. Questa diffusione era stata trainata in modo prepotente dalla nascita dei primi network privati nazionali, inaugurati da Canale 5 di Silvio Berlusconi nel settembre 1980. Con l'abile direzione operativa di Carlo Fuscagni, già funzionario della Rai, il canale puntava sulla creazione di un palinsesto televisivo di 24 ore acquistando una scorta di film, telefilm e cartoni animati da accompagnare con un'ampia quota di pubblicità. In questo senso andavano la fondazione di Rete Italia, società per la produzione e la compravendita di programmi, e la concessionaria pubblicitaria Publitalia 80.

A livello di generi si puntava sull'intrattenimento non essendo presenti programmi di informazione. Oltre ai film, ai telefilm americani e ai cartoni animati, veniva ingaggiato Mike Bongiorno, icona della Rai, destinato a diventare il volto popolare della televisione commerciale. Canale 5 mirava ad accrescere l'audience attraverso le fiction puntando su *Dallas*, una storia familiare proveniente dal Texas. Già proposta dalla Rai dove non aveva avuto grandi riscontri di pubblico, sul canale privato grazie a un'opportuna collocazione nel palinsesto sottrasse alla tv pubblica una significativa quota di ascolto. Allo stesso tempo con l'acquisizione dei diritti di trasmissione del Mundialito in Uruguay nel 1980, costrinse la Rai a scendere a patti per trasmettere le partite della nazionale di calcio. Nel 1981 era la volta degli show autoprodotti che ricalcavano il modello di *Fantastico* attraverso il ricorso a figure della tv pubblica come Antonio Ricci e Loretta Goggi.

In questa fase erano i grandi editori a manifestare un forte interesse per le televisioni, anche come conseguenza della crisi e del riassetto del comparto editoriale. Entrano nella battaglia televisiva oltre a Berlusconi, Rizzoli, Rusconi e Mondadori. Il gruppo Rizzoli lanciava il circuito televisivo Prima Rete Indipendente (PIN) con lo scopo di farne una «Rai rovesciata»,[57] sperimentando dal dicembre 1980 il primo telegiornale privato, *Contatto* di Maurizio Costanzo, diffuso in diretta, allora vietata, che durerà circa un anno, travolto dalla crisi finanziaria del gruppo e dall'emergere della loggia P2 al quale il giornalista risultava affiliato; dopo gli anni dell'amministrazione controllata, nell'ottobre 1984 la Rizzoli fu acquistata da una cordata raggruppata intorno alla Gemina, holding della Fiat e a Mediobanca. Dopo la sentenza della Corte costituzionale del luglio 1981 che ribadiva il monopolio televisivo nazionale, nell'agosto di quello stesso anno venne firmata una nuova convenzione tra lo stato e la Rai che segnò, come avrebbe detto il ministro delle Poste e Telecomunicazioni Remo Gaspari, il passaggio dal monopolio al pluralismo, favorendo la creazione di altri network.[58] Tra questi Italia 1 di Edilio Rusconi dal 1° gennaio 1982 e Retequattro dal 4 gennaio 1982. Quest'ultimo, voluto del gruppo Mondadori con l'apporto di Carlo Caracciolo e della famiglia Perrone (25%), puntava sulle telenovelas grazie a un accordo con la brasiliana Rede Globo e sulla soap opera *Dynasty*. Retequattro poteva contare anche su un alto livello di informazione grazie alla presenza di giornalisti come Scalfari, Biagi, Bocca e Ottone. Vi erano novità assolute che prefiguravano lo «stato spettacolo»[59] nazionale, come il mix di varietà e comunicazione politica *Cipria* condotto da Enzo Tortora, rimasto celebre per le esibizioni canore di esponenti politici, oltre al modello del talk show all'italiana con il già ricordato *Maurizio Costanzo Show* che secondo Aldo Grasso «andava via

57. Sangiovanni, *Specchi infiniti*, p. 291.

58. Piazzoni, *Storia delle televisioni in Italia*, p. 141.

59. A. Tonelli, *Stato spettacolo. Pubblico e privato dagli anni '80 a oggi*, Milano, Bruno Mondadori, 2010.

dallo studio, in mezzo alla gente».[60] Antonio Pilati nel 1982 scriveva che Rusconi e Mondadori tendevano a riprodurre nel network televisivo i tratti più tipici del proprio prodotto editoriale come la dimensione familiare e tradizionalista per Rusconi e il taglio laico-modernizzante per Mondadori;[61] Canale 5 invece aveva costruito una miscela inedita e per certi aspetti di rottura rispetto ai canoni televisivi, che andava da una particolare attenzione al pubblico femminile a uno stile americaneggiante, conservando tratti fortemente generali e spettacolari, in concorrenza con la Rai nei suoi generi più rappresentativi, il varietà e il quiz. Un'innovazione conservatrice,[62] un «carnevale moderato» che si presenta come «frattura radicale, ma ha anche i tratti rassicuranti di un compromesso, che è parte di una trasformazione sociale di larga portata, ma ne smussa continuamente gli angoli».[63] Tra il 1982 e il 1983 Berlusconi completava l'acquisizione di Italia 1 da Rusconi, potendo in questo modo allargare a due i network nazionali in suo possesso. Dopo Mike Bongiorno proseguiva l'inserimento di volti popolari della Rai sui canali Fininvest con la coppia Mondaini Vianello, mentre si affidava la direzione di Italia 1 a Carlo Freccero che ripensava il palinsesto per un pubblico più giovane e popolare. Simbolo di queste scelte il cartone animato *I Puffi*, programmati nella stessa fascia oraria dei telegiornali Rai, ma soprattutto dall'ottobre 1983 *Drive in*. Il programma, ideato da Antonio Ricci, era ambientato in un drive-in popolato di personaggi stereotipi del tempo presente interpretati da comici emergenti come tra gli altri Gianfranco D'Angelo, Ezio Greggio e Enrico Beruschi, affiancati dalle ragazze fast-food. Un programma estraneo alla filosofia della televisione tradizionale che si adattava ai ritmi veloci della televisione commerciale, imponendo stili e contenuti irriverenti, trasgressivi e surrealisti che sarebbe andato in onda fino al 1988. Marino Livolsi nel 1983 rilevava lo stretto rapporto tra consumo e spettacolo affermando che «lo spettatore entrato nello schermo trova un mondo non di persone, ma di oggetti per cui tutto tende a omologarsi ad un rapporto di consumo».[64] Si trattava di un vero e proprio boom televisivo contraddistinto dall'aumento delle ore di programmazione e da un aumento dell'ascolto: si passò da tre ore e 40 minuti al giorno per

60. A. Grasso, *Storia della televisione italiana*, Milano, Garzanti, 204, p. 382.
61. Piazzoni, *Storia delle televisioni in Italia*, p. 150.
62. Sangiovanni, *Specchi infiniti*, p. 327.
63. Ortoleva, *Un ventennio a colori*, p. 92.
64. Citato in Piazzoni, *Storia delle televisioni in Italia*, p. 159.

famiglia nel 1977 a sei ore e 22 minuti nel 1987. Con l'acquisizione di Retequattro dalla Mondadori nel 1984 si definì la composizione dei tre canali Fininvest di proprietà di Berlusconi.

Una situazione che sarebbe stata confermata anche da un decreto del governo Craxi, dopo che nell'ottobre di quell'anno l'intervento dei pretori di Lazio, Abruzzo e Piemonte aveva oscurato i tre canali, chiedendo il rispetto del divieto all'interconnessione e dunque alle trasmissioni nazionali. Davanti alle proteste dei telespettatori il governo Craxi favoriva l'approvazione di un decreto-legge entrato in vigore nel gennaio 1985 che di fatto istituzionalizzava il duopolio televisivo Fininvest Rai.[65] Nell'ambito delle tv private era nata l'emittente Videomusic (1982), primo canale tematico interamente dedicato alla musica e costruito sui videoclip, altra novità degli anni Ottanta, inaugurati da quello della canzone *Video killed the Radio Stars* dei Buggles nel 1981. Anche la Rai si avviava verso una logica di concorrenza con i network privati, in una sfida che si giocava sulle possibilità introdotte dal telecomando e dallo zapping. Nel 1981 la tragedia di Vermicino del piccolo Alfredo Rampi, caduto in un pozzo artesiano alle porte di Roma, aveva tenuto il paese con il fiato sospeso e aveva visto la presenza irrituale del presidente della Repubblica Sandro Pertini nel luogo del dramma, rompendo tutte le regole dei palinsesti dei canali Rai con diciotto ore di diretta, configurandosi come vero e proprio evento mediale. La battaglia della concorrenza della tv pubblica era condotta con programmi di intrattenimento, tra i quali spicca con la regia di Gianni Boncompagni *Pronto Raffaella?*, talk show quotidiano condotto dalla Carrà collocato su Rai 1 prima del Tg di mezzogiorno con cui si copriva uno spazio vuoto del palinsesto con punte di 14 milioni di telespettatori. Gli ingredienti principali erano l'ambientazione domestica, l'interazione con il pubblico a casa attraverso il telefono, le lettere, gli ospiti e i giochi a premi. Dal 1984 iniziava una fiction come *La Piovra* destinata a una grande affermazione con una media di dieci milioni di telespettatori e punte del 60% di share, che avrebbe ottenuto un riconoscimento e una diffusione mondiale.[66]

Sul piano dei consumi cinematografici la tendenza alla diminuzione dell'acquisto di biglietti fu determinata dall'aumento della programmazio-

65. P. Ortoleva, *La televisione italiana 1974-2002: dall'«anarchie italienne» al duopolio imperfetto*, in *La stampa italiana nell'età della TV*, p. 157.

66. M. Buonanno, *La fiction italiana. Narrazioni televisive e identità nazionali*, Roma-Bari, Laterza, 2012, pp. 43-58.

ne televisiva, ma soprattutto dall'avvento del videoregistratore che favorì un consumo casalingo dei film. Tra il 1981 e il 1984 i biglietti acquistati calarono da 215.150 a 131.569 con gli incassi dei film italiani che passarono nello stesso periodo dal 44,2% al 34,2% del totale mentre i film statunitensi crebbero dal 32,6% fino al 47,6%. Nella stagione 1980-81 sette film italiani erano tra i primi dieci incassi con *Ricomincio da tre* di Massimo Troisi al primo posto e *Il bisbetico domato* di Castellano e Pipolo al secondo. Nella stagione seguente si confermò questo trend con *Innamorato pazzo* interpretato ancora da Celentano e *Il Marchese del Grillo* di Monicelli con Alberto Sordi mattatore assoluto. Della stagione 1982-83 primeggiarono in classifica i prodotti statunitensi a metà tra fantascienza e politica: *E.T. L'Extra-Terrestre* di Spielberg e *Rambo (First Blood)* di Ted Kotcheff. In una classifica che vedeva ancora sette film italiani tra i primi dieci incassi, da segnalare il secondo atto di *Amici miei* al terzo posto e *Sapore di mare* di Carlo Vanzina al decimo. Nella stagione seguente ancora quattro film italiani tra i primi dieci. Se *Flashdance* di Adrian Lyne si piazzava al primo posto, *La chiave* di Tinto Brass, *Il tassinaro* di Alberto Sordi e il prototipo di quello che sarebbe stato definito "cinepanettone" *Vacanze di Natale* di Carlo Vanzina mostravano anche da questo punto di vista come stavano cambiando i gusti cinematografici del pubblico italiano. A completare questa fase di transizione che avrebbe mutato il volto delle comunicazioni e dei consumi, va segnalato come la rivista «Time» aprì il 1983 salutando il personal computer come «la macchina dell'anno», mentre nel 1984 la Apple lanciò il Macintosh e l'anno seguente Microsoft il sistema operativo Windows.

4. *Il boom della pubblicità e la corsa agli ascolti 1985-1988*

In questi anni, come osservato da Fausto Colombo, si afferma nell'industria culturale italiana la tendenza al consumo di puro intrattenimento che prevale su tutto il territorio mediale, che può essere compreso in relazione alla centralità assunta dal fenomeno pubblicitario nell'economia dei media.[67] Gli anni Ottanta sono stati il periodo in cui la televisione commerciale ha conosciuto il boom della pubblicità con una percentuale sul mercato che nei primi anni Novanta ha superato la soglia del 50% degli

67. Colombo, *Il paese leggero*, pp. 226-236.

investimenti pubblicitari globali. Per la radio gli investimenti pubblicitari sul mercato sono diminuiti in valori percentuali dal 6,7% del 1980 al 3,6% del 1990. Nel complesso l'ascolto radiofonico rimane costante intorno ai 25 milioni di utenti per tutto il decennio, con un consumo nel giorno medio di 85 minuti. Dopo la fase di crescita incontrollata del numero di emittenti, in assenza di una legge che, come per la tv, arriverà solo nel 1990 fotografando la situazione esistente, nel corso degli anni Ottanta le radio più strutturate e con maggiori risorse passavano da una diffusione locale a una regionale fino a diventare dei network nazionali. La prima stazione era stata nel 1984 la milanese Studio 105 che avrebbe cambiato denominazione in Radio 105, seguita presto da RTL 102.5, da Radio Deejay, ma anche dalla romana RDS e dalla napoletana Radio Kiss Kiss. Finita la stagione dell'impegno politico l'informazione radiofonica rimaneva presente nelle emittenti eredi della stagione delle radio libere, in particolare Radio Radicale a Roma e Radio Popolare a Milano, anch'esse destinate a raggiungere negli anni un bacino nazionale. Nelle altre stazioni prevaleva la centralità della musica nazionale e internazionale, sostenuta da un vasto consumo giovanile e casalingo, la radio si definiva come «radio di flusso» e diventava il sottofondo sonoro della giornata. La fruizione della musica era divenuta sempre più individualizzata e mobile, anche grazie alla diffusione in commercio dal 1979 del walkman da parte dell'azienda giapponese Sony. L'emergere del videoclip come forma di consumo musicale e la crescita dei programmi televisivi costruiti su questi contenuti diventavano presto popolari, sviluppandosi anche attraverso collaborazioni con le radio. Emblematico a questo proposito il caso dell'emittente milanese Radio Deejay che attraverso il programma televisivo *Deejay Television*, avviato nel 1984 su Italia 1 dopo un breve passaggio su Canale 5, sperimentava forme di ibridazione radio televisive. I canali della radio pubblica, pur tentando di contrastare l'emittenza privata sul piano della programmazione musicale con la creazione dei canali in stereofonia nel 1982, occupavano un ruolo centrale soprattutto nelle fasce orarie legate all'informazione. Nel 1987 le radio private superarono negli ascolti la radio pubblica, proprio alla viglia della creazione della società Audiradio (1988) per monitorare la ripartizione del pubblico.[68] Dal 1984 anche per il trionfo della televisione privata si

68. R.A. Doro, *La radio dalla stagione delle radio libere agli anni Novanta: sviluppo e consumo culturale nella società italiana*, in *Consumi e mass e media*, a cura di F. Anania, Bologna, il Mulino, 2013, pp. 108-121.

affermava il diritto al divertimento.[69] Secondo Umberto Eco la televisione si era trasformata da specchio della realtà a produttore della realtà. Nel 1984 Fininvest possedeva tre network articolati verso pubblici complementari: Canale 5, rete ammiraglia per un pubblico familiare ed eterogeneo, Rete 4 contenitore di telefilm e Italia 1 rivolta a un target giovane maschile. I tre canali puntavano a una complessiva raccolta di audience, scambiandosi video e spot promozionali, programmi e personaggi. Più che di un'identità editoriale, si trattava di un'operazione volta alla raccolta di un pubblico e allo sfruttamento del mercato:

> Le reti Fininvest distribuiscono in abbondanza programmi facili, spensierati e in qualche caso un poco scostumati, sono gratuite nel senso che non richiedono canone, sono aliene dal dogma e dalla cultura stessa del servizio, il che le solleva dal compito di informare e di educare e sono viste con simpatia del grosso del pubblico italiano, catturato anche dal messaggio sotteso: quella sorta di gagliardo inno alla libertà e l'ottimismo che si sottrae alla tutela culturale politica della Rai.[70]

Al cuore dell'impresa vi era la quantità di audience raccolta che modellava i piani editoriali, la fisionomia dei palinsesti, calibrati per target di riferimento modulati sulla ripetitività, sulla serialità e sui programmi a striscia quotidiana mirati. Trionfavano anche le fiction in tutte le declinazioni: telenovele, soap opera, detective story e telefilm polizieschi, sit-com, come tra i tanti *Magnum PI*, *Visitors*, *Miami Vice*, *I Jefferson*, *I Robinson*.[71]

Nel novembre 1988 iniziò la sua storia uno dei programmi bandiera delle reti Fininvest oltre che uno dei più longevi: *Striscia la notizia*, telegiornale satirico in onda dal lunedì al venerdì dalle 20:30, ideato da Antonio Ricci e condotto da una coppia particolare di presentatori, attori, comici, soubrette e corredato delle cosiddette veline. Si ricordino anche i programmi rivolti al pubblico dei più piccoli dove agli *anime* giapponesi, tra cui *Holly e Benji*, *Candy Candy*, *Kiss Me Licia*, *Mila e Shiro* si aggiunse il longevo e fortunato formato *Bim Bum Bam*, un contenitore che accoglieva i cartoni animati belgi e americani oltre a quelli giapponesi, intervallati dagli sketch dei giochi con cui i conduttori Paolo Bonolis e Carlotta Blanchard intrattenevano i bambini avvalendosi di pupazzi animati come il cane antropomorfo Uan. Nella Rai degli anni Ottanta, che su Rai 3 dal

69. Ortoleva. *La televisione italiana*, p. 156.
70. Piazzoni, *Storia delle televisioni in Italia*, p. 154.
71. Ivi, p. 162.

1987 sotto la direzione di Angelo Guglielmi avrebbe inaugurato i programmi della «tv verità», oltre al rilancio del Festival di Sanremo, reduce da un decennio di decadenza, proseguivano i format dell'intrattenimento nazionalpopolare, da *Domenica In* ai varietà del sabato sera come le diverse edizioni di *Fantastico*. Su tutt'altro versante perché rivolti a un pubblico alternativo i programmi di Renzo Arbore ad alto tasso di sperimentazione, il cui successo permetteva a Rai 2 di conquistare uno spazio fra le 22:45 e le 24. Il primo e il più felice programma fu nel 1985 *Quelli della notte* che arriverà a registrare punte di 3 milioni di spettatori: nello stile del conduttore era un contenitore senza struttura, surreale, infarcito di non senso in cui si presentavano personaggi bizzarri e dove la sigla *Ma la notte no* era un tormentone assoluto.[72] A questo successo seguirà nel 1987 *Indietro tutta!*, programma quotidiano in onda tutte le sere dei giorni feriali, dalla struttura più complessa in cui i capisaldi della televisione commerciale risultavano rovesciati da una comicità demenziale e demistificante. Se *Quelli della notte* metteva a nudo i meccanismi del talk show, in *Indietro tutta!* il bersaglio era la pochezza di tanta programmazione televisiva: incompetenza specifica dei protagonisti, invadenza pubblicitaria e presunzione di verità.

La stampa quotidiana superava la barriera dei 6 milioni di copie giornaliere conquistando lettori di anno in anno fino alla media di 6.808.000 copie nel 1990. I maggiori quotidiani aumentavano i contenuti spettacolarizzandoli e puntando sul marketing. Si giocava una vera e propria gara tra «la Repubblica» e il «Corriere della Sera» per il primato tra i quotidiani nazionali. Alla fine del 1986 Scalfari annunciò il sorpasso: «la Repubblica» superò le 515.000 copie contro le 487.000 del rivale, terza «La Stampa» di Torino con 405.000 copie; nel 1987 «la Repubblica» lanciò un gioco a premi chiamato *Portfolio*, una lotteria che distribuiva premi in denaro. Il «Corriere della Sera» sotto la guida di Ugo Stille dal settembre 1987 pubblicò il magazine «Sette» in vendita col quotidiano raggiungendo 900.000 copie. Un mese dopo «Repubblica» rispose con il magazine «il Venerdì», con oltre un milione di copie. Nel gennaio 1989 il «Corriere della Sera» con il gioco a premi *Replay* ottenne un grande successo, portando il quotidiano milanese a toccare le 800.000 copie nel giro di pochi mesi, un traguardo già raggiunto da «la Repubblica» che per qualche tempo conserverà il primato.[73]

72. L. Casucci, *Nella casa di Arbore c'è posto per tutti*, in «Radiocorriere Tv», 62, 20 (19-25 maggio 1985), pp. 10-13.

73. Murialdi, *Storia del giornalismo italiano*, pp. 287-289.

Nel cinema proseguiva la diminuzione degli spettatori: dai 123.113 biglietti venduti nel 1985 ai 93.133 del 1988. Gli incassi premiavano ancora i film statunitensi che dal 1985 al 1989 passarono dal 48,6% al 63,1% degli incassi totali mentre quelli italiani dal 31,8% al 21,7%.[74] Al successo di pellicole come *I Ghostbusters* e *Indiana Jones e il tempio maledetto*, rispettivamente primo e terzo nella stagione 1984-85, rispondevano *Non ci resta che piangere* di Troisi (secondo) e *I due carabinieri* di Verdone (quarto); l'anno seguente vedeva solo tre film italiani tra i primi dieci con un mercato saturato da *Rambo 2 - La vendetta*, *Rocky IV*, *9 settimane e 1/2*, *La mia Africa* e il primo episodio di *Ritorno al futuro*. *Amici miei Atto III* di Nanni Loy era al sesto posto seguito da *Speriamo che sia femmina* di Monicelli. Nella stagione 1986-87 solo due produzioni italiane tra i primi dieci incassi: *Yuppies 2* di Enrico Oldoini (nono) e *Sette chili in sette giorni* (decimo), interpretato da Renato Pozzetto e Carlo Verdone, diretto da Carlo Verdone. Tra i titoli più premiati dal pubblico la coproduzione *Il nome della rosa* di Jean-Jacques Annaud superò blockbuster come *Top Gun* di Tony Scott e *Platoon* di Oliver Stone. Nelle ultime due stagioni prese in considerazione in questa sintetica rassegna era confermata la tendenza dei gusti del pubblico verso le produzioni internazionali tra cui spiccavano nel 1987-1988 *L'ultimo imperatore* di Bertolucci, *Attrazione fatale* di Adrian Lyne e *Full Metal Jacket* di Stanley Kubrick, mente i film italiani più visti in sala erano *Le vie del signore sono finite* di Troisi e *Io e mia sorella* di Verdone. Nella stagione 1988-89 a chiusura del decennio primeggiava *Chi ha incastrato Roger Rabbit?* di Robert Zemeckis, seguito da *Rain Man* di Barry Levinson, con *Il piccolo diavolo* di Benigni al terzo posto e altri due film italiani tra i primi dieci interpretati e diretti da comici che si erano affacciati alla ribalta televisiva sul finire degli anni Settanta come Francesco Nuti con *Caruso Pascosky (di padre polacco)* sesto e *Compagni di scuola* di Carlo Verdone decimo.

5. *Conclusioni*

Nell'arco di poco più di un ventennio l'industria culturale e i consumi mediali degli italiani si sono trasformati in profondità. Gli elementi più significativi di questi mutamenti risiedono nella fine del monopolio pubblico

74. ISTAT, *Annuario dello Spettacolo 1989*, Tabb. 23 e 45a.

della radio e della televisione che nel giro di pochi anni tende ad aumentare l'offerta e i contenuti disponibili. La radio e la televisione cambiano negli anni Ottanta sotto la spinta del mercato pubblicitario, rìmasto troppo a lungo compresso dalla volontà di tutelare il settore della stampa. La stampa conosce un generale aumento delle vendite di quotidiani e periodici, ma risente dell'influenza dei meccanismi di marketing che conducono i giornali ad affinare strategie sempre nuove per attirare un maggiore pubblico di lettori. Se negli anni Settanta la moltiplicazione di voci libere e indipendenti, sia nella radio che nella stampa, aveva favorito un processo di pluralismo e accesso ai media da parte dei cittadini, favorendo delle forme inedite di protagonismo, una svolta decisiva è costituita dall'affermazione dei network nazionali televisivi alla metà degli anni Ottanta.

Nella stagione caratterizzata dalla fine dell'impegno politico e sociale degli anni Settanta coincidenti con quello che è stato definito «riflusso», i consumi mediatici vedono prevalere l'assoluta centralità della televisione favorendo la mutazione «individualista» degli italiani. Durante gli anni Ottanta si configurano ampiamente processi e dinamiche di consumo mediale che anticipano le tendenze del decennio successivo quando, con il passaggio alla seconda Repubblica, il mezzo televisivo si sarebbe imposto come centrale anche da un punto di vista politico aprendo una fase nuova, prima dell'avvento della rete Internet e del suo impatto sui media tradizionali, costretti a confrontarsi con la rivoluzione informatica, destinata a mutare in profondità abitudini e stili di consumo che erano iniziati proprio nel periodo compreso tra il 1967 e il 1988.

Simone Neri Serneri

Spazi, territori, ambiente tra 1960 e 2020: l'Italia dalla "Grande accelerazione" all'Antropocene

Esiste un nesso assai stretto tra le modalità di gestione e di appropriazione delle risorse naturali e le condizioni di vita e di sviluppo socio-economico delle popolazioni, e delle generazioni, che vivono in un determinato contesto territoriale. Riflettere in una prospettiva di lungo periodo sulle trasformazioni del territorio e dell'ambiente costituisce pertanto una chiave di lettura indispensabile della storia della società italiana in età repubblicana.

In modo necessariamente sommario e come suggerisce la triade evocata nel titolo, il saggio cercherà di tratteggiare come il mutare degli attori sociali e dei processi produttivi e riproduttivi e delle loro relazioni spaziali abbia plasmato i territori, i luoghi materiali del vivere, dell'abitare e del produrre e, con altrettanta forza, abbia trasformato l'ambiente, inteso non solo come il contesto naturale da cui si estraggono le risorse, quanto come la pluralità di ecosistemi ove società e natura si integrano e si riproducono.

Punto di partenza di questa ricostruzione è quell'assetto territoriale e ambientale di relativo equilibrio – tra contesti urbani e una pluralità di realtà rurali – che ancora resisteva agli inizi degli anni Cinquanta. Un equilibrio sofisticato e fecondo, frutto del sedimentarsi di trasformazioni secolari, caratterizzato tuttavia da una fragilità intrinseca, dovuta proprio alla sua complessità, e minato da una connaturata povertà sociale.[1] Per questo, destinato ad andare rapidamente in frantumi di fronte alle spinte alimentate

1. P. Bevilacqua, *I caratteri originali della storia ambientale italiana. Proposta di discussione*, in «I Frutti di Demetra. Bollettino di storia e ambiente», 8 (2005), ora reperibile in www.ismed.cnr.it/pubblicazioni/riviste/demetra/demetra_8_2005/mobile/index.html#p=1; A. Lanzani, M. Bolocan Goldstein, F. Zanfi, *Della grande trasformazione del paesaggio*, in *L'Italia e le sue regioni. L'età repubblicana. Territori*, a cura di M. Salvati e L. Sciolla, Roma, Istituto della Enciclopedia italiana, 2015, p. 291.

dalla ricostruzione postbellica e dal cosiddetto "miracolo economico". Da allora, si susseguirono ondate di fenomeni trasformativi che hanno radicalmente mutato caratteri, forme e assetti dei territori della penisola e che, molto schematicamente, sono racchiudibili in tre fasi. La prima è quella della modernizzazione post-bellica, durata fino a buona parte degli anni Settanta, la seconda si è protratta fin verso la metà degli anni Novanta e la terza si dispiega dalla chiusura del secolo agli anni recenti.

1. *La "Grande accelerazione"*

La prima fase fu, per usare un termine in voga nella storiografia ambientalista, la nostra "Grande accelerazione".[2] Ovvero un eccezionale intensificarsi delle attività ad alto impatto ambientale (crescita demografica, industrializzazione, urbanizzazione, motorizzazione, utilizzo di combustibili fossili, produzione di materiali sintetici, etc.), analogo a quello che in relativa sincronia stava investendo soprattutto il mondo euro-atlantico, e una conseguente alterazione antropogenica dei cicli del carbonio, dell'azoto, dello zolfo, delle risorse idriche, dello stato del suolo e della biodiversità. Fu una stagione di massiccia pressione sulle risorse a fini produttivi, che a sua volta alimentò una inedita espansione del benessere e dunque dei consumi.

Motore ne fu il duplice processo di industrializzazione e di urbanizzazione che investì il paese. Crebbero notevolmente numero, dimensioni e capacità produttiva degli insediamenti del tradizionale "triangolo industriale" nel nord-ovest, cui si aggiunsero il proliferare dell'industrializzazione "diffusa" della Terza Italia nell'Italia centro-orientale e centrale e i cosiddetti "poli di sviluppo" nelle regioni meridionali e insulari. Flussi migratori eccezionali, su breve e lunga distanza, trasferirono la pressione demografica dall'alta collina alle aree di pianura e, più in generale, dalle campagne ai centri urbani, i quali conobbero un doppio movimento espansivo, prima intensamente centripeto, crescendo di numero e di dimensioni, e poi verso l'esterno, con la diffusione del tessuto urbano – tanto a vocazione produttiva che residenziale – su territori un tempo agricoli, ma parimenti lungo i maggiori assi viari e le aree costiere. I rapporti tradizionali tra città e campagna e gli stessi assetti dei territori rurali cominciarono a essere

2. J. R. McNeill, P. Engelke, *La Grande accelerazione. Una storia ambientale dell'Antropocene dopo il 1945*, Torino, Einaudi, 2018 (ed. or. 2013).

messi in discussione dai processi di unificazione infrastrutturale ed economica imperniati sul mondo urbano-industriale e al ridimensionamento dell'agricoltura si accompagnò la marginalizzazione delle aree periferiche. Nel mentre, il paesaggio agrario andò semplificandosi e in parte innovandosi, proprio perché contaminato dai processi di infrastrutturazione, industrializzazione e urbanizzazione.[3]

L'incremento eccezionale delle attività produttive, l'altrettanto massiccia dilatazione del tessuto urbano e del patrimonio edilizio, la modernizzazione delle reti stradali e delle altre reti infrastrutturali, ma anche l'espansione dei consumi individuali innescata dal benessere economico comportarono il consistente incremento del consumo di suolo per abitante, dei prelievi idrici per l'agricoltura, l'industria e gli usi civili, e dei consumi di energia, grazie anche alla sostituzione del carbone con i prodotti petroliferi. Per dare qualche riferimento, basti dire che, secondo le stime disponibili, nel 1971 i consumi di energia erano più che triplicati rispetto a vent'anni prima, l'estrazione di materiali da costruzione era cresciuta di almeno cinque volte, l'impiego di fertilizzanti e pesticidi eccezionalmente incrementato, i vani di abitazione quasi raddoppiati (e sarebbero aumentati ancora di un terzo nel decennio successivo). Al 1981, rispetto agli anni Cinquanta, la superficie urbanizzata risultava cresciuta dalle due alle tre volte (ma talora con moltiplicatori decisamente superiori), a seconda delle aree considerate, e il consumo medio di suolo per abitante a sua volta cresciuto di oltre il 50%, con incrementi decisamente maggiori degli altri paesi europei. Ancora, gli autoveicoli circolanti erano 340.000 nel 1950 e oltre 10 milioni nel 1970 e nel solo quinquennio 1966-1971 le emissioni di scarico degli autoveicoli crebbero del 46% e il consumo dei combustibili per riscaldamento raddoppiò.[4] Una pressione sulle risorse, si noti, aumen-

3. G. Dematteis, *Le trasformazioni territoriali e ambientali*, in *Storia dell'Italia repubblicana. La trasformazione dell'Italia. Sviluppo e squilibri*, Torino, Einaudi, 1995, vol. II, tomo 1, pp. 665-670; Lanzani, Bolocan Goldstein, Zanfi, *Della grande trasformazione del paesaggio*, pp. 295-298.

4. P. Malanima, *I consumi di energia*, in *Economia e ambiente in Italia dall'Unità a oggi*, a cura di G. Corona e P. Malanima, Milano, Bruno Mondadori, 2012, pp. 34 e ss.; G. Corona, G. Massullo, *La terra e le tecniche. Innovazioni produttive e lavoro agricolo nei secoli XIX e XX* , in *Storia dell'agricoltura italiana in età contemporanea. I Spazi e paesaggi*, a cura di P. Bevilacqua, Roma, Donzelli, 1989, pp. 440-441; G. Campos Venuti, *Cinquant'anni: tre generazioni urbanistiche*, in *Cinquant'anni di urbanistica in Italia: 1942-1992*, a cura di G. Campos Venuti e F. Oliva, Laterza, 1993, pp. 29-34; F. Oliva, *L'uso del suolo: scarsità indotta e rendita*, in *Storia del capitalismo italiano dal dopoguerra a*

tata con tassi tendenzialmente maggiori di quelli della crescita economica, a dimostrazione del carattere dissipativo di quest'ultima.

Questa mobilitazione delle risorse comportò, simmetricamente, inedite e oltremodo consistenti alterazioni degli assetti ambientali. Ne furono investiti anzitutto i corpi idrici, con marcati abbassamenti delle falde acquifere e vistosi e diffusi fenomeni di inquinamento chimico e batteriologico delle acque superficiali e profonde, nonché di quelle costiere. Occorre dire letteralmente vistosi, ovvero ben visibili a occhio nudo, in ragione della loro intensità, ma d'altra parte anche per rimarcare il fatto che mancavano affidabili procedure di rilevazione dell'inquinamento idrico né di quello, non meno grave, atmosferico. Peraltro, le ripetute indagini conoscitive su aree determinate e le pur sommarie stime su base statistica non potevano che confermare la rapida progressione e la notevole entità dei fenomeni e le loro ricadute sulla salute delle popolazioni, ben note ai tecnici del settore, che di ciò discutevano ampiamente, e alle stesse autorità politiche.[5]

Non mancò un crescente allarme nell'opinione pubblica colta, ben rappresentato nelle pagine de «Il Mondo», e in particolare negli scritti di

oggi, a cura di F. Barca, Roma, Donzelli, 1997, pp. 569-570; F. Ciccone, *Gli effetti territoriali della legislazione*, in *Cinquant'anni dalla legge urbanistica italiana, 1942-1992*, a cura di E. Salzano, Roma, Editori Riuniti, 1993: pp. 55 e ss.; Dematteis, *Le trasformazioni territoriali e ambientali*, pp. 667 e ss., 701 e ss.: A. Peano, *La difesa dell'ambiente. Piano, valutazioni, interventi*, Roma, Gangemi, 1992, pp. 50-51; R. Gambino, A. Segre, *Quadri ambientali e patrimonio culturale*, in *Geografia politica delle regioni italiane*, a cura di P. Coppola, Torino, Einaudi, 1997, p. 104.

5. Cfr., tra l'altro, *Prima relazione sulla situazione ambientale del paese*, sotto gli auspici del presidente del Consiglio dei ministri e il coordinamento del ministro per la ricerca scientifica e tecnologica, a cura di Tecneco, Roma 1973, e le stime dei carichi inquinanti sulle risorse idriche per gli anni Settanta in Ministero dell'ambiente, *Relazione sullo stato dell'ambiente*, Roma, Istituto poligrafico dello stato, 1989. Per una più ampia trattazione rimando a G. Corona, *Breve storia dell'ambiente in Italia*, Bologna, il Mulino, 2015, pp. 63 e ss.; S. Neri Serneri, *Urbanizzazione, territorio e ambiente nell'Italia contemporanea, 1950-1970*, in «I Frutti di Demetra», 6 (2005); Id., *L'impatto ambientale dell'industria, 1950-2000. Risorse e politiche*, in *Industria, ambiente e territorio. Per una storia ambientale delle aree industriali in Italia*, a cura di S. Adorno e S. Neri Serneri, Bologna, il Mulino, 2009, pp. 35 e ss.; Dematteis, *Le trasformazioni territoriali e ambientali*, pp. 665-670. Sul contesto italiano gli studi d'insieme sono assai limitati, si vedano G. Corona, *L'Italia dell'Antropocene. Percorsi di storia ambientale tra XX e XXI secolo*, Roma, Carocci, 2023, e, su scala locale, F. Paolini, *Firenze 1946-2005. Una storia urbana e ambientale*, Milano, FrancoAngeli, 2014.

Antonio Cederna, e dalla nascita di associazioni quale Italia Nostra,[6] né un ampio dibattito tecnico e politico attorno alle scelte e pratiche urbanistiche, che tenne banco per buona parte degli anni Sessanta ed ebbe tra i suoi più qualificati promotori l'Istituto nazionale di urbanistica (Inu). Ciò nonostante, i tentativi di governare quelle trasformazioni e arginarne l'impatto sugli assetti ambientali e territoriali, nonché il disagio e financo la conflittualità sociale da esso alimentati, si rivelarono fallimentari.[7] Soprattutto negli anni Sessanta, quei tentativi furono parte rilevante delle politiche di riforma promosse dai più convinti esponenti di una cultura di governo volta a coniugare programmazione economica e pianificazione territoriale. Essi erano sospinti dall'urgenza di contrastare, oltre agli effetti, le modalità stesse con cui quelle trasformazioni procedevano per impedire che l'irreversibilità dei loro esiti ipotecasse sostanzialmente la possibilità di ogni intervento futuro di correzione e di indirizzo dell'ulteriore sviluppo.

Quei tentativi si scontrarono con l'incertezza del quadro normativo discendente dalla legge urbanistica del 1942 e con la frammentazione delle competenze e l'inerzia, sovente intenzionale, delle amministrazioni centrali e periferiche, il cui risultato più immediato fu la tardiva adozione e la diffusa inapplicazione dei piani regolatori comunali, oltreché la sostanziale mancanza di strumenti urbanistici a essi sovraordinati. Ma, in periferia come al centro, incertezza e inerzia rispecchiavano una volontà politica che, quando non direttamente connivente con la speculazione fondiaria ed edilizia, rispondeva a due principali istanze, presenti – anche se in misura sensibilmente diversa – in seno ai diversi partiti delle coalizioni di governo, ma anche a quelli di opposizione. In primo luogo quella della massima tutela della proprietà privata, considerata portatrice di diritti solo marginalmente comprimibili rispetto alla piena disponibilità dei beni posseduti, e anzitutto di quelli immobiliari, cosicché rispetto a questa le esigenze delle collettività – a cominciare dagli spazi pubblici – erano da considerarsi subalterne e derivate e quelle dei ceti più disagiati, aggiuntive e residuali, da

6. A. Belli, G. Belli, *Narrare l'urbanistica alle élite. «Il Mondo» (1949-1966) di fronte alla modernizzazione del bel paese*, Milano, FrancoAngeli, 2012.

7. Cfr. *Cinquant'anni di urbanistica in Italia*; V. De Lucia, *Se questa è una città. La condizione urbana nell'Italia contemporanea*, Roma, Donzelli, 2006; M. Zoppi, C. Carbone, *La lunga vita della legge urbanistica del '42*, Firenze, Didapress, 2018; A. Clementi, *Alla conquista della modernità. L'urbanistica nella storia d'Italia dal dopoguerra a oggi*, Roma, Carocci, 2020; *Tutela, sicurezza e governo del territorio in Italia negli anni del centro-sinistra*, a cura di G. Silei, Milano, FrancoAngeli, 2016.

affrontare con politiche di sostegno (in particolare le iniziative dell'Ina-Casa e poi della Gescal) non casualmente orientate a promuovere, se e quando possibile, l'accesso alla proprietà pure da parte di quei ceti. La seconda istanza, ampiamente connessa alla precedente, era quella che, facendo leva su un diffuso bisogno abitativo, individuava nell'edilizia un prezioso volano del ciclo economico, creditizio e occupazionale. Il momento di massima espressione della prima istanza fu l'avversione, vincente, alle proposte di riforma urbanistica pur presenti nel programma dei governi di centro-sinistra, nel momento in cui esse minacciavano di limitare il diritto di edificazione, ma più propriamente imponevano i piani particolareggiati e il prezzo ridotto dell'esproprio – in particolare con la proposta Sullo nel 1964.[8] La seconda istanza fu il motore ubiquo dello sviluppo locale, nelle grandi città come nei centri minori, e per questo largamente condivisa dagli amministratori locali che della domanda sociale da essa incarnata si fecero, sovente solerti, portavoce.

Al contrario, i soccombenti fautori della pianificazione urbanistica e territoriale ritenevano che soltanto il contenimento delle spinte privatistiche e particolaristiche e la loro decisa subordinazione agli interessi collettivi – appunto attraverso un'ordinata e articolata programmazione dello sviluppo socio-economico, anche nelle sue intrinseche e molteplici dimensioni spaziali – avrebbe potuto assicurare una piena ed equilibrata valorizzazione delle risorse disponibili, sostenibile nel tempo ed equa nelle sue implicazioni sociali. Una prospettiva, peraltro, che solo sul finire del decennio cominciò a prendere consapevolezza delle specificità delle questioni propriamente ambientali, da ravvisarsi non solo nelle diverse forme di inquinamento o di pregiudizio del patrimonio naturale, ma come complessiva capacità di riproduzione degli ecosistemi e dunque delle risorse da essi estraibili.

Né la tendenza dominante fin qui delineata fu, tra la fine degli anni Sessanta e gli inizi del nuovo decennio, sostanzialmente arginata da alcuni apprezzabili, ma assai specifici e non privi di limiti, provvedimenti di legge in materia urbanistica (la legge 67/1962 sui piani per l'edilizia economica e popolare, l'introduzione degli standard urbanistici nel 1967,

8. *Lo scandalo urbanistico 50 anni dopo. Sguardi e orizzonti sulla proposta di riforma di Fiorentino Sullo*, a cura di I. Blečić, Milano, FrancoAngeli, 2017, ove cfr. in particolare G. Ernesti, *La battaglia urbanistica: Assimpredil e Fiorentino Sullo*, pp. 46-47, e S. Brenna, *A cinquant'anni dalla mancata riforma Sullo: la strana disfatta dell'urbanistica pubblica*, p. 73.

la legge sulla "casa" del 1971), né dalle iniziative dei cosiddetti "pretori d'assalto", pur determinati a impedire o sanzionare alcuni tra i più macroscopici casi di speculazione immobiliare o di inquinamento ambientale, né, ancora, da talune disposizioni delle neo costituite istituzioni regionali o da pur apprezzabili iniziative di alcune amministrazioni locali.

Di effetto assai limitato erano state infatti le norme volte a ridurre l'inquinamento atmosferico degli impianti di riscaldamento e dei veicoli a motore e pressoché nulla l'incidenza di quelle relative alle emissioni in atmosfera degli impianti industriali, emanate nel 1966. Anche in questo ambito – nel definitivo tramonto delle mai concretizzatesi politiche di programmazione – prevalse di fatto, e in controluce rispetto alla persistente obsolescenza o genericità delle normative, nonché dei controlli previsti, un orientamento politico preoccupato della possibile diminuita disponibilità delle risorse, ma attento a non rallentare l'industrializzazione in corso e semmai fiducioso nella propensione e capacità degli stessi imprenditori di contenere gli effetti dannosi – soprattutto per la salute pubblica e le altre attività economiche – delle emissioni industriali. A parte le disposizioni settoriali che nel 1971 imposero la degradabilità dell'80% dei prodotti detergenti, solo nel 1976 si ebbe infatti un significativo segnale di discontinuità con la promulgazione del primo sistematico provvedimento normativo in materia ambientale, la cosiddetta "legge Merli": imperniata sull'innovativo principio di tutelare dall'inquinamento tutti i corpi idrici imponendo un controllo sugli scarichi dei reflui civili e industriali, oltreché da ritardi e inapplicazioni la sua efficacia fu limitata – almeno fino alle modifiche apportate a fine anni Ottanta – dalla mancata considerazione della portata complessiva e degli effetti cumulativi degli inquinanti.[9]

D'altronde, a suo tempo è già stato autorevolmente notato che

> All'inizio degli anni Ottanta il territorio italiano sotto l'aspetto del disordine urbanistico, della compromissione ambientale e del consumo irrazionale dei suoli edificabili si presentava in una situazione nel complesso peggiore di quella ereditata dai due precedenti decenni di crescita «selvaggia».[10]

9. Come segnalato già in Lega per l'Ambiente, *Ambiente Italia. Rapporto 1989: dati, tendenze, proposte*, Torino, Isedi, 1989, pp. 52-53, e dalla stessa relazione ministeriale del 1989, che ammise i «risultati non certamente lusinghieri», cfr. *Nota aggiuntiva del Ministro Giorgio Ruffolo predisposta in occasione della Relazione 1989 sullo stato dell'ambente in Italia*, Roma, Istituto poligrafico e zecca dello Stato, 1989, p. 31.

10. Dematteis, *Le trasformazioni territoriali*, p. 686.

Non è dunque improprio sostenere che alla metà degli anni Settanta l'Italia viveva una vera e propria crisi ambientale. Lo segnalava il perdurante stato di dissesto idrogeologico in cui versavano diverse aree del paese: drammaticamente messo in evidenza, pur nella loro diversa natura, dal disastro del Vajont nel 1963, dagli eventi alluvionali che, dopo quelli del Polesine nel 1951 e di Salerno nel 1954, nel 1966 colpirono diverse regioni italiane a cominciare dalla Toscana e dal Veneto, e dalla frana di Agrigento nel 1967, e di nuovo dalle alluvioni del Biellese (1968) e di Genova (1970), esso fu ampiamente documentato e analizzato dalla Commissione interministeriale per lo studio della sistemazione idraulica e della difesa del suolo, la cosiddetta Commissione De Marchi, che concluse i suoi lavori nel 1970.[11] Ma lo dimostravano parimenti le condizioni di grave inquinamento atmosferico e idrico – e sovente anche del suolo – riscontrabili in numerose aree urbane e industriali e, per il secondo profilo, anche in diverse aree costiere e numerosi corsi d'acqua in aree extra-urbane. Basti dire che un'accurata ricerca sulle condizioni del Po e di tutti i suoi affluenti svolta a metà degli anni Settanta ne documentò dettagliatamente il grave e diffuso inquinamento organico e chimico ed espresse un giudizio «estremamente severo» sullo stato di quei fiumi, riguardo a ogni loro possibile uso e allo stesso svolgersi della «vita acquatica».[12] Di quella crisi, inoltre, furono eclatante manifestazione anche alcuni gravi incidenti industriali come quelli di Seveso, Brindisi e Manfredonia, tra il 1976 e il 1979, gravidi di conseguenze per la salute delle popolazioni e l'economia dei territori coinvolti, ma nient'altro che espressione estrema dell'impatto disastroso di tanti siti industriali lungo l'intera penisola, dalla Val Bormida alla zona industriale di Mestre-Porto Marghera, da quella apuana in provincia di Massa e Carrara al polo chimico di Bussi in Abruzzo, dalle acciaierie di Taranto all'area industriale di Augusta-Priolo, solo per citare alcuni tra i più rilevanti. Ma non meno grave, anche se apparentemente meno eclatante, era l'impatto dell'in-

11. I cui atti sono consultabili al link https://www.censu.it/attivita/atti-della-commissione-de-marchi-1970/. Cfr. anche L. Noè, M. Rossi-Doria, *I problemi della difesa del suolo*, Milano, Angeli, 1979, testo elaborato dai due autori nell'ambito dei lavori della suddetta commissione. Non meno grave era stato l'allarme lanciato nel 1966 dalla Commissione ministeriale di indagine sulla frana di Agrigento, cfr. De Lucia, *Se questa è una città*, pp. 41-42.

12. Cnr-Istituto di ricerca sulle acque, *Indagine sulla qualità delle acque del fiume Po*, Milano 1977, in particolare alle pp. 92-93, 477-493.

dustrializzazione diffusa e della industrializzazione dell'agricoltura e dell'allevamento.[13] D'altronde, ancora negli anni Ottanta, nel bacino del Po soltanto la metà delle acque reflue civili e 2/3 di quelle industriali risultavano sottoposte a (non sappiamo quanto efficaci) procedimenti di depurazione, mentre la depurazione dei reflui degli allevamenti, ulteriormente cresciuti negli anni Settanta, significativamente conteggiava anche lo «spargimento al suolo».[14]

A fronte di tutto ciò, il ritardo dell'azione politica era macroscopico, anche nel confronto con altri paesi europei, tanto riguardo al governo del territorio e alle trasformazioni urbanistiche,[15] quanto alla questione ambientale e alle problematiche ecologiche.[16] Solo nel 1983 – oltre dieci anni dopo la Conferenza delle Nazioni unite sull'ambiente umano tenutasi a Stoccolma nel 1972 – si rinunziò al fallimentare tentativo di affidarsi a forme di concertazione tecnica che salvaguardassero le prerogative dei diversi ministeri ricercando il confronto diretto con le parti – anzitutto imprenditoriali – interessate e fu istituito presso la Presidenza del Consiglio dei ministri un Dipartimento per l'ecologia, trasformato poi nel 1986 in Ministero dell'Ambiente, ancorché limitato nelle competenze e nelle risorse. Nel frattempo, si era entrati in quella che possiamo considerare la seconda fase della nostra ricostruzione.

13. In assenza di ricostruzioni sistematiche, vale ricordare che il 70% dei fenomeni di inquinamento degli acquiferi si verificava nell'Italia settentrionale e in particolare nella pianura padana e friulana. In Lombardia nel decennio Sessanta furono chiusi numerosi pozzi inquinati da cromo esavalente, che nell'hinterland milanese rifornivano 2 milioni di persone e nella stessa area tra il 1973 e il 1977 furono chiusi almeno 140 pozzi inquinati sia da cromo esavalente sia da solventi clorurati. Numerosi episodi analoghi si verificarono nei primi anni Ottanta, coinvolgendo alcune centinaia di migliaia di persone. Cfr. V. Catenacci, *Il dissesto geoambientale in Italia dal dopoguerra al 1993*, in V. Di Donna, A. Vallario, *L'ambiente, risorse e rischi*, Liguori, Napoli, 1994, pp. 169 e ss. Per una trattazione più dettagliata mi permetto di rinviare a Neri Serneri, *L'impatto ambientale dell'industria*, pp. 42-46.

14. Ministero dell'ambiente, *Relazione sullo stato dell'ambiente*, [1989], pp. 90, 323.

15. M. Marcelloni, *L'evoluzione della legislazione urbanistica in Europa*, in *Cinquant'anni dalla legge urbanistica*.

16. Cfr. V. Lacroix, E. Zaccaï, *Quarante ans de politique environnementale en France: évolutions, avancées, constante*, in «Revue française d'administration publique», 2 (2010); S. Milder, *Re-Interpreting West Germany's Ecological Revolution: Environmental Politics, Grassroots Activism, and Democracy in the Long 1970s*, in «European History Quarterly», 52/3 (2022); K. F. Hünemörder, *Die Frühgeschichte der globalen Umweltkrise und die Formierung der deutschen Umweltpolitik (1950-1973)*, Stuttgart, Steiner, 2004.

2. *Una transizione non governata. Tra nuove morfologie urbane e ambientalismo tardivo*

Tra l'ultimo scorcio degli anni Settanta e la seconda metà degli anni Novanta, le relazioni spaziali e, attraverso di esse, la morfologia dei territori andarono mutando sull'onda di due fenomeni. Il primo era costituito, nel contesto del declino del modello fordista, dal rallentamento della crescita della produzione industriale, dalla tendenziale riduzione delle dimensioni degli stabilimenti e del numero degli addetti e, in particolare, dalla sensibile contrazione della grande industria siderurgica e soprattutto – tratto specifico del nostro paese – della chimica di base. Parallelamente, si attenuò la concentrazione degli insediamenti produttivi e si assistette a una loro redistribuzione territoriale (nei cosiddetti "distretti industriali"), fenomeno peraltro non antitetico alla tendenza alla deterritorializzazione delle attività industriali, ovvero alla riduzione dei vincoli tra determinate produzioni e specifici contesti territoriali.[17]

L'altro fenomeno fu la riorganizzazione del tessuto urbano. Alla tradizionale polarità centro-periferia andò sostituendosi una varietà di forme reticolari, talora imperniate su un nucleo metropolitano centrale o su una pluralità di nuclei di varie estensioni e talora invece aventi una morfologia sostanzialmente lineare. Caratterizzati da dimensioni crescenti, ma da una minore densità insediativa, dunque dotati di un'edificazione più diffusa, i sistemi urbani a rete tendevano a rendersi autosufficienti rispetto alle aree esterne e semmai a stabilire relazioni gerarchiche tra loro. Le spinte a una ripolarizzazione elettiva inducevano la formazione di nuove reti funzionali e l'erosione o talora l'abbandono di quelle sorte nei decenni precedenti, senza per questo portare alla rescissione di vari livelli di integrazione su scala locale. Ciò tendeva ad alimentare, però, sia il riallargarsi del divario tra Nord e Sud del paese, ove le nuove reti funzionali stentavano ad affermarsi, sia il disagio degli abitanti delle aree collocate in posizione subalterna o periferiche all'interno delle stesse reti metropolitane. Queste aree, infatti, restavano tendenzialmente escluse dai progetti e dalle iniziative con cui i diversi poli

17. A. Carreras, *Un ritratto quantitativo della produzione industriale*, in *Storia d'Italia. Annali 15. L'industria*, a cura di F. Amatori *et al.*, Torino, Einaudi, 1999, p. 192, e i dati raccolti da M. Bellandi, *«Terza Italia» e «distretti industriali» dopo la Seconda guerra mondiale*, ivi, p. 886. Cfr. anche Istat, *VIII censimento generale dell'industria e dei servizi*, Roma, 2001, p. 44.

urbani – anche a fronte dell'indebolirsi delle finanze locali – erano indotti a competere tra loro rendendosi attrattivi in un contesto globale.

Tali trasformazioni della morfologia urbana erano, come già allora fu colto, manifestazioni di dinamicità e flessibilità dei "sistemi insediativi" e del tendenziale superamento della strutturazione urbano-non urbano.[18] Ma ne rimasero in ombra le implicazioni critiche per gli assetti territoriali e ambientali, a cominciare dal conseguente incremento della densità abitativa in determinate aree, in particolare nelle pianure, che, pur costituendo solo il 23% della superficie nazionale, nel 1990 ospitavano il 47% della popolazione. Inoltre, i nuovi assetti reticolari, e la concorrenza tra loro, sovente affidata ai cosiddetti "piani strategici" di riqualificazione basati sulla collaborazione tra pubblico e privato, incentivarono l'ulteriore estendersi delle superfici urbanizzate e in generale il consumo di suolo, inteso come ampliamento della sua copertura artificiale, che si stima sia aumentato a livello nazionale di un circa quarto dal 1972 al 1982 e di poco meno nel decennio successivo.[19] Analogamente, pur a fronte di un evidente rallentamento della crescita demografica, negli anni Ottanta e nella prima metà degli anni Novanta rimasero inalterati i ritmi di espansione del patrimonio edilizio.[20] Ciò rispondeva alle nuove esigenze abitative nei ridisegnati contesti urbani e periurbani e allo sviluppo di un'edilizia a vocazione turistica, e dunque a uso stagionale. Ma in maniera sempre più rilevante, e non di rado a partire proprio dalle aree industriali dismesse a seguito dei processi di deindustrializzazione e deterritorializzazione sopra descritti, la crescita edilizia era ora alimentata dalla ricerca di spazi destinati a ospitare funzioni terziarie, dalle infrastrutture ai centri direzionali e ai servizi, non solo commerciali. Ne derivò, fra l'altro, una nuova centralità del sistema dei trasporti, sia in termini infrastrutturali – con una nuova intensa stagione di costruzione di opere viarie e ferroviarie – sia riguardo all'incremento considerevole dei veicoli circolanti, in funzione della mobilità interna alle reti e dei collegamenti tra queste. Infine, i più vasti e meno addensati sistemi di urbanizzazione a rete comportarono una drastica semplificazione del paesaggio un tempo peri- e extra-urbano, giacché questi territori erano

18. Il riferimento è anzitutto alla ricerca, di impulso ministeriale, i cui risultati furono pubblicati in *Le forme del territorio italiano*, a cura di A. Clementi, G. De Matteis, P. C. Palermo, 2 voll., Roma-Bari, Laterza, 1996.

19. Istituto Superiore per la Protezione e la Ricerca Ambientale [d'ora in poi: Ispra], *Il consumo di suolo in Italia*, 2014, in particolare p. 8.

20. Oliva, *L'uso del suolo*, p. 570.

considerati uno spazio da attraversare, e al più da risanare, ma ormai privo di una propria valenza produttiva, industriale o agricola che fosse.[21]

Più ampiamente, la perdita di gradazioni funzionali e di omogeneità, l'emergere di spinte centripete e l'enfasi sulla diversità dei territori raramente si tradussero in una dinamica trasformativa coerente, capace di valorizzare le risorse disponibili in un quadro di relativa stabilità. Al contrario, questi processi indussero o non posero argine al disordine abitativo e al degrado territoriale e si tradussero sovente nella «distruzione o [nello] spreco di potenzialità, attitudini e prospettive evolutive lentamente accumulatesi».[22]

Il mutare delle relazioni spaziali e delle morfologie territoriali, e i fenomeni a esse sottostanti, a cominciare dalla rimodulazione delle attività industriali e della distribuzione degli insediamenti, si intrecciò, in parte almeno condizionandole, con le dinamiche degli assetti ambientali. In termini generali, nonostante le misure di contenimento che si cominciavano a mettere in atto, almeno fino alla metà degli anni Novanta la pressione sull'ambiente esercitata da tutte le diverse attività antropiche, dunque quelle produttive, ma anche quelle riproduttive legate alla vita e ai consumi quotidiani, continuò a crescere, anche se con tassi meno intensi della fase precedente.

Considerando i prelievi di risorse, a quanto già rilevato riguardo al suolo va aggiunto anzitutto che i consumi complessivi di energia, di origine prevalentemente fossile, tra i primi anni Ottanta e la fine degli anni Novanta, dopo una iniziale fase di oscillazione ripresero a crescere dalla metà del primo decennio, con un aumento complessivo di oltre il 28%, spinti soprattutto dal considerevole incremento nel settore dei trasporti e, in misura minore, dai consumi nel terziario e nel residenziale, a fronte di una progressiva contrazione dei consumi industriali, che in questa fase conobbero anche una positiva riduzione della intensità energetica, ovve-

21. G. Dematteis, *Regioni come reti di sistemi urbani*, e C. Cerreti, *Il Paese dei cento paesaggi*, entrambi in *L'Italia e le sue regioni*, ove cfr. rispettivamente le pp. 201-209 e 313-314; Lanzani, Bolocan Goldstein, Zanfi, *Della grande trasformazione del paesaggio*, pp. 301-303. Sullo sviluppo e l'impatto ambientale dei trasporti cfr. F. Paolini, *Transport and the environment in Italy (1950-2006)*, in «Economics and policy of energy and the environment», 2 (2012), pp. 219-244.

22. G. Dematteis, *Il tessuto delle cento città*, in *Geografia delle regioni italiane*, a cura di P. Coppola, Torino, Einaudi, 1997, e Gambino, Segre, *Quadri ambientali e patrimonio culturale*, in particolare p. 105 per la citazione.

ro del rapporto tra consumo e produzione.[23] Anche le stime, assai incerte, dell'utilizzo delle risorse idriche suggeriscono il consolidarsi negli anni Novanta del maggior prelievo rispetto allo stock disponibile registratosi nel decennio precedente così come l'aumento del ricorso alle acque sotterranee da parte dell'industria.[24] D'altro canto, a fronte della riduzione di alcuni inquinanti organici, persisteva un'alta e talora crescente presenza di altri inquinanti organici e soprattutto minerali, ora ben rinvenibili anche nelle falde acquifere, mentre lo stato chimico e biologico dei corpi idrici rilevato a campione pareva per lo più "sufficiente", e in parte "buono", ma in percentuale non trascurabile insufficiente o pessimo. Soprattutto, ancora particolarmente elevato (pari a circa il 30% del totale) restava il deficit della capacità di depurazione, peraltro a prescindere dalla sua efficacia.[25] Né il quadro appariva diverso riguardo le immissioni in atmosfera, giacché le rilevazioni ministeriali relative ai grandi centri urbani e alle aree industriali segnalavano una sensibile riduzione delle emissioni di anidride solforosa a partire dai primi anni Ottanta – dovuta principalmente all'adozione di combustibili a minor tasso di zolfo e alla riduzione delle attività industriali, oltre all'introduzione di impianti di abbattimento –, ma in quel decennio e nel successivo le emissioni di ossidi di azoto e di particolato restarono sempre elevate e superiori ai limiti di legge e nel frattempo presero a crescere quelle di anidride carbonica (CO_2), in ragione della maggiore produzione di energia e dell'incremento dei trasporti, a sua volta espressione dello sviluppo del terziario e della nuova morfologia territoriale.[26]

Non sorprende pertanto che, alla fine degli anni Ottanta, la relazione ministeriale non solo lamentasse il notevole ritardo con cui si stavano attuando le disposizioni, gli impianti di depurazione e gli organismi di

23. Enea, *Rapporto energia e ambiente 2002. II. I dati*, Roma, 2003, pp. 95-97, 133 e ss.

24. Ministero dell'ambiente, *Relazione sullo stato dell'ambiente,* [1996], Roma, 1997, p. 74; *Relazione sullo stato dell'ambiente*, 2001, pp. 256-257, cfr. anche per le acque a uso industriale Neri Serneri, *L'impatto ambientale dell'industria*, pp. 58-59. Dei circa 40 milioni di metri cubi annui, la metà era a uso irriguo, mentre gli usi civili e industriali ne consumavano circa il 20% ciascuno, lasciando il restante agli usi energetici.

25. Ministero dell'ambiente, *Relazione sullo stato dell'ambiente*, [1989], pp. 90-109; Irsa-Cnr, *Un futuro per l'acqua in Italia*, Roma, 1999, pp. 11 e ss.; Anpa, *Primo rapporto Sinanet sulle acque*, Roma, 2001, pp. 28-35.

26. Ministero dell'ambiente, *Relazione sullo stato dell'ambiente*, [1989], pp. 144 e ss.; Id., *Relazione sullo stato dell'ambiente*, Roma, 1992, pp. 228-232; Id., *Relazione sullo stato dell'ambiente in Italia*, Roma, 2001, pp. 75-76.

controllo previsti dalla legge Merli in materia di acque reflue, ma più in generale constatasse come sul territorio nazionale, sulla base del criterio della grave alterazione o compromissione delle acque, dell'aria o del suolo, esistessero almeno cinque "aree ad elevato rischio di crisi ambientale" nelle quali

> fattori connessi con l'elevata densità di popolazione, una notevole concentrazione di insediamenti civili e produttivi, un pronunciato dissesto idrogeologico, un sensibile degrado delle risorse, la carenza di infrastrutture ecologiche ed igienico-sanitarie, nonché fattori di rischio ad attività sinergica, rischia[va]no, in assenza di interventi urgenti, di alterare irreversibilmente gli equilibri ambientali.[27]

Siffatte situazioni erano a un tempo esito dell'incremento della pressione sulle risorse, dell'inadeguato contrasto ai fenomeni di inquinamento e, non da ultimo, del fatto che il processo di deconcentrazione territoriale caratteristico del decennio aveva consumato ogni residuo spazio «esterno»[28] nel quale riversare e diluire – appunto esternalizzandoli – i fenomeni di degrado ambientale. La manifestazione più plastica di tutto ciò era l'incremento tanto dei rifiuti solidi urbani, la cui quantità procapite crebbe dell'80% nell'ultimo ventennio del secolo, in linea con l'incremento del prodotto interno lordo, quanto dei rifiuti solidi di provenienza industriale, le cui stime – fattesi più precise negli anni Ottanta – indicavano nella seconda metà del decennio Novanta un incremento sia di quelli "non" pericolosi che di quelli "pericolosi", in parte almeno riflesso di una ripresa produttiva non accompagnata da un disaccoppiamento dei materiali consumati e residuali.[29] Se alla fine degli anni Ottanta circa l'80% dei rifiuti solidi urbani era destinato alle discariche e il resto era incenerito, della destinazione della quasi totalità dei rifiuti industriali, e di gran parte dei reflui degli allevamenti, pressoché nulla si sapeva, dovendosi perciò fondatamente presumere che finissero dispersi al suolo, in Italia o all'estero.[30]

Ma l'intreccio tra riorganizzazione degli assetti territoriali ed estensione del degrado ambientale si esplicitò in primo luogo in una serie di contesti e tipologie via via definiti da una varia normativa che prese

27. Ministero dell'ambiente, *Relazione sullo stato dell'ambiente* [1989], pp. 117 e ss.
28. Dematteis, *Le trasformazioni territoriali e ambientali*, p. 701.
29. Neri Serneri, *L'impatto ambientale dell'industria*, pp. 63-65; G. Corona, *Ecosistema tra città e regione*, in *L'Italia e le sue regioni*, p. 335.
30. Lega per l'ambiente, *Ambiente Italia*, pp. 300, 308, 314-319.

corpo dalla metà degli anni Ottanta, e della quale la cosiddetta "direttiva Seveso" – la prescrizione comunitaria che imponeva la messa in sicurezza degli stabilimenti "a rischio di incidente rilevante", recepita in Italia solo nel 1988, oltre dieci anni dopo il gravissimo incidente industriale a cui la denominazione ufficiosa faceva riferimento – fu il punto di partenza. Ne scaturì, pur tra incertezze informative e normative, la ripetuta rilevazione della diffusa presenza, in molti distretti del territorio nazionale, di impianti e produzioni altamente pericolose.[31] A essa poteva largamente sovrapporsi la mappatura, anche questa intrapresa dalla metà degli anni Ottanta, delle cosiddette "aree a elevato rischio di crisi ambientale" – ove, in realtà, la crisi era da tempo manifesta – perché investite da inquinamento diffuso pluridecennale e afflitte per questo motivo da grave degrado ambientale e sociale. Destinatarie di interventi di risanamento e bonifica, e per questo variamente definite e rimodulate nel tempo, anche se sostanzialmente contate in un numero variabile tra una dozzina e una ventina, quelle aree sul finire degli anni Novanta furono affiancate – nell'intento di attuare interventi più mirati ed efficaci – da un elevato numero, al 1990 ufficialmente stimato in circa 9.000, delle quali circa 1.200 realmente individuate, di aree territoriali ristrette fortemente contaminate. Denominate "siti di interesse nazionale", anch'esse erano ulteriore riprova del diffuso degrado ambientale, anzitutto, ma non solo, di matrice industriale, che investiva da vicino le condizioni di vita di quote assai rilevanti della popolazione nazionale. La loro individuazione a fini di risanamento e bonifica coniugava apprezzabili esigenze di tutela sanitaria e ambientale con l'interesse alla valorizzazione immobiliare delle aree industriali dismesse, a loro volta fenomeno in grande crescita dagli anni Ottanta,[32] cosicché i progetti di risanamento effettivamente avviati e implementati – nell'ordine di alcune decine – non di rado tendevano a essere quelli più immediatamente redditizi anche perché meno gravosi tanto in termini finanziari quanto di bonifica ambientale.[33]

31. Neri Serneri, *L'impatto ambientale dell'industria*, pp. 82-84.

32. Gambino, Segre, *Quadri ambientali e patrimonio culturale*, p. 115.

33. D. Bianchi, *Le aree a rischio di crisi ambientali in Italia: risultati sull'efficacia di una politica pubblica*, in *La pianificazione nelle aree ad alto rischio ambientale*, a cura di G. Campeol, Milano, FrancoAngeli, 1994; F. Quercia, F. Tatano, *La bonifica dei siti contaminati. Gli aspetti tecnici e le possibili soluzioni tecnico-scientifiche della problematica*, in *La bonifica dei siti contaminati. I nodi interpretativi giuridici e tecnici*, a cura di F. Giampietro, Milano, Giuffrè, 2004, pp. 415-418, che stimavano in circa 27-28.000 i siti effettivamente contaminati; U. Leone, *Fragile Italia*, in *L'Italia e le sue regioni*, pp. 390-392.

3. *Prove di governo e (in)efficacia delle politiche*

Alla metà degli anni Novanta, della crisi ambientale manifestatasi due decenni prima parevano riassorbiti i tratti più acuti e attenuati i fattori più generali, come suggeriva la lieve tendenza al disaccoppiamento tra crescita della produzione e crescita delle risorse consumate e alla riduzione quantitativa di alcuni degli inquinanti più massicci, peraltro non senza alcuni evidenti movimenti al rialzo di taluni indicatori proprio in quell'ultimo decennio. Alcune innovazioni tecnologiche, ma soprattutto il ridimensionamento delle attività industriali (oltre alla drastica riduzione della chimica di base e della siderurgia) e la loro esternalizzazione avevano rallentato l'impatto della Grande accelerazione, ma non lo avevano arginato né sostanzialmente riassorbito. Difatti, i provvedimenti che a partire dalla metà degli anni Ottanta, e in misura nient'affatto trascurabile su sollecitazione della Comunità europea, cominciarono a delineare anche nel nostro paese una politica ambientale furono volti – al di là delle dichiarazioni d'intenti – a stabilizzare, più che a bonificare, il degrado ambientale, peraltro dimostrandosi sovente inadeguati a ridimensionare significativamente l'impatto delle attività antropiche.

L'indicazione di valori-limite alle emissioni in atmosfera validi per tutti gli impianti industriali e per l'intero territorio nazionale, finalmente introdotta nel 1988 e ribadita e precisata nel 1999, assieme alla previsione di piani regionali di risanamento, alla prescrizione di autorizzazioni preventive e, poi, di una valutazione ambientale integrata per talune produzioni, nonché l'obbligo di iscriversi a un apposito registro nazionale delle emissioni, furono provvedimenti che delineavano un importante impegno per mappare e controllare origini e portata dell'inquinamento atmosferico, ma la cui efficacia prescrittiva fu fortemente sminuita dalla previsione di deroghe per gli impianti esistenti, compatibilità degli oneri economici e genericità dei riferimenti alle migliori tecnologie disponibili.[34] D'altronde, come accennato, già la legge Merli era stata in parte vanificata da proroghe reiterate, controlli inadeguati, piani di risanamento inattuati e diffuse pratiche di sversamenti incontrollati, tant'è che nel 1992 furono introdotte autorizzazioni e divieti più puntuali per gli scarichi industriali e resi obbligatori gli interventi di risanamento da parte delle regioni, basati sul criterio della qualità complessiva di ciascun corpo idrico. Nel 1994, inoltre, la "legge

34. Neri Serneri, *L'impatto ambientale dell'industria*, pp. 71-75.

Galli" avviò un riordino dell'intera materia, proseguito con il cosiddetto "codice delle acque" (decreto legislativo n. 152) del 1999, che impostava la tutela delle acque su criteri di efficienza – anche economica, ricorrendo a strumenti di natura privatistica per la gestione delle risorse disponibili – e di flessibilità finalmente affrontando, congiuntamente e su scala di bacino, regolazione dei prelievi, controllo e depurazione dei reflui e risanamento qualitativo dei corpi idrici. Tuttavia, la sostanziale inadeguatezza dei sistemi di monitoraggio e degli impianti di depurazione riduceva la flessibilità a mero rispecchiamento della volontà politica e delle capacità organizzative delle amministrazioni locali, tanto più che la legge era scarsamente cogente nei confronti dei privati e, tra l'altro, depenalizzava gli scarichi non autorizzati.[35]

Anche in questo ambito, l'importante esigenza di una mappatura e soprattutto di una gestione integrata delle risorse affidata alle autorità territorialmente competenti era ostacolata dalla concorrenza e dal sovrapporsi delle normative e delle competenze amministrative e dalla pressione che gli interessi locali esercitavano su quelle autorità decentrate. Il rischio era quello di un ampio contenzioso e sovente l'esito era la vanificazione degli interventi, la labilità dei controlli, la debolezza del sistema sanzionatorio, quando non la tolleranza *de facto*.[36] Ancor più problematica, infine, si rivelò la gestione dei rifiuti industriali, a proposito dei quali alla difficoltà di conoscere il volume di quelli prodotti e ancor più di quelli smaltiti – attenuata soltanto con l'obbligo di autodenuncia introdotto negli anni Novanta – si sommava l'insufficiente capacità di smaltimento, nonostante il prevalente ricorso alle discariche, e l'inapplicazione della direttiva comunitaria che anche in questo caso imponeva il trattamento preventivo.[37]

Ministri dell'Ambiente competenti e capaci quali furono in particolare Giorgio Ruffolo (1987-1992) e Edo Ronchi (1996-2000) si dimostrarono interlocutori importanti delle sensibilità e mobilitazioni ambientaliste emerse in particolare dalla metà degli anni Ottanta, espressesi con forza nel referendum antinucleare del 1987 seguito all'incidente di Cernobyl e

35. Ivi, pp. 75-80.

36. A. Lippi, M. Mazzoni, *Sistemi di monitoraggio della qualità e di controllo degli scarichi: consistenza attuale e necessità di adeguamento*, in Ministero dell'ambiente, *Atti della 1. conferenza nazionale sulla tutela delle acque. L'attuazione del Dlgs 11 maggio 1999, n. 152, Roma, 28-29-30 settembre 1999*, Roma, 2000.

37. Anpa, Osservatorio Nazionale Rifiuti, *Rapporto Rifiuti 2001*, Roma, 2001, pp. 340-349.

consolidatesi nel significativo, anche se di medio termine, successo delle "liste verdi" nelle elezioni politiche, amministrative ed europee tra la metà degli anni Ottanta e la metà degli anni Novanta. Consapevoli della gravità della situazione e del disvalore economico determinato dalla «disordinata occupazione del territorio, dal saccheggio delle risorse e dei valori ambientali, dalla produzione dei rifiuti e dalla emissione di inquinanti in atmosfera» e delle difficoltà derivanti dall'estraneità delle questioni ambientali alla politica economica, dalla mancanza di coordinamento istituzionale, dalla lentezza dei processi decisionali e dalla scarsità di risorse finanziarie, essi – soprattutto Ruffolo notoriamente alfiere della cultura della programmazione – si proponevano di impostare una politica ambientale basata su progetti triennali mirati a specifici indicatori-obiettivo (in particolare: rifiuti, aree industriali da bonificare e corpi idrici a cominciare dal bacino del Po), sorretta anche dalla leva fiscale e trainata dal forte ruolo di coordinamento del ministero nei confronti delle iniziative regionali.[38]

Il loro fu uno sforzo politico e amministrativo rilevante che si tradusse, oltreché in un primo convinto approccio alle questioni climatiche, oggetto della Conferenza delle Nazioni Unite sull'ambiente a Rio de Janeiro del 1992, nei numerosi interventi normativi sopra in parte rievocati, volti a coniugare le risposte urgenti ad alcune grandi emergenze, l'applicazione di almeno alcune direttive europee e il riordino complessivo della gestione dei tre grandi ambiti indicati, ma pure delle aree protette e della tutela del suolo.

Si trattò nel complesso di interventi improcrastinabili, imperniati su principi e criteri apprezzabili, la cui incisività fu però assai parziale, per due diversi ordini di motivi. Da un lato, gli interventi di portata più urgente e immediata – quelli principalmente volti ad arginare il degrado ambientale – scontarono il ritardo con cui giungevano e la forza degli interessi consolidati. Eloquente, oltre a quanto sopra già segnalato, l'esempio del "decreto Ronchi" che nel 1997 precisò ulteriormente la definizione dei siti inquinati oggetto di bonifica, ma rimase comunque all'interno di un approccio restaurativo, piuttosto che preventivo, né poté considerare l'effetto cumulativo degli inquinanti.[39] Dall'altro, anche gli interventi di più

38. *Nota aggiuntiva del Ministro Giorgio Ruffolo*, in particolare pp. 9 (per la citazione) e 37-40.

39. Cfr. *La bonifica dei siti inquinati: aspetti problematici*, a cura di P.M. Vipiana Perpetua, Padova, Cedam, 2002, in particolare i saggi di P. Peruggia e C. Videtta.

vasta portata e maggiore ambizione rimasero in larga misura disattesi nella loro applicazione, talora per la difficoltà e complessità delle normative, per l'insufficienza delle risorse finanziarie, sovente per la mancata redazione e implementazione dei piani attuativi e in generale per l'inerzia di molte amministrazioni centrali e regionali, oltreché per l'intrinseca difficoltà a mettere in discussione la consolidata partizione dei saperi tecnici e amministrativi che invece le questioni ambientali sollecitano.[40] È quanto accadde, per esempio, per le autorità di bacino introdotte nel 1989, i piani paesaggistici previsti dalla "legge Galasso" del 1985, i piani di risanamento dei siti contaminati,[41] per la maggioranza delle opere previste dal piano triennale 1989-1991 del ministero dell'Ambiente, nonché, in certa misura, per la costruzione di un coerente sistema di aree protette che la legge 394 del 1991 intendeva promuovere, riuscendo in effetti a indurre una notevole estensione delle aree tutelate, ma in relazione alla diversa sensibilità e iniziativa delle amministrazioni regionali e locali, mentre restarono del tutto inattuate le previste strutture di coordinamento nazionale.[42]

I limiti di queste politiche riflettevano certamente la debolezza del sistema di governance, gravato da un'incerta o contestata ripartizione delle competenze, dalle debolezze tecnico-scientifiche, dalla marginalità delle istanze partecipative previste dalle procedure e, soprattutto, dalla mancata integrazione delle questioni ambientali nelle politiche "non-ambientali".[43] Ma, al fondo di quel persistente "ritardo" e di quella ricorrente "inadeguatezza", vi era l'affermarsi di una cultura di governo incline alla deregolamentazione e all'incentivazione, in chiave neo-liberista, degli interessi privatistici a scapito dei beni comuni e dunque della tutela ambientale e del cosiddetto sviluppo sostenibile di cui pure ormai si discettava ampia-

40. Questione questa sottolineata da G. Corona, R. Realfonzo, *Le politiche per l'ambiente in Italia: quali domande*, in *Le politiche per l'ambiente in Italia*, a cura di G. Corona e R. Realfonzo, Milano, Angeli, 2017, p. 13. Le difficoltà amministrative e tecnico-culturali delle politiche ambientali delle regioni erano evidenziate già in Gambino, Segre, *Quadri ambientali*, pp. 139-145.

41. Dematteis, *Le trasformazioni territoriali e ambientali*, p. 704.

42. L. Piccioni, *Regioni e aree protette*, in *L'Italia e le sue regioni*, pp. 360-363.

43. M. Cecchetti, *Governance ambientale e attuazione del Protocollo di Kyoto. Priorità e linee guide per l'elaborazione di nuove politiche normative*, in *Governance ambientale e politiche normative. L'attuazione del Protocollo di Kyoto*, a cura di M. Carli *et al.*, Bologna, il Mulino, 2008. Per una valutazione d'insieme, a ridosso della prima fase delle politiche ambientali, cfr. R. Lewanski, *Il difficile avvio di una politica ambientale in Italia*, in *L'industria e l'ambiente*, a cura di B. Dente e P. Ranci, Bologna, il Mulino, 1992.

mente. L'ambiente, in questa prospettiva, era concepito in sostanza come una somma di risorse da valorizzare, e dunque eventualmente o anzitutto da recuperare, ma comunque compatibilmente e dunque subordinatamente a quelle dinamiche economiche e ai sottostanti processi produttivi e riproduttivi che, in realtà, di quel degrado e di quei costi ambientali erano la matrice, e non meramente delle "esternalità", come le definiva la cultura economica prevalente, riproponendo così un inesistente dualismo tra sviluppo economico e assetti ambientali.

A un approccio dualistico non si sottrasse neppure il più importante provvedimento di tutela ambientale e paesaggistica, la legge Galasso (431/1985), che – superando l'impostazione estetico-monumentale della legge del 1939 a favore di un approccio che si voleva "naturalistico" – riconosceva nell'ambiente un bene di interesse pubblico e sottoponeva a stretta tutela una serie di porzioni di territorio predefinite (litorali, aree montane, laghi, ghiacciai, foreste, aree di interesse archeologico, etc.), oltre a ribadire i vincoli esistenti in attesa che le regioni provvedessero a redigere propri piani di tutela paesaggistica. Quell'impostazione ebbe come esito non voluto la distinzione tra un paesaggio di qualità – finalmente protetto da una normativa generale – e il restante territorio, sostanzialmente quello antropizzato, sul quale tacitamente si rinunciava a esercitare un'azione di tutela, eventualmente demandata a strumenti specifici di carattere urbanistico o, altrimenti, in determinati casi rilevanti, alla Valutazione di impatto ambientale, gradualmente normata nel corso degli anni Novanta in applicazione di una direttiva europea del 1985.[44]

A limitare fortemente gli esiti della normativa non furono infatti solo le già accennate difficoltà incontrate nella transizione da una pianificazione territoriale tendenzialmente accentrata – espressasi da ultimo nel 1971 con il, del tutto irrealizzato, Progetto '80 – a una imperniata sugli ambiti regionali, ritenuta non a torto meglio capace di confrontarsi con le specificità territoriali e coordinarsi con la pianificazione urbana comunale. Né, in aggiunta, la spesso incoerente sovrapposizione di quella pianificazione orizzontale con il moltiplicarsi di una pianificazione settoriale necessariamente a carattere verticale, di volta in volta relativa a rifiuti,

44. Lanzani, Bolocan Goldstein, Zanfi, *Della grande trasformazione del paesaggio*, pp. 303-304. Cfr. anche Corona, *Ecosistema tra città e regione*, e, per un bilancio critico del primo decennio della legge, F. Ciccone, *La proposta originale dei piani paesistici*, in *Cinquant'anni di urbanistica*.

parchi, trasporti, coesione sociale, etc. Né, ancora, il reiterarsi di corposi progetti emergenziali o settoriali – quali quelli per la ricostruzione dopo il terremoto in Irpinia nel 1980, per i Mondiali di calcio del 1990, per il 500.mo anniversario della scoperta dell'America o il piano triennale 1991-1993 dell'Anas (l'azienda pubblica deputata alle infrastrutture stradali) sotto il ministro Prandini – che, forti di sostanziosi finanziamenti e procedure a carattere preferenziale, intervenivano sui contesti territoriali e urbani prescindendo da ogni coordinamento con la pianificazione in essere.[45]

In realtà, i processi di trasformazione territoriale e urbana in corso già negli anni Ottanta – a fronte di una "città" che appariva un insieme al tempo stesso complesso e instabile, frammentario e provvisorio, ove usi e relazioni spaziali erano sottoposte a continue spinte di varia natura[46] – facevano apparire obsoleti e inadeguati i tradizionali modi di governo dell'urbanistica e dello spazio costruito, basati, potenzialmente, sulla pianificazione e il primato del pubblico e sul controllo gerarchico-territoriale di spazi definiti e delimitati.[47] Era, anzitutto, il riflesso del passaggio dalla fase espansiva dello sviluppo urbano e territoriale – che aveva dominato i decenni precedenti e ampiamente saturato il territorio – a una fase trasformativa del tessuto urbano e degli assetti infrastrutturali che dalla precedente erano scaturiti. Una transizione che, di per sé, richiedeva un adeguamento dei riferimenti concettuali e metodologici della cultura e della politica urbanistica.[48]

Ne scaturì un dibattito, per certi aspetti ancora in corso, che scosse i presupposti stessi dell'urbanistica come disciplina accademica a vocazione politica e ne mise anzitutto in discussione gli strumenti finallora considerati essenziali, muovendo da approcci che, schematizzando, ne spiegavano l'inadeguatezza con la debolezza di norme insufficienti a tutelare il primato dell'interesse pubblico a fronte della forza della rendita,

45. Per un'accorata denuncia coeva dell'intervento in ambito edilizio e urbanistico dei grandi gruppi imprenditoriali pubblici e privati cfr. P. Della Seta, E. Salzano, *L'Italia a sacco. Come negli incredibili anni '80 nacque e si diffuse Tangentopoli*, Roma, Editori Riuniti, 1993.

46. B. Secchi, *Un progetto per l'urbanistica*, Torino, Einaudi, 1989; Id., *Prima lezione di urbanistica*, Bari-Roma, Laterza, 2000, pp. 78 e ss., 93, 106.

47. Dematteis, *Le trasformazioni territoriali e ambientali*, pp. 689-690.

48. Una recente riflessione critica in proposito è in P. C. Palermo, *Il futuro dell'urbanistica post-riformista*, Roma, Carocci, 2022, in particolare le pp. 76 e ss.

o, all'opposto, con la rigidità di un'impostazione sostanzialmente centralistica e prescrittiva, imperniata sul criterio di zonizzazione e perciò ormai incapace di rapportarsi con la complessità dell'esistente e con la rapidità e dinamicità, e dunque imprevedibilità, dei processi trasformativi, o, ancora, con la mancata considerazione e valorizzazione degli attori e dei meccanismi del mercato.[49] Ne derivarono una varietà di proposte e sperimentazioni che intendevano articolare la pretesa rigidità della pianificazione distinguendone i livelli più sovraordinati, cui attribuire un valore orientativo, da quelli più attuativi, da considerare più prescrittivi, ma al tempo stresso più circoscritti nello spazio e nel tempo.

Quei tentativi di adattarsi alla dinamicità delle trasformazioni in corso, per indirizzarle o addirittura sollecitarle, stentarono a tradursi in proposte, e tanto più in normative, efficaci. Peraltro, la strumentazione vigente andava perdendo ulteriormente vigore, pur restando non scalfito il ruolo baricentrico del piano regolatore comunale. L'ultimo tentativo – affidato alla "legge Bucalossi" (10/1977) – di distinguere il diritto di edificazione dal diritto di proprietà e controllare il peso della rendita fondiaria attraverso la sua tassazione fu vanificato da una serie di sentenze della Corte costituzionale, che nel corso degli anni Ottanta resero sostanzialmente inutilizzabile lo strumento dell'esproprio per pubblica utilità perché imposero la perequazione dei valori delle aree destinate a funzioni pubbliche a quelli di mercato, peraltro generando una complessiva situazione di incertezza sia rispetto alla durata temporale dei vincoli apposti su quei terreni sia sull'effettiva indennità da riconoscersi. Sommandosi alla crescente difficoltà delle finanze locali, che rendeva economicamente impraticabili il ricorso all'esproprio – comunque ormai difficilmente utilizzabile anche per la crescente indisponibilità di aree libere da insediamenti – e la leva sui diritti di edificazione, ciò si tradusse nella sostanziale paralisi dell'intervento pubblico nel settore abitativo, proprio mentre si approfondiva lo iato tra rinnovata domanda di alloggi e offerta di abitazioni a prezzi elevati, e più

49. Cfr., tra i molti, E. Salzano, *Fondamenti di urbanistica. La storia e la norma*, Bari-Roma, Laterza, 2004; S. Moroni, *La città del liberalismo attivo. Diritto, piano, mercato*, Milano, CittàStudi, 2007; P.C. Palermo, *I limiti del possibile. Governo del territorio e qualità dello sviluppo*, Roma, Donzelli, 2009, pp. 47 e ss.; G. Campos Venuti, *Città senza cultura. Intervista sull'urbanistica*, Bari-Roma, Laterza, 2010; P. Urbani, *Urbanistica solidale. Alla ricerca della giustizia perequativa tra proprietà e interessi pubblici*, Torino, Bollati Boringhieri, 2011, pp. 55 e ss.

ampiamente nel controllo delle aree di interesse collettivo.[50] La tendenza alla deregolamentazione era stata d'altronde annunciata fin dai provvedimenti con cui nel 1982 il governo Spadolini, tramite il ministro Nicolazzi, aveva introdotto il principio del silenzio-assenso e dispensato i comuni minori dall'obbligo dei piani attuativi.

Ma con l'accantonamento di strumenti urbanistici che apparivano, e almeno in parte erano, obsoleti o inefficaci, declinava in realtà anche un'idea di città come bene collettivo, la cui qualità e valore scaturivano dall'interazione tra una molteplicità di soggetti e investivano il vissuto dell'universalità dei suoi abitanti, oltre all'interesse generale di una più ampia collettività. Fu una vera e propria inversione di paradigma: alla precedente visione dualistica e in certo qual modo oppositiva del rapporto tra interessi collettivi e interessi privati, per cui questi ultimi dovevano trovare nell'azione pubblica – per quanto sovente avversata o elusa – regola e argine al proprio agire, subentrò progressivamente un'accezione della politica urbanistica che attribuiva alle amministrazioni locali il compito di sollecitare e coordinare le iniziative dei privati, sempre più agite da grandi società immobiliari di livello nazionale o internazionale, in una prospettiva che considerava la valorizzazione della rendita e del profitto immobiliare sostanzialmente coerente con il miglioramento della qualità della vita urbana. Questa impostazione restringeva il novero degli attori della politica urbanistica principalmente agli amministratori pubblici e agli imprenditori immobiliari ed edilizi, relegando la cittadinanza urbana – l'insieme di chi a diverso titolo vive la città – a soggetti passivi di determinazioni cui non avevano, se non talora del tutto marginalmente, modo di contribuire.[51] Ulteriore, non secondaria, conseguenza, fu la perdita di attenzione al rapporto tra "costruito" e "non costruito", tra territorio urbanizzato e "resto della natura", giacché, una volta assunte come riferimento prioritario le istanze degli attori privati, la politica urbanistica condivise con questi l'interesse pressoché esclusivo per l'ambito del "costruito".

La tendenza ad abbandonare un'idea di città come insieme coerente di spazi e funzioni, nei quali le esigenze individuali incontrino quelle collettive, aprì la strada a una patrimonializzazione del tessuto urbano, ovvero alla

50. De Lucia, *Se questa è una città*, pp. 167-171; Spini, Carbone, *La lunga vita della legge urbanistica*, pp. 167 e ss.

51. Salzano, *Memorie di un urbanista*, pp. 118-119.

frammentazione e appropriazione privatistica del suo valore d'uso, oltreché di quello economico. Ciò fu dimostrato in modo plateale dall'estendersi della pratica dell'abusivismo edilizio, non più solo per necessità, e della sua legittimazione attraverso i cosiddetti "condoni", nel 1985, 1994 e ancora nel 2003, conferme dell'aleatorietà dei vincoli e della pianificazione e incentivi a ulteriori trasgressioni. O, in altro modo, anche nella cosiddetta "sindrome Nimby" (*Not in my backyard*), ovvero l'avversione a opere di interesse collettivo – ovviamente una volta provato che sia tale – per il loro impatto sul proprio specifico contesto locale.

Nel corso degli anni Ottanta la torsione della politica urbanistica in senso privatistico prese la forma della cosiddetta "urbanistica contrattata", ovvero risultante di un confronto tra i decisori politici, espressione putativa degli interessi generali, e soggetti economici a vario titolo espressione di interessi imprenditoriali – talora anche a proprietà pubblica – operanti nell'ambito immobiliare ed edilizio, ma anche infrastrutturale, alberghiero, sanitario, etc. Di fatto, essa si concretizzò soprattutto nella ricorrente consuetudine – avallata dall'art. 11 della legge 241/1990 – di adottare varianti al piano regolatore comunale per legittimare operazioni immobiliari di grande portata, spesso connesse alle dinamiche di trasferimento e riuso innescate dai processi di deindustrializzazione e terziarizzazione e frutto di accordi tra autorità amministrative e grandi operatori immobiliari, che, in un mercato fattosi sempre più oligopolistico, erano in grado di esercitare un fortissimo potere di condizionamento.[52] Né l'egemonia dell'intervento privato fu sostanzialmente scalfita quando poi, negli anni Novanta, anche per rimediare all'occasionalità e all'evidente particolarismo delle varianti, si introdusse l'istituto della perequazione, ovvero della possibilità di trasferire o recuperare altrove superfici o volumi ceduti per aree o interventi di pubbliche utilità. Un meccanismo che, mentre sovente agì da incentivo a incrementare l'espansione complessiva del tessuto urbano, non sarebbe riuscito comunque a sostenere una progettualità e un governo unitario e coerente dello sviluppo delle città.[53]

52. Cfr. Clementi, *Alla conquista della modernità*, pp. 40-50, 63-64, 118-119, che peraltro ritiene la scarsa considerazione dei meccanismi di mercato ragione primaria del fallimento dell'urbanistica "riformista". Si veda anche, sull'abusivismo, P. Berdini, *Breve storia dell'abuso edilizio in Italia dal fascismo al prossimo futuro*, Roma, Donzelli, 2010.

53. Campos Venuti, *Cinquant'anni: tre generazioni urbanistiche*, pp. 37-38; Salzano, *Memorie di un urbanista*, pp. 201 e ss.; Zoppi, Carbone, *La lunga vita della legge urba-*

Al tempo stesso, la concentrazione sul costruito e la mancata attenzione al resto del territorio, ignorando i nessi consustanziali tra l'uno e l'altro, riproducevano aggravate le cause del dissesto idrogeologico, ancora una volta drammaticamente evidenziato dalle centinaia di vittime e dagli imponenti danni causati dagli eventi alluvionali e franosi che tra il 1987 e il 1998 colpirono tra l'altro la Valtellina, la Valpola, l'Alessandrino, la Versilia e la Garfagnana e la cittadina campana di Sarno, quest'ultima con una gravità che infine impose, con il decreto omonimo, di dare maggiore cogenza ai piani di intervento in materia di tutela del suolo.

Negli ultimi due decenni del secolo, il ritardo delle politiche ambientali si sovrappose alla coeva crisi di quelle urbanistiche e ciò rese ancor più incerta la traiettoria delle dinamiche trasformative delle strutture territoriali. D'altra parte, era facile constatare che, nonostante una qualche maggiore attenzione agli aspetti paesaggistici o agli spazi verdi nella progettazione urbana, assai scarsa, se non pressoché inesistente, era ancora la consapevolezza ecologica della cultura urbanistica.[54] Occorreva perciò prendere atto del fatto che lo sviluppo socio-economico e politico del paese si era largamente basato sul depauperamento e l'appropriazione privatistica delle risorse ambientali e territoriali e che, però, proprio l'insostenibilità a un tempo sociale e ambientale di questa perversa dinamica imponeva una drastica correzione di rotta.[55]

4. *Le aporie della nuova stagione urbanistica*

Nei primi decenni del nuovo secolo, si è ulteriormente accentuata la competizione tra i sistemi urbani, alimentata dalla necessità di inserirsi nei mercati globali promuovendo, attraverso il cosiddetto "marketing urbano", la propria attrattività nei confronti di imprese e capitali, non solo immobiliari, per sviluppare infrastrutture e attività. Tale competizione è divenuta ormai

nistica, pp. 170 e ss., 233-237; S. Brenna, *La strana disfatta dell'urbanistica pubblica*, Santarcangelo di Romagna, Maggioli, 2008, p. 67.

54. F. Oliva, *Urbanistica ed ecologia*, in *Cinquant'anni di urbanistica*. Per alcune prime interessanti suggestioni, sollecitate dal *Libro verde per l'ambiente urbano* prodotto dalla Commissione Europea nel 1990, cfr. *La città sostenibile*, a cura di E. Salzano, Roma, Edizioni delle Autonomie, 1992.

55. Dematteis, *Le trasformazioni territoriali e ambientali*, pp. 704-706.

un processo aperto e non ricomponibile. Essa ha approfondito la discrasia tra gli attori istituzionali regionali e sovralocali e quelli deputati al governo delle città, e tra le loro rispettive azioni di progettazione e di governo, ma al tempo stesso ha affiancato a questi, in misura crescente, una pluralità di soggetti non istituzionali divenuti essi stessi attori protagonisti delle politiche urbane. Inoltre, quella competizione ha inciso marcatamente sulla coesione sociale e territoriale. Infatti, le città, intese come poli di rete, hanno mantenuto e anzi rinsaldato la propria funzione di organizzazione e strutturazione, anche ambientale, del territorio circostante, dimostrando però capacità integrative diversificate. Cosicché nel contesto nazionale, nel mentre è andato dissolvendosi il modello di integrazione diffusa della "Terza Italia", è emersa una pluralità di sistemi metropolitani e urbani connotati da morfologie, dimensioni e coesione assai varie, ma accomunati dalla tendenza dei poli urbani a distaccarsi dal territorio circostante. Si è innescata in tal modo una divergenza crescente tra le dinamiche di valorizzazione incrementale di determinate aree e territori centrali e quelle di svalorizzazione crescente dei territori periferici. Per contrastare queste tendenze, seppur con successi assai parziali, sono state implementate politiche di recupero della coesione territoriale, in particolare a tutela delle regioni meridionali, dove quelle tendenze sono più marcate, ma anche delle aree "interne" del resto della penisola. Tuttavia, quelle politiche sono state sormontate sia dalle disparità negli interventi infrastrutturali, sia dalle diverse capacità di azione degli attori, istituzionali e non, cosicché nel loro insieme i sistemi urbani appaiono ormai attraversati da una molteplicità di flussi materiali e immateriali non riconducibili a unità e alimentati da forze di mercato, matrici e attori solo in parte individuabili, anonime e interdipendenti, piuttosto che da azioni di governo, che quei flussi stentano a controllare e indirizzare.[56]

L'esito di questi processi è stato il dilatarsi degli spazi urbani, adesso morfologicamente più omogenei, l'affermarsi di nuovi fasci infrastrutturali,

56. Dematteis, *Regioni come reti di sistemi urbani*, pp. 204-209, 214; Id., *Introduzione. La grande sfida della complessità*, in *Le grandi città italiane. Società e territori da ricomporre*, a cura di G. Dematteis, Venezia, Marsilio, Consiglio italiano per le scienze sociali, 2011; Istat, *Forme, livelli e dinamiche dell'urbanizzazione in Italia*, Roma, 2017, pp. 135-142; F. Bartolini, *Back to a future civilization: cities and countryside in the 'Third Italy'*, in «Urban History», 48/1 (2021), pp. 122-123; P. Perulli, *Le politiche urbane: uno strano contratto comunitario*, in *L'Italia e le sue regioni*, pp. 217-218; *Ricomporre i divari. Politiche e progetti territoriali contro le disuguaglianze e per la transizione ecologica*, a cura di A. Coppola, M. Del Fabbro, A. Lanzani, G. Pessina e F. Zanfi, Bologna, il Mulino, 2021.

il proliferare di spazi interstiziali, il tutto nel contesto di una dequalificazione urbana diffusa, cui pur fanno parziale eccezione interventi, talora anche promossi dal basso, di recupero e riqualificazione, specialmente nelle aree collinari, oltreché, ovviamente, nelle aree paracentrali dei poli metropolitani. Ciò è avvenuto anche per effetto della ulteriore disseminazione degli spazi abitati, non tanto nella campagna agricola, sempre più industrializzata o invece di nuovo "biologica", quanto in una cosiddetta "area vasta" che alimenta la domanda di trasporti e di servizi diffusi. A loro volta, hanno manifestato una specifica persistenza i paesaggi rurali, ancorché semplificati, negli ultimi decenni investiti tanto da fenomeni di rinaturalizzazione, in specie boschiva, quanto, nell'interazione tra le strutture degli insediamenti secolari e nuove modalità d'uso, dall'affermarsi di forme di urbanizzazione delle campagne che prescindono dal rapporto con un centro urbano.[57]

A fronte di ciò, l'assetto delle disposizioni normative e delle strutture amministrative e di governo è rimasto fortemente squilibrato. Persistente si è dimostrato il disallineamento tra le prerogative statali, cui fanno capo provvedimenti normativi a carattere generale – troppo spesso tardivi o carenti – e alcuni grandi interventi settoriali strategici (trasporti, energia, schemi idraulici e irrigui, etc.) e, soprattutto dopo la riforma del titolo V della Costituzione relativo alle autonomie locali adottata nel 2001, le prerogative delle regioni. Queste ultime sono state a loro volta promotrici di interventi legislativi variamente orientati – ma talora invece silenti – e di strumenti di pianificazione (piani territoriali regionali e provinciali, piani paesaggistici, piani per le aree a rischio idrogeologico e idraulico, etc.) che solo in alcuni casi si sono dimostrati in grado di vincolare le politiche ambientali e urbanistiche a scelte e parametri coerenti con quei principi di tutela degli equilibri territoriali e della sostenibilità ambientale ripetutamente affermati, anche per decisivo impulso delle direttive comunitarie,[58] pure in sede normativa – nel Codice dell'ambiente del 2006 e nelle leggi regionali cosiddette di "terza generazione", nel primo, e di "quarta generazione", nel secondo decennio – e, di recente, nel testo costituzionale.[59]

57. C. Cerreti, *Il Paese dei cento paesaggi*, in *L'Italia e le sue regioni*, e Lanzani, Bolocan Goldstein, Zanfi, *Della grande trasformazione del paesaggio*, pp. 304-307.

58. Cfr. *La tutela dell'ambiente nel diritto internazionale ed europeo*, a cura di R. Giuffrida e F. Amabili, Torino, Giappichelli, 2018.

59. Considerazioni critiche in proposito anche nell'*Executive summary* della Ministero dell'ambiente e della tutela del territorio e del mare, *Relazione sullo stato dell'ambiente 2016*, [d'ora in poi *Relazione ambiente 2016*], p. IX.

Nonostante che le nuove competenze regionali in materia di governo del territorio abbiamo formalmente integrato la disciplina urbanistica, di fatto l'incerto statuto degli enti provinciali e delle città metropolitane ha ulteriormente accentuato la dispersione e frammentarietà delle competenze, che per la decisiva parte urbanistica restano sostanzialmente imperniate – al di là delle conferenze dei servizi e altri analoghi strumenti di mediazione – sulle amministrazioni comunali, rispetto alle quali gli organi sovraordinati, a cominciare dalle regioni, intervengono eventualmente a valle, in fase di controllo.[60] D'altra parte, le amministrazioni comunali dimostrano una persistente, verrebbe da dire intrinseca, attitudine al "campanilismo competitivo", che rispecchia e aggrava la tradizionale struttura policentrica del paese, e soffrono di una macroscopica debolezza finanziaria e fiscale, anche in questo caso quale recente aggravio di una fragilità storica e però anche conseguenza della loro inadeguata taglia dimensionale e del suddetto campanilismo.[61] Tutto ciò le ha poste in condizione di necessità, e dunque subalternità, nelle relazioni con gli interessi privatistici, tanto quando si tratta di metropoli impegnate nella competizione globale, quanto allorché si tratta di realtà urbane periferiche chiamate a fronteggiare l'indebolimento demografico ed economico.

Così, per un verso, la politica regionale di tutela del paesaggio è stata sovente relegata a un ruolo secondario, proprio mentre la Convenzione europea del paesaggio, sottoscritta nel 2000 e ratificata nel 2006, riconosceva l'intero territorio nazionale come bene da tutelare, in sintonia crescente con un'opinione pubblica ora maggiormente avvertita degli effetti anche economicamente degradanti della rendita immobiliare, e il Codice dei beni culturali e del paesaggio, del 2004, rilanciava i principi della legge Galasso, rimarcando, non senza qualche ambiguità, anche la dimensione sociale e identitaria degli ambiti paesaggisti da tutelare. Di fatto, però solo alcune regioni – principalmente Sardegna, Puglia, Piemonte, Toscana, e le province di Trento e Bolzano – hanno predisposto piani di tutela o piani paesaggistici e sviluppato prassi amministrative volte a regolare i processi trasformativi più

60. Zoppi, Carbone, *La lunga vita della legge urbanistica*, pp. 234-248, per una disamina degli orientamenti legislativi regionali dei primi anni Duemila.

61. Dematteis, *Regioni come reti di sistemi urbani*, pp. 212-213; Zoppi, Carbone, *La lunga vita della legge urbanistica*, pp. 204-205, 232-233. Sulla competizione globale tra i sistemi urbani cfr. S. Sassen, *Le città nell'economia globale*, Bologna, il Mulino, 1997 [1994] e M. Storper, *Keys to the City: How Economics, Institutions, Social Interaction, and Politics Shape Development*, Princeton, Princeton UP, 2013.

delicati. Né sono mancati, in specie attorno al compiersi del primo decennio, interventi di esplicito ridimensionamento delle aree protette.[62]

Per l'altro verso, nella politica urbanistica si è definitivamente consumato il passaggio da una finalità ordinatrice dell'espansione urbana ed edilizia – considerata retaggio delle problematiche novecentesche – a una vocazione di indirizzo e intermediazione tra le forze del mercato, di cui dovrebbe valorizzare le risorse e le capacità (ri-)generative del tessuto urbano favorendone la concorrenza. Tale passaggio, ideologicamente coerente con le culture politico-economiche dominanti, è scaturito dalla convergenza di una pluralità di condizioni e meccanismi. In primo luogo, la già ricordata impraticabilità della strumentazione di piano regolatore imperniata sul meccanismo di vincolo-esproprio-indennizzo, a fronte delle scarse risorse finanziarie dei comuni, oltretutto adesso sottoposte a rigidi vincoli di bilancio, e delle ripetute sentenze che imponevano indennizzi a valore di mercato. Quindi, la necessità per i comuni di assicurarsi le risorse o la realizzazione per le opere di urbanizzazione e di servizio pubblico, a fronte della scarsa disponibilità dei privati a subordinarsi a, e dunque attuare, previsioni pianificatorie rigide e compartimentate, tanto più nel contesto di competizione globale o comunque sovralocale già richiamato. Infine, la sostanziale indefinitezza del quadro normativo nazionale, a oggi silente sui grandi temi della rigenerazione urbana e sul consumo di suolo, al di là di ricorrenti affermazioni di principio sulla resilienza e la sostenibilità ambientale, ma chiaramente orientato a promuovere – magari in nome di quei principi – una maggior flessibilità rispetto agli standard edilizi e alle procedure di controllo e autorizzazione e un'espansione del patrimonio edilizio.[63]

In questo contesto, presero ulteriormente campo, e trovarono sostanziale legittimazione nelle leggi regionali di "terza generazione", le già richiamate procedure di perequazione urbanistica, utilizzate sia a scopo redistributivo, così da evitare la penalizzazione dei privati e incentivarne l'adesione alle previsioni dei piani regolatori, sia a scopo compensativo o premiale, per consentire alle amministrazioni di acquisire spazi e servizi di utilità ed edilizia

62. Lanzani, Bolocan Goldstein, Zanfi, *Della grande trasformazione del paesaggio*, pp. 308-309; Zoppi, Carbone, *La lunga vita della legge urbanistica*, pp. 236-237; 283-285; Piccioni, *Regioni e aree protette*, p. 364. Cfr. anche S. Settis, *Paesaggio, Costituzione, cemento. La battaglia per l'ambiente contro il degrado civile*, Torino, Einaudi, pp. 13 e ss., 209 e ss.; Salzano, *Memorie di un urbanista*, pp. 184-187.

63. Su quest'ultimo fattore cfr. E. Boscolo, *Il governo del territorio dopo la legge di semplificazione*, in «Giurisprudenza italiana», 5 (2021), pp. 1257-1263.

sociale. Apprezzata dai più per il suo esplicito riconoscimento della centralità del mercato e dell'iniziativa privata o, in ambito progressista, perché strumento in qualche modo capace di rilanciare la politica urbanistica, la prassi delle perequazioni è rimasta peraltro debolmente normata e si è rivelata non priva di opacità e di limitata efficacia.[64] Tanto più quando poi si è combinata, almeno dal 2008, con la possibilità di inserire gli oneri di urbanizzazione e di edificazione in misura crescente nel bilancio ordinario dei comuni, la natura intrinsecamente espansiva della perequazione urbanistica – perché fondata sul discusso criterio dei diritti edificatori connessi alla proprietà del suolo – ha reso le amministrazioni comunali direttamente cointeressate ad alimentare la nuova stagione di espansione edilizia, che neppure la crisi economica del 2007, di cui pure fu concausa, ha sostanzialmente arrestato.

D'altronde, a cavallo tra la metà del primo e la metà del secondo decennio del secolo, ripetuti furono i progetti di legge nazionali – ancorché destinati a restare tali – volti a ridisegnare e rilanciare la pianificazione urbanistica attorno al ruolo dei e alla negoziazione con i privati, decisamente prevalenti e sostanzialmente determinanti in quelli formulati dall'onorevole Maurizio Lupi a nome dei governi o delle coalizioni di centrodestra o altrimenti subordinati al controllo pubblico e ad alcuni principi generali nei progetti riconducibili al centro-sinistra. Un'impostazione che discendeva dall'indebolirsi, nella cultura politica, di quella funzione sociale che il testo costituzionale aveva finallora imposto alla proprietà privata e che invece taluni ritenevano venisse ormai a cadere per il prevalere del suo valore assoluto affermato dai principi fondativi della Comunità europea.[65] E che, sul piano concreto, rifletteva la convinzione comune alla

64. Cfr. le considerazioni, pur basate su un apprezzamento complessivo della perequazione, di D.M. Traina, *Perequazione urbanistica*, in *Enciclopedia del diritto. Annali*, Milano, Giuffrè, 2015; E. Boscolo, *Le perequazioni da semplificare*, in «Rivista giuridica di urbanistica», 1/2 (2012), pp. 47-58; P. Urbani, *Urbanistica solidale. Alla ricerca della giustizia perequativa tra proprietà e interessi pubblici*, Torino, Bollati Boringhieri, 2011, in particolare pp. 60 e ss., 136 e ss., e Id., *Gli istituti della perequazione e della compensazione urbanistica tra interpretazioni giurisprudenziali e vuoti normativi*, in *Trattato di diritto del territorio*, a cura di F. Scosa, P. Stella Richter e P. Urbani, Torino, Giappichelli, 2018, vol. 1. Decisamente critica la valutazione di Salzano, *Memorie di un urbanista*, pp. 201 e ss., di contro per esempio a quella di G. Campos Venuti e dell'Inu, cfr. Zoppi, Carbone, *La lunga vita della legge urbanistica*, pp. 303 e ss.

65. P. Stella Richter, *Diritto del territorio e Costituzione*, in Scoca, in *Trattato di diritto del territorio*, pp. 8-9, ma cfr. ivi anche i saggi di C. Salvi, A. Gambaro e N. Berti, per il dibattito in proposito.

maggioranza delle forze politiche, al di là degli schieramenti di governo, che l'edilizia restasse un sostegno cruciale della crescita economica e che l'iniziativa privata ne dovesse essere il fattore propulsivo e fosse dunque da incentivare, anche per realizzare opere pubbliche ed edilizia sociale. Traduzione concreta di questo approccio fu il "Piano Casa" lanciato dal governo Berlusconi nel 2008 e, in un confuso iter legislativo, variamente ripreso da diverse normative regionali e in taluni contesti prorogato per tutto il successivo decennio. Esso prevedeva un'ampia serie di notevoli facilitazioni e importanti deroghe – da taluni, infatti, definito un «condono preventivo» – volte a favorire e accelerare la realizzazione di nuove abitazioni, in parte marginale anche per edilizia abitativa con finalità sociale, o il recupero e l'ampliamento dell'esistente facendo massiccia leva su risorse e interventi di privati, e senza presenza di rilievo di capitali pubblici.[66]

È sullo sfondo di queste politiche che negli anni Novanta e soprattutto Duemila il numero di abitazioni conobbe un incremento analogo a quello degli anni Settanta e Ottanta, incremento mantenutosi, seppur con minore intensità, anche negli anni Dieci e a cui si aggiunsero le volumetrie da ampliamento degli edifici esistenti, anche non residenziali, e i nuovi fabbricati a uso produttivo. Si trattava in prevalenza di edilizia abitativa di piccole dimensioni, in maggioranza collocata nelle province più densamente urbanizzate, nelle aree comunali esterne ai capoluoghi di provincia e lungo gli assi di connessione tra le grandi aree metropolitane.[67] Peraltro, è ben noto come questa politica edilizia abbia stentato a incontrare la nuova domanda abitativa espressa dai ceti sociali più deboli (famiglie a basso reddito, giovani, immigrati, etc.) e abbia invece favorito per un verso processi di gentrificazione e di forte incremento della rendita immobiliare nelle maggiori metropoli e delle città ad alta vocazione turistica[68] e per l'altro incoraggiato – non da

66. Zoppi, Carbone, *La lunga vita della legge urbanistica*, pp. 309 e ss.; Settis, *Paesaggio, Costituzione, cemento*, pp. 21-31; G. Storto, *L'adesione entusiastica al piano Casa*, in *Territorio senza governo. Tra Stato e Regioni: a cinquant'anni dall'istituzione delle regioni*, a cura di G. Storto, Roma, Deriveapprodi, 2020.

67. Istat, *Censimento permanente della popolazione e delle abitazioni* [al 2019]; Istat, *Serie storiche, Abitazioni occupate e non occupate per numero di stanze e altri tipi di alloggio - Anni 1931-2011*; Istat, *Annuario statistico italiano 2022. Costruzioni*, tutti reperibili on line. Cfr. anche Berdini, *Breve storia dell'abuso edilizio*, pp. 133-146, e F. Toso, *Italia anni 2000: come e dove si è (troppo) costruito*, in «Il giornale dell'Architettura», 12 gennaio 2010.

68. L. Bellicini, *Immobiliare, debito, città: considerazioni sui primi dieci anni del XXI secolo*, in *Le grandi città italiane. Società e territori da ricomporre*, a cura di G. Dematteis,

ultimo anche per effetto dei meccanismi di perequazione – il fenomeno della dispersione urbana (*sprawl*).

Punto di caduta di queste pulsioni e tensioni furono le già richiamate leggi regionali "di quarta generazione" degli anni Dieci. In assenza di una norma nazionale,[69] e anche per questo ricorrendo a schemi operativi diversi, esse condividevano lo stesso orizzonte problematico e convergevano attorno ad alcune finalità comuni. L'orizzonte problematico era dettato dalla necessità di garantire la sostenibilità dei principali servizi ecosistemici, ma in particolare la tutela del suolo, quale essenziale bene comune, e promuovere la rigenerazione urbana e sociale dei propri territori, in una prospettiva che non si limitasse a perimetrare il territorio costruito, ma integrasse funzionalmente la dimensione ambientale e quella urbanistica. La politica di pianificazione mirava pertanto a delineare congiuntamente la definizione dei patrimoni e dei fabbisogni ambientali e la previsione di vincoli e incentivi che assicurassero tutela e rigenerazione delle risorse territoriali. Queste finalità erano perseguite da un lato recuperando almeno in parte una dimensione sovracomunale della pianificazione e sviluppando strumenti urbanistici capaci di integrare la tutela ambientale all'interno e fin dall'avvio delle procedure di pianificazione, in particolare con il più stringente ricorso alla Valutazione di sostenibilità ambientale (Vas), strumento peraltro già presente nella normativa ambientale nazionale. Dall'altro, inclinando verso una concezione del piano come ambito di coordinamento tra amministrazioni, interessi e strumenti diversi, guidato da un disegno strategico che costituirebbe il presupposto della sua indispensabile flessibilità e adattabilità, perché – fatte salve alcune indisponibili invarianze e delle predefinite necessità della "città pubblica" – esso dovrebbe trovare attuazione concreta attraverso la sollecitazione, ricezione e validazione delle istanze progettuali dei molteplici interessi privati, il cui protagonismo, in una prospettiva di aperta concorsualità e di marketing territoriale, giocherebbe un ruolo determinante nel promuovere lo sviluppo economico e civile del territorio.[70]

Venezia, Marsilio-Consiglio italiano per le Scienze sociali, 2011, ove cfr. anche Dematteis, *Introduzione. La grande sfida della città complessa*, p. 21.

69. Sui limiti e l'inefficacia del dibattito legislativo in proposito cfr. Zoppi, Carbone, *La lunga vita della legge urbanistica*, pp. 336-339.

70. E. Boscolo, *La limitazione del consumo di suolo (artt. 5-6)*, e Id., *La sostenibilità ambientale e territoriale dei piani (artt. 18-23)*, entrambi in «Rivista giuridica di urbanisti-

In attesa che il tempo consenta valutazioni più ponderate, è comunque facile cogliere – a fronte del riconoscimento della improcrastinabile esigenza di integrare le dimensioni ambientali e socio-economiche del governo del territorio – le tensioni, le fragilità e le contraddizioni di simili approcci. Anzitutto nella difficoltà stessa di definire i servizi ecosistemi essenziali e i requisiti della loro sostenibilità e dunque nello stabilire le invarianze e gli obiettivi in modo necessariamente sommario e la loro traduzione – per quanto riguarda la politica urbanistica – in piani o procedure sotto ordinate. Queste ultime, d'altra parte, in sede di valutazione preliminare sono state escluse per oltre il 90% dei casi dalla assoggettabilità alla Vas di ambito regionale, e per le restanti manca comunque un qualche monitoraggio della fase esecutiva.[71] Tanto più, dunque, gli interessi ambientali, che al pari degli altri dovrebbero essere coordinati nelle politiche di pianificazione, restano invece affidati a imprecisate documentazioni e analisi conoscitive, o al più a disegni strategici, che difficilmente possono incidere in un processo decisionale imperniato sulla centralità della contrattazione tra privati e autorità locali e che, oltretutto, anche a fronte di proclamati stringenti obiettivi di limitazione del consumo di suolo, prevede non solo la salvaguardia delle espansioni deliberate, ma anche proroghe, deroghe, contrattabilità e incentivi – in termini di destinazioni d'uso, volumetrie, densità edilizia, etc. – che comunque incidono profondamente sulla qualità del tessuto urbano oggetto della cosiddetta rigenerazione, e consente, per necessità genericamente definite, seppur limitate espansioni per uso non residenziale.

Non sorprende che, a fronte di una pratica urbanistica i cui indirizzi ed esiti appaiono in definitiva discendere dall'aleatorio combinarsi di orientamenti programmatici debolmente definiti e scarsamente cogenti e di interventi deliberati a conclusione di complesse mediazioni tra una variegata

ca», 2 (2020), rispettivamente pp. 297-320 e pp. 343-369; Id., *Leggi regionali urbanistiche di quarta generazione: struttura e contenuti*, in *Verso le leggi regionali di IV generazione. Studi dal XXI Convegno nazionale. Varese, 28-29 settembre 2018*, a cura di P. Stella Richter, Milano, Giuffrè Francis Lefebvre, 2019, ove cfr. pure gli interventi di P. Stella Richter, S. Amorosino e A. Castelli sulla concezione del piano. Per una critica radicale alla legge regionale emiliano-romagnola del 2017, cfr. *Consumo di luogo. Neoliberismo nel disegno di legge urbanistica dell'Emilia-Romagna*, a cura di I. Agostini, Bologna, Pendragon, 2017.

71. Ministero dell'Ambiente, *Rapporto 2017 sull'attuazione della VAS in Italia. Dati 2016*, pp. 23-28. Cfr. anche P. Chirulli, *La Valutazione Ambientale Strategica, a dieci anni, dall'entrata in vigore del Codice dell'ambiente*, in «Rivista giuridica di urbanistica», 65 (2017), pp. 65-94.

molteplicità di interessi pubblici e privati, vi sia chi si interroga sulla crisi dei pur diversi paradigmi fondanti la disciplina e la pratica urbanistica e le solleciti a ritrovare la capacità di esprimere una visione.[72] Soprattutto, non stupisce che nel corso degli anni Dieci si siano fatte sempre più insistenti le voci di quanti, pur da punti di vista diversi, ritengono indispensabile che l'urbanistica e più ampiamente il governo del territorio tornino a essere guidati – a prescindere dalle forme di governance e dal moltiplicarsi degli interventi progettuali – da una precisa visione strategica e da una conseguente responsabilità politica.[73]

5. *Il governo riluttante dell'Antropocene italiano*

Nell'ultimo ventennio, ai manifesti limiti del tradizionale approccio previsionale e vincolistico alla pianificazione si è risposto con un'impostazione che, in modo largamente riduttivo, identificava il "governo" del territorio sostanzialmente con la capacità di orientare e promuovere la dinamica tra gli interessi operanti sul territorio – peraltro ormai non più confinati al settore immobiliare-edilizio e costituiti per lo più da grandi imprese e gruppi finanziari –, inevitabilmente confinando in posizione subordinata gli interessi pubblici e i beni collettivi,[74] proprio perché non presenti sul mercato e affidati alla tutela di un ceto politico-amministrativo che però si proponeva anzitutto la promozione di quel mercato. Ma nello stesso torno di tempo si è dispiegata in tutta la sua impellenza la centralità della questione ambientale, snodo ineludibile tanto dello sviluppo socio-economico quanto delle qualità delle condizioni di vita. Dunque, un bene e un interesse comune che non può essere tutelato dalla sola iniziativa pub-

72. P.C. Palermo, *Il futuro dell'urbanistica post-riformista*, pp. 249-253, 290 e ss., 347 e ss.

73. P. C. Palermo, *I limiti del possibile*, P. Urbani, *Urbanistica solidale*, pp. 163 e ss., 221-222; M. Cammelli, *Governo delle città: profili istituzionali*, in *Le grandi città italiane*; C. Bianchetti, *Il Novecento è davvero finito. Considerazioni dell'urbanistica*, Roma, Donzelli, 2011; Id., *Spazi che contano. Il progetto urbanistico in epoca neo-liberale*, Roma, Donzelli, 2016; *Urbanistica e azione pubblica*, a cura di G. Caudo e D. De Leo, Roma, Donzelli, 2018; L. Casella, E. Picozza, *Governo del territorio e attività produttive*, in *Trattato di diritto del territorio*, pp. 217-218.

74. Su cui di recente hanno inteso riportare l'attenzione i contributi raccolti in Aa.Vv., *Diritti in città. Gli standard urbanistici in Italia dal 1968 a oggi*, Roma, Donzelli, 2021.

blica, proprio perché è incorporato, e dunque pienamente investito, nelle dinamiche socio-economiche di cui gli interessi privati sono protagonisti. Di qui derivano le aporie e le tensioni evidenti nelle recenti normative regionali, che pure in linea di principio riconoscono la centralità e l'urgenza della questione ambientale. Di qui, al tempo stesso, il rilancio nell'ultimo decennio di politiche ambientali sempre più ispirate dalla consapevolezza che la crisi climatica era solo l'ennesima conferma del rilievo e del carattere sistemico della questione ambientale, ma che, con evidente affanno, si misuravano con i ritardi accumulati e la forza degli interessi costituiti. Lungi dall'agire partitamente per arginare l'inquinamento e tutelare la disponibilità delle risorse, si trattava infatti di affrontare l'interazione e dunque i nessi sistemici tra tutela del suolo e salvaguardia della biodiversità, contrasto al rischio idrogeologico e alle conseguenze del cambiamento climatico, emissioni di gas serra e utilizzo di combustibili fossili, qualità del vivere urbano e sistemi di mobilità, tecnologie produttive agricole e industriali e consumo di materia, vale a dire tra sviluppo socioeconomico e assetti ambientali globali.

Una delle cerniere cruciali di quei nessi sistemici è il suolo. Se dopo la massiccia riduzione degli anni Novanta (-12,3%) la superficie agricola utile, ovvero effettivamente coltivata, ha mostrato un ulteriore lieve decremento nei due decenni successivi, nel contesto di una pluridecennale riduzione e concentrazione delle aziende che favorisce, tra l'altro, le monoculture, e a riprova dell'irreversibilità di talune trasformazioni produttive del territorio,[75] il consumo di suolo – vale a dire la perdita della sua copertura naturale e dei correlati servizi ecosistemici (conservazione della biodiversità, produzione di biomassa, regolazione del clima, etc.) – è rimasta tendenza rilevante e costante nel corso dei due ultimi decenni, tradottasi in una perdita complessiva di 1.153 km^2 tra il 2006 e il 2021, equivalente alla superficie della provincia di Massa Carrara o di Vibo Valentia e pari allo 0,38% del territorio nazionale. Rispetto agli anni Cinquanta è raddoppiata la quantità di suolo consumata pro-capite e dal 2014 il totale del suolo complessivamente consumato era ormai oltre il 7% della superfice nazionale, ma oltre il 10% del suolo utile e si avvicinava al 20% nelle aree costiere. Oltre la metà della perdita annua è da considerarsi irreversibile ed è da attribuirsi in egual misura all'edificazione di fabbricati residenziali (in marcata crescita fino alla crisi del 2007

75. P. Pileri, E. Granata, *Amor loci. Suolo, ambiente, cultura civile*, Milano, Cortina, 2012, pp. 140 e ss.; Istat, *Forme, livelli e dinamiche*, pp. 241-258.

specialmente nei principali centri urbani) e non, e alla realizzazione di strade e aree pavimentate, indice dell'impatto crescente delle infrastrutture di mobilità e logistica in specie nel Centro-nord. Tra gli anni Novanta e i due decenni Duemila si è assistito, in varia misura in tutte le regioni della penisola e in sintonia con molti paesi europei, alla crescita delle superfici urbane e suburbane (del 9,9% tra il 1990 e il 2006), non solo nei centri urbani, ma anche nei centri minori e nelle aree intercomunali antropizzate, ma a bassa densità di popolazione. Ciò ha favorito sia la dispersione e la decentralizzazione, in specie nelle aree di pianura e costiere, sia la saturazione delle aree urbanizzate a bassa e media densità, sia, infine, la frammentazione delle maglie dell'edificato. Peraltro, il consumo di suolo non ha risparmiato le aree sottoposte a vincolo paesaggistico, né quelle a elevato rischio idraulico.[76] Anche per la crescente frammentazione spaziale con cui avviene e per i fenomeni di degrado qualitativo, fino alla stessa erosione materiale, che esso comporta, il consumo di suolo ha generato una crescente perdita di servizi ecosistemici (produzione agricola e legname, stoccaggio di carbone, regolazione microclima, etc.) in termini di flussi pari a una stima media per anno di oltre 4,3 miliardi di euro nel periodo 2006-2012, ridottasi a circa 3,6 miliardi nel periodo 2012-2021, e in termini di stock pari a una stima media di 9,6 nel primo e 8,8 miliardi nel secondo periodo.[77]

Queste dinamiche – da tempo oggetto di attenzione critica,[78] ma tutt'altro che arginate dalla già ricordata normativa in materia[79] – sono rappresentative della persistente, se non crescente, difficoltà a governare gli assetti territoriali. Essa è evidenziata dall'intensificarsi dei fenomeni di dissesto idrogeologico, con una tendenza all'aumento dei danni e delle vittime causate dagli eventi franosi e alluvionali, come delle superfici

76. *Consumo di suolo, dinamiche territoriali e servizi ecosistemici. Edizione 2022*, a cura di M. Munafò, Report SNPA 32/22 [Roma, 2022], in particolare le pp. 127-134 e ss., 156 e ss. 179, 210, 224228; i dati contenuti in https://www.isprambiente.gov.it/it/attivita/suolo-e-territorio/suolo/il-consumo-di-suolo/i-dati-sul-consumo-di-suolo; *Relazione ambiente 2016*, pp. 64-65, 649 e ss., 673; Istat, *Forme, livelli e dinamiche*, pp. 57, 177 e ss., 191 e ss., 233-235; A. Di Gennaro *et al.*, *Come è cambiato il nostro territorio. Dinamiche di uso del suolo nei paesaggi italiani tra il 1990 e il 2006*, in «Territori», 3 (2011), pp. 59-69.

77. SNPA, *Consumo di suolo*, pp. 275 e ss., 309-310; pp. 593 e ss.

78. Cfr. per esempio M.C. Gibelli, E. Salzano, *No sprawl. Perché è necessario controllare la dispersione urbana e il consumo di suolo*, Firenze, Alinea, 2006, anche per il dibattito e le proposte di legge in materia.

79. Come riconoscono il presidente dell'Ispra, in *Consumo di suolo*, p. 6, e la *Relazione ambiente 2016*, p. 590.

esposte al rischio, imputabile alla disordinata antropizzazione pregressa remota e recente, piuttosto che a un presunto aumento delle precipitazioni, e alla difficoltà di attuare, in coerenza con il cosiddetto "decreto Sarno" del 1998, un'effettiva prevenzione differita.[80] O dal numero dei siti industriali inquinati, il cui ripristino, nonostante le migliorate conoscenze e normative, procede con notevole lentezza tanto per i circa 40 siti di interesse nazionale che per gli oltre 34mila siti regionali, dei quali circa la metà ancora in attesa o in corso di bonifica, così perpetuando comprovati rischi per la salute delle popolazioni coinvolte.[81]

Al tempo stesso, quelle dinamiche sono parte della più generale difficoltà a invertire gli squilibri ambientali, evidenziata dall'andamento dei principali indicatori nei due decenni. Se i consumi finali di energia risultano stabili (più elevati rispetto al 1990, ma inferiori rispetto al 2000), vero è che la tendenza ascendente del primo decennio è stata interrotta dalla crisi del 2008 e successivamente si è assistito a una graduale ripresa, sospinta soprattutto dall'incremento relativo del settore dei trasporti e, in minor misura, del residenziale e dei servizi, a fronte dei decrescenti consumi dell'industria. È vero anche che l'efficienza energetica è aumentata, del 12% tra il 2000 e il 2014, per quanto, forse proprio perché partiva da valori apprezzabili, l'Italia sia uno dei paesi europei che meno sono progrediti in questo ambito, tant'è che da allora essa è rimasta stabile. Questo insieme di fattori e, pur restando i combustili fossili la principale fonte di approvvigionamento, l'utilizzo del gas naturale e il sensibile incremento delle rinnovabili – sostanzialmente arrestatosi però dal 2014 – hanno indotto una crescente riduzione delle emissioni di gas serra da processi energetici, che pure restano all'origine dell'80% delle emissioni totali. Complessivamente si evidenza, comunque, un crescente disaccoppiamento tra attività economiche, consumi energetici e emissioni climalteranti.

Ciò è confermato – nonostante una iniziale marcata crescita negli anni Duemila – dalla riduzione delle emissioni di gas serra in tutti i settori, pari complessivamente a -17,2% nel periodo 1990-2018, peraltro

80. *Relazione ambiente 2016*, pp. 624-625; Ispra, *Dissesto idrogeologico in Italia: pericolosità e indicatori di rischio. Edizione 2021*, Roma, 2021, pp. 42, 55, 159. Cfr. S. Milli e A. Prestininzi, *Il dissesto idrogeologico*, in *L'Italia e le sue regioni*, pp. 374-378.

81. *Relazione ambiente 2016*, pp. 614 e ss.; Ispra, *Annuario dei dati ambientali 2020*, 2021, p. 121; Aa. Vv., *Studio epidemiologico nazionale dei territori e degli insediamenti esposti a rischio da inquinamento*, in «Epidemiologia e prevenzione», 1-2 (2023), in particolare pp. 367-374.

palesemente insufficiente a raggiungere i pur modesti obiettivi concordati dal nostro paese in sede europea.[82] Analoghe tendenze positive si sono complessivamente registrate rispetto alle emissioni di sostanze acidificanti e, in parte, di polveri sottili (in particolare PM 10 e PM 2,5), ma la concentrazione di queste ultime resta ancora pericolosamente elevata e il pur consistente decremento delle emissioni di bi- e monossido di azoto, di cui oltre il 50% derivante dal trasporto stradale e per quota rilevante pure dal riscaldamento domestico, non contrasta con il fatto che l'Italia sia tra i paesi europei maggiormente responsabili di questo inquinante atmosferico. Lo stesso può dirsi per i composti organici volatili non metanici e per gli idrocarburi policiclici aromatici. Nell'insieme, dunque si è registrata una tendenza al decremento delle emissioni, attribuibile anche alla crisi economica del 2008 in misura non quantificabile (anche alla luce dell'attenuarsi di quella decrescita nel corso del secondo decennio), ma pure ad alcune innovazioni nelle fonti energetiche e ad altre innovazioni tecnologiche nell'industria e nei trasporti, settore che resta, per le sue crescenti dimensioni, tra i principali responsabili dell'inquinamento atmosferico. Un fenomeno che nella sua imponenza supera – per persistenti difficoltà tecniche, in specie nel settore dei trasporti e nell'ambivalente ricorso alle biomasse, quanto per l'inadeguatezza dei piani di risanamento – diversi parametri normativi, suscitando ripetute procedure d'infrazione comunitarie, e investe con notevole gravità alcune realtà urbane e soprattutto alcune grandi aree del paese, in particolare la pianura padana, una delle più colpite a livello europeo, con la conseguenza che la popolazione italiana resta tra le più esposte ai danni alla salute causati dalle polveri sottili.[83] Peraltro, i monitoraggi, anche su scala europea, riguardano solo alcuni dei numerosissimi composti chimici, che sono ri-

82. *Annuario dei dati ambientali 2020*, pp. 28 e ss., 52; Ispra, *Ambiente in Italia: uno sguardo d'insieme - Annuario dei dati ambientali 2022*, 2023, p. 321; Enea, *Analisi trimestrale del sistema energetico italiano. Anno 2022*, 1/2023, pp. 14-21; Mattm, *Relazione sullo stato dell'ambiente 2020*, Roma, 2021 [d'ora in poi *Relazione ambiente 2020*], pp. 166 e ss.; *Relazione ambiente 2016*, pp. 46-53, 302; European Environment Agency, *The European environment – state and outlook 2020. Knowledge for transition to a sustainable Europe*, 2019, pp. 162-164; G. Ganti *et al.*, *Obiettivi e politiche climatiche dell'Italia nel rispetto dell'Accordo di Parigi e delle valutazioni di Equity globale*, Climate Analytics, marzo 2021.

83. *Relazione ambiente 2016*, pp. 286 e ss., 354-356; *Annuario dei dati ambientali 2020*, pp. 53-58, 63-64, 189; *Relazione ambiente 2020*, 236-246; Epa, *The European environment*, pp. 200-202; Epa, *Unequal exposure and unequal impacts: social vulnerability to air pollution, noise and extreme temperatures in Europe*, 2018, pp. 38 e ss.

lasciati in atmosfera, nel suolo e nelle acque e dei cui effetti pressoché nulla si sa.[84]

Le acque, a loro volta, restano oggetto di forti e persistenti pressioni, accentuate dalla recente tendenza alla siccità. Per quanto i confronti sul lungo periodo siano ostacolati dalla variabilità e inadeguatezza dei sistemi di monitoraggio e valutazione, che assieme al ritardo nell'effettiva costituzione delle autorità di bacino e all'inadeguatezza degli impianti di depurazione sono state causa di ripetute procedure di infrazione da parte comunitaria,[85] nel primo quindicennio del secolo il prelievo a uso civile ha mostrato una tendenza alla crescita, cosicché l'Italia resta il paese europeo con il maggior uso pro-capite e tra quelli che più ricorrono alle acque sotterranee, più facilmente depurabili, a fronte di una dispersione nei sistemi di distribuzione di almeno un terzo del totale.[86] In lieve crescita risulta anche il prelievo a uso agricolo irriguo, a parità di superfice irrigata, così come quello, basato su mere stime, per uso zootecnico e industriale. Ancora, a metà del secondo decennio, risultava marcata e persistente la pressione esercitata dall'agricoltura, per l'uso di prodotti fitosanitari, e dalla zootecnia, prime responsabili dell'inquinamento diffuso delle acque superficiali e profonde e dei prelievi di queste ultime, ma non trascurabile risultava anche l'inquinamento puntuale causato dagli impianti di depurazione in quelle profonde e dagli impianti industriali e dai siti contaminati in quelle superficiali e ancora «piuttosto bassa» la quota di acque reflue trattata in impianti di depurazione almeno secondari.[87] Di conseguenza, al 2015 solo il 42% del totale dei corpi idrici superficiali era in "buono" stato ecologico (ma i valori erano sensibilmente inferiori per le acque lacustri e di transizione) e circa il 72% in "buono" stato chimico, mentre il resto era classificato scarso o sufficiente e quasi il 20% non valutabile. Dei corpi idrici sotterranei, il 59% era in "buono" stato sia chimico sia di ravvenamento naturale rispetto ai prelievi e il resto risultava insufficiente, o altrimenti non classificato.[88] D'altronde, il quadro della capacità depura-

84. Epa, *The European environment*, pp. 243-250.

85. *Relazione ambiente 2016*, p. 453.

86. Istat, *Utilizzo e qualità della risorsa idrica in Italia*, Roma, 2019, pp. 7 e ss., 38, 61-63, 68-70.

87. *Relazione ambiente 2016*, pp. 180-196, 384-410; *Relazione ambiente 2020*, pp. 72-74; Istat, *Utilizzo e qualità della risorsa idrica*, pp. 64-65, 69, 84.

88. *Relazione ambiente 2016*, pp. 434 e ss.; *Relazione ambiente 2020*, pp. 66 e ss.; *Annuario dei dati ambientali 2020*, pp. 78 e ss. Negli anni più recenti il quadro risulta stabile o talora in lieve miglioramento, cfr. *Annuario dei dati ambientali 2022*, pp. 206 e ss.

tiva, per quanto condizionato da significative lacune conoscitive, era sensibilmente migliorato rispetto all'inizio del secolo, ma restava oltremodo variegato, giacché anche solo considerando la depurazione del carico organico, solo in dieci regioni essa era superiore al 90% e complessivamente risultava insufficiente a soddisfare le necessità del territorio.[89]

Infine, anche la gestione dei rifiuti riflette una realtà ambivalente, al di là delle forti disparità territoriali. La produzione di rifiuti urbani pro-capite risulta in moderata crescita, per quanto sia stato parzialmente riassorbito l'apice toccato nel primo decennio del secolo. Nel 2015 il 26% dei rifiuti urbani risultava smaltito in discarica, il 44% riciclato, il 19% incenerito e la raccolta differenziata sfiorava il 50% della produzione nazionale e saliva al 63% nel 2020, ancora dunque mancando l'obiettivo del 65% prefissato per il 2012, ma confermando un trend positivo che nello stesso quinquennio sembra aver investito anche le diverse modalità di smaltimento. Nel 2017, recuperando rispetto al 2004, l'Italia era salita al nono posto per il riciclo dei rifiuti urbani, per quanto appena sopra la media europea.[90] Imponente – verosimilmente anche per la maggiore capacità di monitoraggio – risulta invece l'incremento dei rifiuti speciali, ovvero quelli prodotti dalle attività economiche, cresciuti dai circa 60 milioni di tonnellate del 1997 agli oltre 140 del 2008 e, dopo aver riassorbito la crisi del 2008, in ulteriore crescita fino a oltre 150 milioni nel 2019. Di questi, nel 2015 circa il 6,7% erano classificati come pericolosi e, nel complesso, erano prodotti principalmente dal settore delle costruzioni e demolizioni (39,7%), dalle attività di trattamento dei rifiuti e risanamento ambientale (27,4%) e da quelle manifatturiere (20,5%). La principale forma di gestione dei rifiuti speciali, pericolosi e non pericolosi, pari al 62,4%, risultava essere il recupero di materia, seguita da altre opzioni, come lo smaltimento in discarica (8,5%) e il recupero energetico (1,6%). L'Italia, difatti, ha conosciuto una crescita significativa, e decisamente più intensa della media europea, del tasso di uso circolare dei materiali, nel 2021 salito al 18,4%.[91]

89. Istat, *Utilizzo e qualità della risorsa idrica*, pp. 39-40; *Relazione ambiente 2016*, p. 471; *Relazione ambiente 2020*, pp. 232-233; 262-263.

90. *Relazione ambiente 2016*, pp. 226, 234-243; *Annuario dei dati ambientali 2020*, p. 132; *Relazione ambiente 2020*, pp. 187-192; *Annuario dei dati ambientali* 2022, pp. 298-302; Epa, *The European environment*, pp. 224. Sul tema dei rifiuti e dell'economia circolare cfr. anche F. Paolini, *Ambiente e consumi sostenibili*, in *Storia d'Italia, Annali 27, I consumi*, a cura di S. Cavazza ed E. Scarpellini, Torino, Einaudi, 2018, pp. 395-399.

91. *Relazione ambiente 2016*, pp. 227, 245-258; *Annuario dei dati ambientali 2020*, p. 135; *Annuario dei dati ambientali* 2022, p. 278, 316. Anche a questo proposito l'ultimo

Tuttavia, se si muove dalla più utile distinzione tra rifiuti prodotti dalle famiglie, rifiuti minerali (per lo più dal settore delle costruzioni) e rifiuti prodotti dalle attività economiche, si nota che negli anni Dieci questi ultimi, pur oscillando attorno al 42-48% del totale, sono aumentati in termini assoluti da 66,8 a 82 milioni di tonnellate e che per metà essi sono prodotti dalla gestione delle acque e dei rifiuti stessi, la cui quantità a sua volta è raddoppiata nel decennio. Ciò evidenzia che nel decennio, a differenza di Francia e Germania, in Italia i rifiuti sono cresciti più del Pil, allontanandosi così – più ancora di quanto accaduto in Spagna – l'obiettivo del disaccoppiamento, in ragione anzitutto del fatto che l'intensità di produzione dei rifiuti è maggiore che altrove, e soprattutto nell'ambito del settore manifatturiero, ed è ancora in crescita. La maggior produzione di rifiuti secondari, inoltre, conferma la difficoltà di chiudere il ciclo dei rifiuti.[92]

Negli ultimi due decenni si sono fatti pienamente evidenti i nessi e le circolarità tra le diverse modalità di pressione e di impatto sulle risorse e sulle matrici ambientali: tra uso del suolo, urbanizzazione e mobilità, tra mobilità, assetti produttivi, risorse idriche, emissioni in atmosfera e cambiamenti climatici. L'economia italiana dall'inizio del secolo, e attraverso la grave crisi del 2008, ha conosciuto una stasi del Pil, un calo rilevante del volume fisico della produzione industriale, un ridimensionamento ulteriore della grande e media impresa a vantaggio delle piccole e piccolissime aziende, una perdita di produttività e un tasso apprezzabile di innovazione tecnologica confinato ad alcuni specifici e limitati settori produttivi, nel mentre si è ulteriormente dilatato il peso e lo spazio dei servizi, dal turismo alla logistica alla grande distribuzione, in sostanziale assenza di politiche industriali coerenti, a sostegno dell'innovazione e della tutela ambientale.[93] Stante questo andamento e alla luce di quanto sopra illustrato, si può dedurne che la Grande accelerazione dei decenni postbellici non solo abbia ancora una sua significativa forza inerziale, ma che le relazioni tra sviluppo e ambiente allora delineatesi abbiano assunto un carattere generalizzato,

quinquennio suggerisce un incremento della quota recuperata, ma anche una crescita in termini assoluti delle quantità avviate in discarica o all'incenerimento, ivi, pp. 303-306.

92. Laboratorio Ref. Ricerche, *La produzione di rifiuti cresce più del PIL. Un confronto con l'Europa che conta*, Rifiuti n. 232, febbraio 2023.

93. V. Castronovo, *Storia economica d'Italia dall'Ottocento al 2020*, Torino, Einaudi, 2021, pp. 458-459, 463 e ss., 474-476, 480-481, 502-503, 58-540; https://www.programmazioneeconomica.gov.it/andamenti-lungo-periodo-economia-italiana.

stabile e irreversibile, ancorché talora arginate in alcune delle loro manifestazioni dannose puntuali più acute.

Anche l'Italia, insomma, è pienamente entrata nell'Antropocene, fase storica in cui le attività antropiche condizionano in modo determinante gli assetti ambientali, peraltro sovente senza riuscire a impedire o mitigare gli effetti destabilizzanti sugli ecosistemi che sono il presupposto di quelle stesse attività. Lo conferma, tra l'altro, l'imperniarsi delle questioni ambientali non più prioritariamente attorno alle attività produttive quanto ormai più ampiamente sui territori – e dunque sui fenomeni di urbanizzazione e mobilità –, con evidenti ricadute anche rispetto all'interazione tra i diversi livelli delle responsabilità di governo e delle disposizioni normative, europee, nazionali, regionali e locali. E, ancor più notoriamente, ne è conferma il rilievo assunto dalla questione del cambiamento climatico, fenomeno globale ed epocale multifattoriale, che anche per l'Italia è divenuta di evidente portata, considerato che l'aumento della temperatura media registrato negli ultimi trenta anni nel nostro paese è stato quasi sempre superiore a quello medio globale sulla terraferma e che, pur senza significative alterazioni della piovosità, sono aumentate la frequenza degli eventi metereologici estremi e le difficoltà di captazione delle acque. L'esito è un'accentuata fragilità dell'assetto idrogeologico e un'esposizione crescente a gravi fenomeni di siccità.[94]

Di queste trasformazioni e della necessità di adoperarsi per mitigarne l'impatto, le politiche di governo hanno mostrato una crescente, ancorché tardiva, consapevolezza. D'altro canto, il prevalente orientamento neo-liberista delle politiche economiche, nel contesto nazionale come in quello comunitario europeo, le dinamiche competitive della globalizzazione e, non da ultimo, la crisi economica del 2008 hanno alimentato in quelle politiche tensioni e contraddizioni evidenti, non poco limitandone l'efficacia rispetto agli obiettivi da esse stesse definiti.

L'Italia, inoltre, ha sofferto di alcune condizioni specifiche. Infatti, mentre si accumulavano prescrizioni e normative, anche per la pressione internazionale e in particolare dell'Unione Europea, e pure ci si dotava di un buon sistema informativo, persistevano notevoli difficoltà a implementare norme e progetti. Sostanzialmente per due motivi di fondo, in parte convergenti:

94. *Annuario dei dati ambientali 2022*, pp. 143, 227-229; Istat, *Utilizzo e qualità della risorsa idrica*, pp. 90 e ss., e più in generale *I cambiamenti climatici in Italia: evidenze, vulnerabilità e impatti*, a cura di S. Castellari e V. Artale, Bologna, Bononia University Press, 2009.

il carattere intenzionalmente flessibile e dunque contrattabile, e di fatto derogabile, delle politiche e dunque degli obiettivi, e la difficoltà culturale, politica e tecnica a integrare, anziché porre in tacita concorrenza, sviluppo sostenibile e sviluppo economico. Così, la disponibilità di una consistente stratificazione normativa[95] e di una talora ipertrofica produzione pianificatoria[96] sempre più orientate a integrare gli interventi nei diversi settori, incrementare i monitoraggi, disciplinare le attività si sono dimostrate insufficienti a garantire il rispetto della normativa stessa, peraltro non priva di vistose lacune in taluni ambiti, e a raggiungere gli obiettivi prestabiliti.

Ciò è dipeso, da un lato, dalla difficoltà di implementare adeguati sistemi di governance, ostacolati dalla complessa, sovente imprecisata e talora paralizzante ripartizione di compiti e competenze tra i diversi soggetti, variamente gerarchizzati tra loro, titolati a intervenire, cosicché, anche per la mancanza di una volontà politica coerente, l'amministrazione statale non ha svolto adeguatamente le sue funzioni di indirizzo e coordinamento nei confronti degli enti regionali, non a caso rimasti passivi o altrimenti mossisi in direzioni assai diversificate, né ha stimolato in misura significativa modalità produttive e riproduttive sostenibili. Dall'altro, è dipeso dal prevalere, non solo per effetto della crisi economica, di un approccio orientato a ridimensionare, quando non abbandonare, sia in ambito urbanistico che ambientale le politiche di "comando e controllo", quali per esempio gli espropri, ma soprattutto la leva fiscale, e a privilegiare misure quali incentivi, sussidi, accordi volontari, etc., inevitabilmente destinati a subordinare la politica all'economia e l'interesse collettivo a quello privato, con evidenti ricadute negative sulle condizioni generali di vita della popolazione e sulla capacità di azione degli attori pubblici.[97]

95. Un quadro sinottico in G. Tallone, *Le leggi della natura. Politiche e normative per l'ambiente in un mondo globalizzato*, Pisa, Ets, 2021, pp. 245 e ss.

96. Che tra l'altro ha prodotto la Strategia Nazionale per lo Sviluppo Sostenibile, la Strategia Nazionale per la Biodiversità, il Piano per la Transizione Ecologica (PTE), il Piano Nazionale Integrato per l'Energia e il Clima (PNIEC), la Strategia Nazionale di Adattamento al Cambiamento Climatico (SNAC), il Piano Nazionale di Adattamento al Cambiamento Climatico (PNACC), la Strategia Nazionale per l'Economia Circolare (SNEC), la Strategia Europea e Nazionale Forestale, etc. Circa l'implementazione, sovente assai parziale, di alcuni di questi programmi cfr. *Annuario dei dati ambientali 2022*, pp. 373 e ss.

97. M. Franzini, *Ambizioni e timidezza delle politiche ambientali europee*, in *Le politiche per l'ambiente in Italia*; L. De Lucia, A. Meniconi, *L'urbanistica tra Stato e Regioni*, e V. De Lucia, G. Storto, *Introduzione. Un bilancio necessario*, entrambi in *Territorio senza governo*.

Questa riluttanza politica è confermata dal fatto che anche nell'ultimo decennio l'Italia ha speso per l'ambiente decisamente meno dei principali paesi europei (nel 2020 il 2,6% del Pil, rapporto cresciuto rispetto al 2006, ma pressoché stabile dal 2016). La spesa primaria dello stato per l'ambiente è rimasta costante, pari mediamente allo 0,35% del Pil e allo 0,77% della spesa pubblica, e allo stesso modo l'effettiva capacità di spesa è andata poco oltre il 50% degli stanziamenti, peraltro con una maggior difficoltà proprio nei settori della protezione dell'aria e del clima, delle acque e della gestione delle materie prime energetiche non rinnovabili (carbone, gas). Anche la spesa complessiva per l'ambiente da parte di imprese, famiglie e amministrazioni pubbliche negli anni Dieci è rimasta costante, pari a circa l'1,8% del Pil, e in grande parte destinata alla gestione dei rifiuti e delle acque reflue. Un confronto su base territoriale, conferma che tra il 2000 e il 2019 la spesa pubblica per l'ambiente pro capite è diminuita in tutte le regioni a eccezione di Campania, Puglia e Trentino-Alto Adige. D'altra parte, l'ammontare dei sussidi pubblici ambientalmente dannosi continua a essere maggiore di quelli favorevoli.[98] Non sorprende che l'Italia risulti decisamente penalizzata, a fronte dei principali paesi europei, quando si considera la chiara correlazione esistente tra rigorosità delle politiche ambientali e capacità di innovazione ecologica e di competitività economica.[99]

Sono forse due i dati riassuntivi del rapporto tra ambiente e sviluppo così come è venuto configurandosi negli ultimi due decenni e delle sfide che esso comporta. Il primo è l'andamento, in quel periodo, tendenzialmente negativo dell'indice sintetico del capitale naturale, che rappresenta cumulativamente, per quanto di necessità in forma assai sommaria, lo stato complessivo dei principali ecosistemi.[100] L'altro è la stima del consumo dei materiali necessari all'economia italiana, delle imprese come delle fami-

98. Comitato per il capitale naturale, *Quinto rapporto sullo stato del capitale naturale in Italia*, Roma, 2022, pp. 157-168, 172-176; Id., *Terzo rapporto sul capitale naturale*, Roma, 2020, pp. 204-205; *Annuario dei dati ambientali 2022*, pp. 319, 379; Eurostat, *Environmental protection expenditure accounts*, June 2022 (https://ec.europa.eu/eurostat/statistics-explained/index.php?title=Environmental_protection_expenditure_accounts). Nel 1988 la spesa per l'ambiente era stimata pari all'1% del Pil, v. *Nota aggiuntiva del Ministro Giorgio Ruffolo*, p. 26.

99. Epa, *The European environment*, pp. 388-389. La correlazione è basata su dati del 2016.

100. *Quinto rapporto sullo stato del capitale naturale*, pp. 144-145.

glie: tra il 2000 e il 2015 esso si è ridotto, a riprova di una tendenza alla sua dematerializzazione e di una sua maggiore efficienza, ma poi si è stabilizzato, mentre, nel frattempo, è cresciuta la quota dei materiali provenienti da altri paesi, sui quali dunque è andato dislocandosi il nostro carico ambientale. Uno squilibrio tra consumo di risorse esterne e di risorse interne proprio, peraltro, di tutte le economie europee.[101] E un ulteriore indicatore del nostro ruolo nella crisi ambientale globale.

In conclusione, in questi decenni repubblicani abbiamo modificato radicalmente e irreversibilmente i luoghi del nostro vivere e inciso profondamente negli ecosistemi locali e globali. Ci ha spinto la ricerca di maggior benessere e poi il mantenimento del nostro stile di vita e per questo non abbiamo voluto, né saputo governare le implicazioni distruttive del nostro agire. Oggi possiamo solo intravedere, ma dobbiamo comunque affrontare, gli esiti di queste trasformazioni epocali, che investono il futuro nostro, di italiani e di abitanti del pianeta e di chi verrà dopo di noi.

101. *Relazione ambiente 2016*, pp. 862-863; Ispra, *Tematiche in Primo Piano - Annuario dei Dati Ambientali 2013. 11. Uso delle risorse e flussi di materia*, 2014; *Annuario dei dati ambientali 2022*, p. 322-323; M. Dittrich *et al.*, *Green economies around the world? Implications of resource use for development and the environment*, Wien 2012, p. 43: https://www.boell.de/sites/default/files/201207_green_economies_around_the_world.pdf; Epa, *The European environment*, p. 50.

Melania Nucifora

La Cassa per il Mezzogiorno: origine e declino di un progetto per lo sviluppo del paese

1. *Il progetto meridionalista nel quadro della ricostruzione postbellica, tra continuità e rinnovamento*

L'esperienza della Cassa per il Mezzogiorno è emblematica dell'incontro tra continuità e rinnovamento che fu il tratto tipico dell'Italia della ricostruzione postbellica e della nascita della Repubblica. Essa costituì un tassello fondamentale del miracolo economico italiano.

La Cassa, nata nel 1950 e, prima ancora la Svimez, nata nel 1946, furono frutti di un sentire autenticamente antifascista e di idee maturate in seno al CLNAI già durante la guerra.[1]

1. L'idea di una specifica azione per il Mezzogiorno era presente in più o meno tutti i programmi dei partiti antifascisti, tra cui il "Codice di Camaldoli" del 1943 che definiva la linea della Democrazia cristiana. Una figura simbolo della radice resistenziale del meridionalismo è quella dell'economista Rodolfo Morandi, socialista, presidente del CLNAI. Fondatore e presidente della Svimez fino al 1950, Morandi è espressione di quella "componente laica" del meridionalismo che vediamo prevalere nella fase dei governi post-resistenziali, poi oscurata dall'imporsi della componente democristiana negli anni del centrismo. Cfr. L. D'Antone, *L'«interesse straordinario» per il Mezzogiorno (1943-1960)*, in *Radici storiche ed esperienza dell'Intervento straordinario nel Mezzogiorno* (Taormina, 18-19 novembre 1994), a cura di L. D'Antone, Roma, Bibliopolis, 1996, pp. 51-109; in particolare pp. 56 e ss. Sulle origini culturali della Svimez come connubio fra intelligenza tecnica e valori civili della Resistenza, oltre al citato *L'«interesse straordinario»*, si veda il fondativo P. Barucci, *Ricostruzione, pianificazione, Mezzogiorno. La politica eco-nomica in Italia dal 1943 al 1955*, Bologna, il Mulino, 1978. Recentemente L. Costabile, *Alle origini della Cassa per il Mezzogiorno. Il punto di vista degli economisti*, in «Rivista giuridica del Mezzogiorno», 2-3 (2021), pp. 447-458.

Alla base di questa originale esperienza storica italiana convergono fattori fondamentali come il pensiero sociale della Chiesa, l'idea cattolica di un solidarismo attivo, una netta scelta atlantista da un lato, e dall'altro l'eredità prebellica di Nitti e Beneduce (l'investimento, cioè, sulla formazione di una tecnocrazia di alto profilo con una profonda competenza in campo agrario e infrastrutturale, legata all'opera di personalità importanti come quelle di Serpieri e Ippolito), unitamente ai frutti della riforma bancaria del 1936, entro la quale si era formato Donato Menichella.

Non è possibile comprendere le origini del progetto alla base dell'intervento straordinario per il Mezzogiorno senza fare riferimento alle condizioni internazionali che ne inquadrarono la costruzione. L'interlocuzione tra gli artefici del progetto di ricostruzione nazionale e gli esperti del New Deal avvenne già durante la guerra, nel 1944, quando Raffaele Mattioli incontrò i tecnici americani per discutere il ripristino dei poteri di emissione della moneta. Questo incontro costituì la premessa delle successive interlocuzioni, aperte dal famoso viaggio negli Stati Uniti di De Gasperi e Menichella, nel 1947.

La Società per lo Sviluppo del Mezzogiorno (Svimez) nacque nel 1946 per utilizzare i fondi dell'European Recovery Program ed è in questa fase che il problema del Sud fu approfonditamente esplorato nella sua potenzialità di perno del modello di sviluppo nazionale, nell'ambito dei piani elaborati per la Banca Internazionale per la Ricostruzione e lo Sviluppo. Questi piani inquadravano il Sud sotto un duplice aspetto: come mercato in potenziale forte espansione ma anche come area di sviluppo industriale, necessaria ad allargare la base produttiva del paese estremamente circoscritta.

Proprio il progetto sul Mezzogiorno fu il punto di forza del modello di sviluppo nazionale proposto dall'Italia. Esso valse al paese la disponibilità da parte della Birs a prolungare i finanziamenti oltre la fine del piano Marshall.[2]

2. Sulla centralità del quadro internazionale della ricostruzione nella lettura delle origini dell'intervento straordinario si veda il fondamentale *L'«interesse straordinario»*, pp. 51-109; inoltre, più recentemente, A. Lepore, *La Cassa per il Mezzogiorno e la Banca mondiale: un modello per lo sviluppo economico italiano*, Soveria-Mannelli, Rubbettino, 2013; Id., *Questione meridionale e Cassa per il Mezzogiorno*, in *Lezioni sul meridionalismo. Nord e Sud nella storia d'Italia*, a cura di S. Cassese, Bologna, il Mulino, 2016, pp. 233-260; V.M. Sbrescia, *Cassa per il Mezzogiorno ed European Recovery Fund: nel settantenario della legge n. 646 del 10 agosto 1950 viene dal passato un modello giuridico-istituzionale e tecnico-amministrativo per il futuro*, in «Rivista giuridica del Mezzogiorno», 2-3 (2021), pp. 487-500.

Si tratta di un passaggio negoziale fondamentale perché proprio questa concessione permise all'Italia di continuare l'investimento pubblico sullo sviluppo senza interferenze con il progetto di stabilizzazione della moneta che si concretizzò con la stretta creditizia del 1947-48 decisa da Einaudi e Menichella, alla guida l'uno del Ministero delle Finanze, l'altro della Banca d'Italia.[3]

La Cassa per il Mezzogiorno fu il progetto che l'Italia elaborò per rispondere alla richiesta della Birs di un ente centralizzato per la gestione degli interventi. L'interesse con cui la Birs guardava all'Italia nell'immediato dopoguerra, e con cui avrebbe guardato all'esperienza della Cassa anche la Comunità Economica Europea nata nel 1957 con i trattati di Roma, derivava dal fatto che la Banca Mondiale, prima, e la Banca Europea degli Investimenti, poi, videro nel Mezzogiorno d'Italia uno straordinario laboratorio in cui definire un prototipo di intervento per le aree arretrate e un ambito privilegiato di azione e osservazione per le politiche di sviluppo regionale. Il progetto italiano per il Mezzogiorno fu l'occasione per mettere alla prova della ricostruzione postbellica una serie di strumenti progettati nei decenni successivi alla grande depressione del 1929, in cui sia USA sia l'Italia avevano messo a punto peculiari strategie di intervento dello stato in economia.

L'esperienza italiana aveva avuto due perni. Da un lato la riforma bancaria del 1936, dall'altra il modello dei cosiddetti istituti Beneduce:[4] enti a partecipazione pubblica e ordinamento privatistico capaci di agire in una logica d'impronta aziendalistica. Tratti caratteristici di questi istituti erano la presenza di una burocrazia altamente qualificata, un organico snello, condizioni contrattuali diverse da quelle delle burocrazie ordinarie, improntate a modelli privatistici. I bacini di competenze cui attinse l'intervento straordinario nel dopoguerra furono quelli della riforma bancaria, della ricostruzione industriale, con particolare attenzione al campo della siderurgia, della realizzazione d'infrastrutture, della bonifica agraria. Fu mobilitato, in sostanza, il fior fiore dell'intellighenzia tecnica nazionale di matrice nittiana.

3. Cfr. J.C. Martinez Oliva, *La stabilizzazione del 1947. Fattori interni e internazionali*, in *1947. L'anno della svolta* = «Ventunesimo Secolo», 12 (2007), pp. 41-73.

4. Sulla nascita e i caratteri degli istituti Beneduce come modelli di "burocrazie parallele" agli apparati ordinari, dotate di caratteri peculiari, si veda G. Melis, *Amministrazioni e mediazione degli interessi: le origini delle amministrazioni parallele*, in *L'amministrazione nella storia moderna*, "Archivio I.S.A.P.", n. 3, Milano, Giuffrè, 1985, pp. 1429-1512; Id., *Due modelli di amministrazione tra liberalismo e fascismo*, Ministero per i beni culturali e ambientali, Roma, 1988, pp. 235 e ss.

Il progetto italiano fu una creazione originale, distinta dal modello del New Deal, sebbene maturata nello scambio coi tecnici newdealisti e nella logica comune di uno stato investitore.

Non si trattò infatti dell'applicazione di un keynesismo ortodosso, ovvero d'indirizzare l'intervento pubblico a sostegno della domanda. Al contrario, di ciò che è stato efficacemente definito un "keynesismo dell'offerta", una strategia mirata a investimenti diretti sulla crescita industriale e a un incremento di produttività. Fu Pasquale Saraceno a illustrare lucidamente le ragioni di questa scelta: in un territorio come quello meridionale privo di una struttura produttiva preesistente, il sostegno alla domanda avrebbe generato inflazione e tarpato le ali allo sviluppo. Lo stato, dunque, era chiamato e intervenire direttamente per la formazione del capitale attraverso investimenti nei settori agricolo e industriale.[5]

Questa impostazione, che declinava il problema meridionale come problema essenzialmente economico, tipica del meridionalismo nittiano (con prevalenza ma non esclusività della questione industriale), da certi critici è ritenuta un limite del neomeridionalismo del dopoguerra, per la scarsa considerazione verso i fattori socio-antropologici e culturali.[6]

Il tratto che il problema del Mezzogiorno venne ad assumere definitivamente con la nascita della Svimez e poi con la creazione della Cassa è quello della "straordinarietà" di risorse e di strumenti per lo sviluppo, un approccio che trovava precedenti in età giolittiana, in particolare nella legge speciale per lo sviluppo industriale di Napoli del 1904.[7]

5. P. Saraceno, *Dualismo ed equivoco Keynesiano*, in *Il meridionalismo dopo la ricostruzione, 1948-1957*, a cura di P. Barucci, Milano, Giuffrè, 1974, pp. 321-325; Id., *Politica keynesiana e Mezzogiorno*, in «Informazioni Svimez», 11 (1976), pp. 540-541. Si vedano inoltre, Id., *Intervista sulla Ricostruzione, 1943-1953*, a cura di L. Villari, Roma-Bari, Laterza, 1977; Id. *La questione meridionale nella ricostruzione post bellica, 1943-1950*, Milano, Giuffrè, 1980.

6. All'approccio economicista e industrialista dei meridionalisti, una letteratura di matrice sociologica oppone un'analisi centrata della questione meridionale basata sul "fattore umano", in termini di organizzazione sociale e sostrato culturale dello sviluppo. Su questa produzione del secondo Novecento fa il punto M. C. Agodi, *L'immagine del Mezzogiorno nella sociologia degli ultimi cinquant'anni*, in *Mezzogiorno in idea* = «Meridiana», 47-48 (2003), pp. 23-63; nello stesso numero doppio si veda anche l'introduzione di F. Benigno e S. Lupo, *Mezzogiorno in idea: a mo' di introduzione*, pp. 9-21; M. Minicuci, *Antropologi e Mezzogiorno*, pp. 139-174.

7. V. Giovannelli, *L'organizzazione amministrativa dell'Intervento straordinario nel Mezzogiorno*, SVIMEZ, Palermo, Giuffrè, 1971, pp. 6-12; G. Barone, *Mezzogiorno e Mo-*

Sul piano amministrativo la Cassa, contrariamente alla fisionomia che andava assumendo la pubblica amministrazione ordinaria, realizzò un modello amministrativo assimilabile a una forma di alta funzione pubblica. Il bacino di esperti a cui attingeva era derivazione diretta dell'Iri e delle strutture di gestione della bonifica. Degli enti Beneduce la legge istitutiva della Cassa n. 646/1950 riprendeva la fisionomia.

2. *Dalle politiche di "preindustrializzazione" alla "seconda fase" dell'intervento straordinario*

Il piano decennale degli investimenti che regolava l'attività della Cassa era mirato ad azioni di "preindustrializzazione". Le misure previste erano ispirate a un'idea di modernizzazione del Mezzogiorno che passava dall'infrastrutturazione del territorio e dall'attuazione della riforma agraria. La trasformazione del territorio meridionale fu intensa e massiccia.

Alla metà del decennio, però, maturò una svolta nell'impostazione e nell'intensità dell'intervento straordinario per il Mezzogiorno, su cui certamente incisero due fattori: i primi bilanci sull'impatto della strategia di "preidustrializzazione" e il dibattito sulla funzione delle partecipate statali che si aprì dopo la nascita dell'Eni nel 1953. Erano gli anni dell'attivismo fanfaniano in cui la Dc costruiva la sua struttura di grande partito di massa. Alla presidenza della Cassa Gabriele Pescatore succedeva a Ferdinando Rocco.

La nuova legge sulle partecipate statali del 1956 ne fissò un doppio ordine di obiettivi: alla finalità dell'economicità si aggiungeva quella di ordine "sociale" che candidava le partecipate, in fase di riordino dopo la nascita dell'Eni, a divenire strumento principe dell'azione pubblica per il Mezzogiorno. È in questo clima che, nell'ambito della riflessione sulle strategie della Cassa, prese corpo il progetto di un quarto polo siderurgico

dernizzazione. Elettricità, irrigazione e bonifica nell'Italia contemporanea, Torino, Einaudi, 1986, pp. 14 e ss. Sulla Legge per lo sviluppo industriale di Napoli si veda inoltre A. De Benedetti, *Il sistema industriale (1880-1940)*, in *Storia d'Italia. Le regioni dall'Unità ad oggi. La Campania*, a cura di P. Macry e P. Villani, Torino, Einaudi, 1990, pp. 447-608, in particolare, pp. 508 e ss.; S. Magagnoli, *Arcipelaghi industriali. Le aree industriali attrezzate in Italia*, Torino, Rosemberg & Sellier, 2007, pp. 5 e ss., che colloca il caso napoletano nell'ambito delle coeve esperienze di aree industriali attrezzate (AIA) di matrice anglo-sassone. Inoltre, sui provvedimenti "straordinari" per lo sviluppo del Mezzogiorno in età giolittiana, S. Cassese, *Governare gli italiani. Storia dello Stato*, Bologna, il Mulino, 2014, p. 108.

a ciclo integrale nel Mezzogiorno, sottoposto da Saraceno a Menichella. Si trattava di un disegno controverso che incontrò l'opposizione dei vertici di Finsider, producendo un dibattito che culminò proprio nel passaggio al Parlamento della legge di estensione della Cassa fino al 1965.[8]

Il nuovo periodo di attività della Cassa aperto dalla legge 634/57 è denominato "seconda fase dell'intervento straordinario". Il provvedimento legislativo fu il frutto di un compromesso fra le due anime del dibattito interno alla Cassa che vide contrapporsi idee diverse dell'industrializzazione del Sud.[9] Da una parte vi era la posizione incarnata da Pasquale Saraceno che assegnava un ruolo strategico alle partecipate statali. La centralità delle partecipate ancorava il progetto di sviluppo industriale del Mezzogiorno alla fisionomia della galassia delle imprese Iri, destinata a divenire motore del progetto. In quest'ottica la fisionomia che il sistema produttivo meridionale avrebbe dovuto assumere sarebbe stata strettamente funzionale all'articolazione nazionale del sistema produttivo del paese e ne avrebbe garantito un coerente rafforzamento.

Alla visione di Saraceno si contrapponeva quella rappresentata da Ceriani Segrebondi che poneva l'accento sulla valorizzazione dei caratteri specifici dei territori meridionali in termini di fattori culturali, risorse locali, visione comunitaria.[10]

Nel modello di Saraceno, che è stato definito "dall'alto e dall'esterno", il punto di partenza era, in sostanza, un giudizio negativo sull'effettiva possibilità delle risorse endogene del Mezzogiorno di stimolare processi di sviluppo duraturi. Nell'ambito della Svimez un tentativo di classificazione dei territori meridionali aveva portato all'individuazione di aree di sviluppo integrale (dotate di un rapporto favorevole tra risorse e popolazione),

8. La vicenda è ampiamente restituita in S. Romeo, *L'acciaio in fumo. L'Ilva di Taranto dal 1945 a oggi*, Roma, Donzelli, 2019.

9. Il dibattito è stato ricostruito da S. Adorno e S. Romeo in *L'industrializzazione squilibrata. La legge 634/57: origini, contraddizioni, conseguenze*, in «Rivista giuridica del Mezzogiorno», 2 (2022), pp. 313-337. L'intervento individua momento centrale di revisione dell'impostazione originaria nel convegno promosso nel 1953 dalla stessa Cassa del Mezzogiorno. L'intervento tenuto da Saraceno è in P. Saraceno, *Lo sviluppo delle regioni meridionali e l'attività della Cassa del Mezzogiorno*, in Id., *Il meridionalismo dopo la ricostruzione (1948-1957)*.

10. Cfr. V. G. Farese, *Lo sviluppo come integrazione: Giorgio Ceriani Sebregondi e l'ingresso dell'Italia nella cultura internazionale dello sviluppo*, Soveria Mannelli, Rubbettino, 2017; A. Lanzani, *Immagini del territorio e idee di piano 1943-1963*, Milano, FrancoAngeli, 1966, pp. 127 e ss.

aree di sviluppo ulteriore (gravitanti intorno a centri di agglomerazione già investiti da processi di sviluppo), aree di sistemazione (non dotate di sufficienti risorse, sotto il profilo naturale e infrastrutturale).

Se l'impostazione dell'originario disegno di legge era compromissoria e cercava di conciliare l'obiettivo di un potenziamento del sistema produttivo nazionale con una certa attenzione ai caratteri dei territori, fu il dibattito parlamentare a orientarne l'esito verso il modello Saraceno, stabilendo con un emendamento che il 40% degli investimenti totali annui delle partecipate statali fosse allocato nel Mezzogiorno. Così una norma che nasceva mostrando una certa attenzione alla dimensione dell'impresa locale piccola e media divenne uno strumento che favoriva decisamente l'insediamento della grande impresa di base. I limiti dimensionali per l'accesso ai contributi, stabiliti dalla legge per incentivare lo sviluppo delle imprese locali medio piccole, furono aggirati dalle grandi imprese attraverso un sistematico ricorso allo "spacchettamento" delle industrie per impianti.

3. *Le Aree di Sviluppo Industriale*

Nel tempo la legge produsse un duplice effetto. Da un lato essa determinò la prevalenza di imprese che mantenevano centri direttivi e mercati di riferimento nel Centro-nord, orientate a stabilire con i territori d'insediamento relazioni di utilità funzionale. Dall'altro essa causò una relazione debole tra intervento pubblico e struttura produttiva locale.

Com'è stato messo in evidenza da una serie di studi sulle Aree di Sviluppo Industriale introdotte dalla legge, uno dei punti di debolezza del progetto di industrializzazione del Mezzogiorno aperto con la seconda fase dell'intervento straordinario fu il fallimento dell'azione pianificatoria che avrebbe dovuto regolare l'incardinamento della programmazione nei territori e garantire che l'insediamento delle industrie fungesse da volano per l'economia locale attraverso la realizzazione di servizi e infrastrutture oltre il raggio delle aree ASI.

Nella realtà ciò non avvenne per un duplice motivo: da un lato la debolezza dell'urbanistica nel Mezzogiorno e l'incapacità degli enti locali di accompagnare la pianificazione dello sviluppo con un progetto urbanistico coerente; dall'altro lo squilibrio fra gli attori locali e i grandi soggetti industriali attivi nelle aree ASI. Questi ultimi, dotati di solide tecnostrutture interne, impressero ai piani il carattere di strumenti di miglioramento delle condizioni del territorio strettamente funzionali alle esigenze logistiche e produttive dei singoli impianti. Fu così tradita l'ambizione a fare dei piani delle aree di sviluppo industriale strumenti di infrastrutturazione ampia dei territori e di propulsione dello sviluppo locale.[11]

L'impostazione insita nella concezione originaria della legge si fondava sul modello dei poli di sviluppo elaborato da François Perroux, un approccio che i tecnocrati della Cassa condividevano con l'élite tecnica dell'Europa comunitaria nei cui circoli erano ben integrati. Se infatti l'origine dell'intervento straordinario era stata concepita nell'interlocuzione tra tecnocrazia nazionale, tecnocrazia roosveltiana e Birs, il quadro in cui matura la seconda fase dell'intervento straordinario è definito dall'adesione dell'Italia al MEC, sia in termini di interesse nazionale (il paese per competere nel nuovo spazio economico comunitario necessitava di un allargamento sostanzioso della sua base industriale), sia di condivisione di strategie e modelli nei circuiti delle istituzioni europee nate dai trattati di Roma.

4. *Il Mezzogiorno come laboratorio delle politiche europee di sviluppo regionale*

Tra i paesi dell'Europa comunitaria, l'Italia era l'unico a presentare uno squilibrio interno così netto e un'area depressa di tale ampiezza. La questione del Mezzogiorno fu quindi contemplata nella chiave di grande questione comunitaria sin dai Trattati di Roma. Sebbene il problema dello sviluppo delle regioni depresse, al di sotto della media comunitaria per tenore di vita e indicatori della crescita economica, restasse un ambito di pertinenza dei governi nazionali, gli accordi stabilirono che gli interventi di stato a sostegno delle imprese in tali territori fossero da considerarsi compatibili con gli obiettivi del mercato comune. Il divario tra le regioni nordoccidentali della comunità e quelle mediterranee (Francia occidentale, Italia meridionale) era considerato un fattore di freno alla crescita dell'area CEE.

Con uno speciale protocollo allegato ai Trattati di Roma, i paesi della neonata comunità stabilirono di supportare i programmi del governo italiano per lo sviluppo del Mezzogiorno utilizzando due precisi canali per ridurre

11. Sui piani ASI si rimanda a S. Adorno, *Le aree di sviluppo industriale negli spazi regionali del Mezzogiorno* in *L'Italia e le sue regioni. L'età repubblicana. Istituzioni*, a cura di M. Salvati e L. Sciolla, Roma, Treccani, 2015, pp. 375-394.

le disparità strutturali tra Nord e Sud: la Banca Europea degli Investimenti (Bei) e il Fondo Sociale Europeo (Fse). Questo fu un importante risultato dei negoziati condotti dalla delegazione italiana e l'atto di apertura di un fruttuoso periodo di intensi scambi tra le strutture tecniche nazionali dei sei, da cui sarebbe scaturita una compiuta politica di sviluppo regionale con l'istituzione del Fondo Europeo di Sviluppo Regionale (Fesr) nel 1975.[12]

Il Mezzogiorno d'Italia negli anni Sessanta fu il laboratorio privilegiato in cui si sperimentarono approcci e azioni di contrasto ai divari interni quali fattori di freno alla crescita comune.

Tra la fine degli anni Cinquanta e l'avvio del decennio successivo, a livello comunitario, così come a livello nazionale, la riflessione sullo sviluppo cominciò a inquadrare in modo sempre più sistematico la questione degli squilibri come portato della rapidissima modernizzazione e crescita. Preoccupava il fenomeno duplice dell'eccessiva concentrazione urbana, origine di nuove disfunzioni sia in termini di costi economici sia di qualità della vita, e il contraltare della crescita urbana, cioè lo spopolamento di vaste interne, delle zone montane, rurali e periferiche, fenomeno che si manifestava dappertutto in Europa. Fu per queste ragioni che la neoistituita Commissione Hallstein sollecitò la formazione di gruppi di esperti con il mandato di esplorare il problema dei divari e di mettere a confronto le strategie praticate dai paesi membri.[13]

Il gruppo di esperti costituito nel 1959 in risposta all'invito della commissione si spinse a predisporre una ripartizione del territorio comunitario per regioni secondo un ritaglio largamente basato sulla centralità dei sistemi urbani considerati cardini fondamentali delle politiche di sviluppo regionale.

Figura chiave di questo lavoro fu il francese Robert Marjolin, che incarnava la continuità fra la stagione della ricostruzione postbellica e la nuova fase aperta dall'avvio del mercato comune, avendo rivestito il ruolo di segretario generale dell'Oece tra il 1948 e il 1955. Membro del partito socialista francese Marjolin aveva lavorato al *Plan français de modernisation et d'equippement*, fianco a fianco con Jean Monnet e Etienne Hirsch, teorico con Perroux dei *poles de croissance* e sostenitore della politica industriali-

12. A. Landuyt, *L'Italia e l'unificazione europea tra dibattito ideale e fasi d'attuazione*, in *Idee d'Europa e integrazione europea*, a cura di A. Landuyt, Bologna, il Mulino, 2004, p. 34.

13. L'interazione tra esperti europei e intellighenzia riformista e meridionalista italiana è acutamente ricostruita in L. Grazi, *L'Europa e le città. La questione urbana nel processo d'integrazione europea (1957-1999)*, Bologna, il Mulino, 2006, pp. 23-132.

sta per il Mezzogiorno. Le riflessioni suscitate dal confronto tra gli esperti europei culminarono nella *Conferenza sulle economie regionali* tenutasi a Bruxelles nel 1961, nel corso della quale, già dal discorso introduttivo di Hallstein, si mise in evidenza l'insufficiente azione delle forze di libero mercato nel garantire un'adeguata crescita delle aree depresse.[14]

Tra gli italiani che parteciparono alla conferenza figurano Paride Formentini, all'epoca presidente della Bei, Giuseppe Petrilli alla guida dell'Iri, reduce dal mandato di commissario europeo, e Gabriele Pescatore, presidente della Cassa del Mezzogiorno, che fu anche relatore. Alla conferenza fecero seguito i lavori di tre gruppi di esperti che costituirono importanti luoghi di confronto e di elaborazione di approcci comuni, il più significativo dei quali fu l'approccio ancorato alla teoria dei poli di sviluppo. Un'azione di concreto supporto alla strategia dei poli fu il finanziamento accordato dalla Commissione nel 1962 per l'elaborazione di uno studio sulla localizzazione di un grande polo industriale nel Mezzogiorno d'Italia, affidato all'Italconsult. Lo studio si concretizzò nel progetto di una vasta regione industriale nell'area Bari-Taranto-Brindisi.[15]

5. *La saldatura tra riformismo e meridionalismo, nella stagione del centro-sinistra*

Questo sentire comunitario maturava di pari passo con le mutate condizioni della politica nazionale.

La nuova stagione aperta dall'adesione al MEC e dall'avvio della seconda fase dell'intervento straordinario venne a coincidere con l'esaurirsi della stagione centrista e con l'avvicinamento tra Dc e partito socialista che avrebbe dato il via all'esperienza del centro-sinistra. La svolta del decennio, ancor prima della maturazione del progetto politico, fu segnata dall'interlocuzione tra aree di expertise tecnica che afferivano al mondo dell'economia dello sviluppo, del meridionalismo, dell'urbanistica riformista, della tutela del patrimonio culturale, convergenti sulla necessità di un più deciso governo dei processi collegati alla crescita e di un intervento

14. Ivi, pp. 47 e ss.

15. Comunità economica europea, Italconsult, *Studio per la creazione di un polo industriale di sviluppo in Italia meridionale*, Serie economia e finanza, n. 5, Bruxelles, Servizio pubblicazioni, 1966, pp. 5-7.

politico energico a correzione degli squilibri indotti dalla modernizzazione accelerata. Autorevoli esponenti di questi mondi condividevano i punti di un programma di cui la nuova maggioranza di centro-sinistra divenne interlocutore privilegiato.

Nella *Nota aggiuntiva* del ministro La Malfa al documento di programmazione economica e finanziaria del 1962 trovava spazio un'analisi lucida delle disfunzioni indotte dalla crescita e un'agenda mirata a perseguire uno sviluppo più equilibrato e organico sotto il profilo socioeconomico e territoriale. In questo clima la saldatura tra programmazione economica nazionale (come nuovo orizzonte di una più intensa azione d'indirizzo dello sviluppo da parte dello stato) e cultura meridionalista apparve a molti un fatto naturale: la Cassa, con la sua qualificata ed efficiente struttura tecnica, si era accreditata come soggetto pubblico capace di attuare una vistosa modernizzazione del Mezzogiorno che, sotto molti profili, aveva cambiato il volto di un Sud arretrato.[16]

Attraverso la Casmez l'investimento dello stato si era concretizzato nella realizzazione di innumerevoli infrastrutture a supporto dell'agricoltura, della mobilità e del turismo. Nel decennio precedente gli agronomi e gli ingegneri della Cassa avevano operato la bonifica di vasti territori, edificato dighe, convogliato le acque in grandi bacini, realizzato impianti irrigui, centrali idroelettriche, predisposto chilometri e chilometri di viabilità rurale, garantito l'accessibilità e la sistemazione di siti culturali, sottraendoli all'abbandono e all'oblio e permettendone la duratura fruizione turistica.[17] Insieme alle partecipate statali, cui era collegato per concezione e origine, in virtù della salda connessione che aveva garantito tra programmazione, pianificazione, progettazione e realizzazione, l'ente si candidava non soltanto a essere strumento della programmazione economica nazionale, ma anche dispositivo amministrativo utile all'attuazione del decentramento, punto fondamentale del programma riformista.[18]

16. U. La Malfa, *Nota aggiuntiva su problemi e prospettive dello sviluppo economico e della programmazione in Italia*, Roma, Janus, 1973.

17. Sul supporto della Cassa del Mezzogiorno al progetto di turismo culturale coltivato dalla Soprintendenza di Siracusa, attraverso il finanziamento del Parco archeologico della Neapolis, e del museo archeologico Paolo Orsi, cfr. M. Nucifora, *Le "sacre pietre" e le ciminiere. Sviluppo industriale e patrimonio culturale a Siracusa (1945- 1976)*, Milano, FrancoAngeli, 2017.

18. Dalla *Nota aggiuntiva* del 1962 discendeva la *Commissione nazionale per la programmazione economica* (vicepresidente Pasquale Saraceno), che nel 1963 produsse un

Il periodo a cavallo tra anni Sessanta e Settanta rappresenta una fase cruciale nella storia dell'intervento straordinario per il Mezzogiorno. Alla luce dei nuovi compiti legati all'obiettivo della programmazione economica nazionale, la fisionomia originaria della Cassa mutò profondamente.

In seno alla nuova maggioranza del centro-sinistra l'area schiettamente riformista rappresentava una componente esigua, tuttavia coesa e supportata da profili tecnici e manageriali di alto livello. Tra questi la componente meridionalista facente capo a Pasquale Saraceno e l'Istituto Nazionale di Urbanistica, in questi anni proteso al dialogo con il mondo dell'economia intorno a un progetto di gestione organica delle politiche di sviluppo e delle loro premesse e ricadute territoriali.

I saperi tecnici riformisti svilupparono in questi anni una serie di progetti che andavano daslla sfera giuridica, con i difficili passaggi che condussero alla riforma delle norme urbanistiche volta a contrastare le pratiche speculative e lo squilibrio pubblico/privato, alla costruzione di un quadro territoriale nazionale dei processi di sviluppo mirato a offrire una solida e organica cornice alle iniziative produttive e infrastrutturali che culminò nel *Progetto 80*, un ambizioso e imponente tentativo di inquadrare territorialmente la programmazione dello sviluppo, delineando un quadro armonioso delle trasformazioni spaziali centrato sui caratteri dei sistemi urbani.[19]

Espressione del tentativo di innestare negli apparati ordinari delle burocrazie ministeriali la logica programmatoria e l'approccio qualificato ed efficientista che ispirava l'azione delle "burocrazie parallele" (Iri, Eni, Cassa) fu la costituzione di un Ufficio del programma in seno al Ministero del Bilancio guidato da Antonio Giolitti. L'ufficio aveva una fisionomia diversa dagli altri apparati, sia per organizzazione sia per competenze. Vi prevalevano i saperi economici e urbanistici, a fronte di una pubblica amministra-

primo rapporto noto come *Rapporto Saraceno*. Il rapporto individuava nella Cassa per il Mezzogiorno uno strumento fondamentale di attuazione della programmazione, a partire dall'obiettivo del miglioramento delle capacità tecniche delle pubbliche amministrazioni delle regioni meridionali attraverso il supporto del Formez (Centro servizi, assistenza, studi e formazione per l'ammodernamento delle P.A.), associazione privata fra la Cassa e altri soggetti, costituita, come lo IASM (Istituto per l'assistenza allo sviluppo del Mezzogiorno), in base all'art. 1 della legge 555 del 18 luglio 1959.

19. C. Renzoni, *Il Progetto '80. Un'idea di Paese nell'Italia degli anni Sessanta*, Firenze, Alinea, 2012.

zione ordinaria sempre più sbilanciata verso competenze di tipo giuridico formalista. Coordinato da Giorgio Ruffolo, integrato nel dibattito comunitario sugli squilibri e collegato a tecnostrutture esterne (come i grandi studi di Tekne e Italconsult) e, soprattutto, al laboratorio di strategie ed esperienze fu il Centro studi e piani di Franco Archibugi, l'Ufficio del programma era punto di riferimento per la koinè riformista e per i meridionalisti, ma rimase un "corpo estraneo" negli apparati burocratici dello stato.[20] Esso ebbe una sponda naturale nel Ministero per il Mezzogiorno guidato da Giulio Pastore, ma incontrò la netta opposizione del Ministero del Tesoro, guidato da Emilio Colombo e un ostruzionismo non troppo velato da parte della Ragioneria generale dello stato.[21]

Molte iniziative riformiste inoltre furono contrastate dal Consiglio di stato che in questa fase assunse spesso un orientamento conservatore (per esempio nella difesa a oltranza dei diritti privati in materia di uso del suolo). Le contraddizioni nel governo dei processi di sviluppo del paese e nel sostegno alla politica di programmazione erano espressione di fratture interne alla maggioranza del centro-sinistra.[22]

6. *Un nuovo rapporto tra tecnica e politica: la legge n. 717/65*

La svolta che vide la sostituzione di Giolitti con Pieraccini alla guida del Bilancio fu segnale di un allentamento della spinta riformista che aveva entusiasmato le culture tecniche riformiste, per lo spazio senza precedenti che la politica aveva concesso ai saperi tecnici nell'elaborazione delle strategie

20. Sull'esperienza dell'Ufficio del programma G. Ruffolo, *Rapporto sulla programmazione*, Roma-Bari, Laterza, 1973; Id., *Il libro dei sogni. Una vita a sinistra raccontata a Vanessa Roghi*, Roma, Donzelli, 2007.

21. G. Melis, *Storia dell'amministrazione italiana*, Bologna, il Mulino, 2020 (ed. or. 1996), p. 471.

22. In un'intervista del 2017, Franco Bassanini (capo di Gabinetto nel periodo 1973-76, nei governi guidati da Mariano Rumor) avalla la lettura del gruppo riformista come "corpo estraneo" all'amministrazione, sottolineando anche come Consiglio di Stato e Corte dei Conti, sotto la maschera di una funzione tecnica di controllo, agissero in senso profondamente politico di interdizione delle politiche di programmazione e di freno all'innovazione, cfr. Melis, *Storia dell'amministrazione italiana*, p. 470. Sul ruolo del Consiglio di Stato nei tentativi di mutare l'equilibrio pubblico/privato in materia urbanistica cfr. Nucifora, *Le "sacre pietre" e le ciminiere*, pp. 117-119.

di sviluppo. Essa rivelava le divergenze interne alla maggioranza sull'impostazione interventista-keynesiana che ispirava l'azione riformista.

Al contrario di quanto accadeva in Francia, dove lo stato aveva destinato ingenti risorse economiche e di organico alla costituzione di un'imponente struttura centralizzata di programmazione economica e territoriale (la Datar, *Délégation à l'aménagement du territoire et à l'action régionale*), in Italia, paese privo per sua storia amministrativa di un'alta funzione pubblica paragonabile a quella francese, i fautori della programmazione puntarono a mobilitare le partecipate statali e la Cassa, le cui funzioni si ampliarono notevolmente già dalla fine degli anni Cinquanta. Il management degli enti paralleli, in particolare il livello direttivo della Cassa, rispose alla chiamata del riformismo non senza preoccupazione per l'accresciuto interesse della politica, in gran parte espressione del nuovo corso impresso alla Dc dal progetto fanfaniano, che cominciava a dispiegare i suoi effetti.[23]

Nella seconda metà degli anni Sessanta due processi, tra loro correlati, incisero significativamente sul funzionamento della Cassa del Mezzogiorno, aprendo una fase di significativo cambiamento.

Il primo processo è rappresentato da una significativa perdita di autonomia decisionale della Cassa, espressione di un mutato rapporto di forza tra tecnica e politica. Con la legge 717/65 il rapporto tra livello manageriale e livello politico fu ridefinito. Nel quadro di un deciso rafforzamento generale dei poteri del ministro per gli interventi straordinari nel Mezzogiorno,[24] la legge 717/65 introduceva una novità fondamentale nel

23. Nella lettura di S. Cafiero alla trasformazione della Democrazia cristiana da partito notabilare, quale era rimasto sotto la guida di De Gasperi, nel "costoso partito di quadri" di Fanfani, rimonta il cortocircuito tra politica e management della Cassa che è all'origine della degenerazione dell'intervento straordinario, cfr. S. Cafiero, *Storia dell'intervento straordinario nel Mezzogiorno (1950-1993)*, Manduria-Bari-Roma, Lacaita, 2006, p. 88.

24. La legge 717/65 prevedeva un passaggio importante relativo alla figura del ministro per gli interventi straordinari: a questi era conferita non solo la presidenza del Comitato dei ministri per il Mezzogiorno, ma anche un forte potere di controllo sull'attività della Cassa. Al ministro spettava l'approvazione dei programmi, dei bilanci annuali e delle disposizioni sul personale, la vigilanza sull'attività e il potere di avanzare proposte di nomina del presidente e del Consiglio d'Amministrazione della Cassa. Alle dipendenze del ministro la legge poneva un'imponente "segreteria tecnica"; gli era, inoltre, concesso di commissionare lavori di consulenza a società e studi professionali esterni. La legge 717/65 conferiva al ministro anche altri poteri: promuovere modifiche agli statuti dei consorzi ASI e autorizzare la Cassa a intervenire in sostituzione di altri enti non in grado di assolvere ai loro compiti.

rapporto di forze tra livello decisionale tecnico e livello politico: adesso era il ministro a deliberare l'ammissibilità delle iniziative al credito agevolato, attraverso il "parere di conformità" ai parametri definiti dal quadro programmatorio. Si trattò di un passo decisivo verso la politicizzazione delle iniziative per lo sviluppo, attraverso la gestione politica del credito.[25]

La Cassa si trasformò progressivamente da centrale di programmazione ed elaborazione strategica a ente esecutore di decisioni prese altrove. Questo ampliamento dello spazio politico nel processo decisionale venne a coincidere con una fase di indebolimento della spinta riformista e si accentuò negli anni della crisi del centro-sinistra.

7. *L'intervento straordinario alla prova del decentramento.*

Il secondo processo che incise sull'evoluzione della Cassa in modo ancor più significativo fu lo sviluppo del decentramento. La linea della programmazione nazionale, con le sue ambizioni tecnocratiche, divenne bersaglio di una critica feroce che trovò nelle istituende regioni l'alternativa ideologica al discorso riformista e meridionalista che supportava la programmazione. Le regioni costituivano un'opportunità straordinaria per i partiti. Nell'area della maggioranza si aprivano nuovi spazi locali di gestione del potere e di costruzione del consenso; per l'opposizione e per il Pci in particolare, esse rappresentavano la prima vera opportunità di governo.

Rispetto al modello di regione che circolava negli ambienti riformisti – quello cioè di un ente snello, dotato di fisionomia diversa rispetto all'assetto pletorico e settoriale delle amministrazioni centrali, strettamente funzionale al raccordo fra programmazione nazionale e attuazione locale dei programmi – prese corpo un'idea opposta di regione, frutto di un regionalismo ideologico e massimalista.[26] Gli istituti regionali, anziché come livelli decentrati integrati e funzionali alla programmazione nazionale, furono promossi come attori radicalmente alternativi e anta-

25. Cafiero, *Storia dell'intervento straordinario nel Mezzogiorno (1950-1993)*, pp. 84-85.

26. Sulla distanza tra i modelli di "regione funzionale" e "regione politico-istituzionale" che si confrontarono nel dibattito degli anni Sessanta si veda M. Nucifora, *L'Unesco, l'Europa e la definizione delle identità regionali*, in *L'Italia e le sue regioni*, pp. 477-496.

gonisti al centro. In questo clima, le elaborazioni del riformismo, dalle proposte di riassetto dell'amministrazione delle Belle Arti al Progetto 80, furono spesso rappresentate come prodotti tecnocratici espressione di un'impostazione centralista e autoritaria.[27]

Il discorso del regionalismo massimalista trovò nella dicotomia tecnocrazia-autoritarismo *versus* decentramento-democrazia un nodo retorico forte che, all'idea riformista della programmazione imperniata su strutture centrali altamente qualificate, opponeva un modello programmatorio decentrato, imperniato sulle regioni in quanto enti più prossimi ai territori, portatori di un più alto potenziale di democraticità ed efficienza.

L'istituzione delle regioni ordinarie nel 1970 non fu il punto di arrivo di questo acceso scontro ideologico, quanto piuttosto l'avvio di un periodo di forti tensioni intorno all'attribuzione delle deleghe alle regioni, che causò l'affermarsi di una via italiana al decentramento di natura compromissoria e competitiva. Il modello di regione che ne emerse, al contrario di quanto auspicato sin dal dibattito in seno alla Costituente, tendeva a riprodurre l'assetto settoriale delle amministrazioni ministeriali.

I forti conflitti nati intorno al processo di attribuzione delle deleghe ebbero come effetto una distribuzione delle materie di competenza tra istituzioni centrali ed enti regionali non sempre razionale, con un ampio ricorso alla soluzione della materia concorrente e alla formula dell'intesa. In molti settori si venne a produrre una duplicazione degli uffici, la sovrapposizione delle mansioni, l'allungamento degli iter e l'appesantimento delle procedure. Si moltiplicarono le sedi negoziali e, in conseguenza di ciò, anche i contenziosi amministrativi, non solo fra pubblico e privato, ma anche tra amministrazioni pubbliche. Inoltre, ai conflitti istituzionali e amministrativi erano spesso sottese ragioni politiche.[28]

Nella storia dell'intervento straordinario per il Mezzogiorno, l'istituzione delle regioni ordinarie marca un importante punto di svolta, poiché la Cassa divenne uno dei bersagli privilegiati della polemica regionalista, come espressione dell'impostazione tecnocratica, centralista e autoritaria.

L'esito concreto di queste tensioni fu un ulteriore indebolimento dell'autonomia decisionale dell'ente: alla politicizzazione dei secondi anni Sessanta

27. Cfr. M. Nucifora, *Il coordinamento impossibile. Tecnocrazia, amministrazione pubblica e regionalismo nell'intervento per lo sviluppo del Mezzogiorno (1943-2013)*, Milano, FrancoAngeli, 2021, pp. 77-90.

28. Ivi, pp. 91-103.

si aggiunge la disarticolazione della programmazione lungo le linee delle partizioni regionali, con un forte indebolimento della regia centrale.

8. *La disarticolazione dell'intervento straordinario negli anni della crisi*

La legge 853/71 fu lo strumento legislativo che, decretando la regionalizzazione dell'intervento straordinario, ne rivoluzionò l'organizzazione e la logica stessa.

Il perno del nuovo sistema era individuato nel Comitato Interministeriale della Programmazione economica (Cipe). Il precedente modello, che trovava nel Comitato dei Ministri per il Mezzogiorno il modello di coordinamento, attraverso lo strumento del "piano di coordinamento decennale" e con un ruolo forte del Ministero per il Mezzogiorno, veniva ora sostituito dal Cipe, affiancato da un Comitato dei Presidenti delle giunte regionali, istituito presso il Ministero del Bilancio. In questo progetto il Cipe avrebbe dovuto configurarsi come il luogo della armonizzazione delle scelte e degli interventi, a garanzia della razionalità e della organicità dell'intervento pubblico per lo sviluppo.[29]

L'unitarietà dell'azione avrebbe dovuto essere garantita in due direzioni: da un lato assicurando la coerenza e la funzionalità dello sviluppo del Mezzogiorno rispetto a una complessiva strategia di sviluppo nazionale; dall'altro evitando che i progetti delle regioni, a cui la norma attribuiva i poteri che erano stati del comitato dei Ministri per il Mezzogiorno (inclusi quelli sulle Aree di Sviluppo Industriale), fossero coerenti tra loro e restassero ancorati a una strategia unitaria di sviluppo del Mezzogiorno.

Per comprendere perché entrambi questi obiettivi furono mancati occorre ricordare come il processo di decentramento maturi in piena concomitanza col tramonto del trentennio glorioso dell'Occidente e col dispiegarsi di una profonda svolta globale segnata dalla fine del sistema di Bretton Woods stabilita nel 1971 dal presidente Nixon. Con l'arresto della convertibilità del dollaro in oro venne a mancare un fondamentale fattore di stabilizzazione del commercio mondiale che aveva consentito all'Europa comunitaria un pieno profitto dalla scelta del Mercato Comune. All'instabilità monetaria, che mise in evidenza la disomogeneità interna allo spazio economico co-

29. G. Pescatore, *La "Cassa per il Mezzogiorno". Un'esperienza italiana per lo sviluppo*, SVIMEZ, Bologna, il Mulino, 2008, pp. 43 e ss.

munitario, si aggiunsero gli effetti dello shock petrolifero del 1973. La crisi economica generale, segnata dall'inusuale fenomeno della stagflazione, in Italia si configurò come crisi industriale che colpì anche le regioni più ricche del Centro-nord. Il decennio in cui si colloca la disarticolazione dell'intervento straordinario, attraverso la sua regionalizzazione, rappresentò uno dei periodi più bui della storia repubblicana per le fortissime tensioni sociali che accompagnarono il declino economico.

Sotto il profilo delle politiche meridionaliste, i profondi cambiamenti degli anni Settanta produssero effetti di natura molteplice. La classe politica trovò nel livello locale uno spazio d'azione enormemente ampliato rispetto ad appena un decennio prima, con una Cassa per il Mezzogiorno ancora piuttosto efficiente e qualificata sotto il profilo tecnico, ma priva dell'autonomia strategica e programmatoria che ne aveva contrassegnato i primi quindici anni di vita. A fronte del disagio sociale, l'influenza politica sull'attività dell'ente s'intensificò, sia nell'ambito delle scelte di allocazione degli investimenti produttivi, pesantemente condizionate da pressioni localistiche, sia in termini di gestione dell'organico. Come altri enti pubblici, infatti, anche la Cassa del Mezzogiorno, che aveva gelosamente difeso la sua fisionomia di burocrazia "leggera" e altamente qualificata, fu utilizzata per assorbire gli esuberi di enti statali e parastatali in crisi.

La debolezza dell'azione di governo, che derivava a un tempo dall'instabilità politica e dal decentramento, fu compensata da un crescente ruolo di mediazione tra centro e periferia assunto dai partiti, agevolato dalla natura negoziale che i processi decisionali tendevano ad assumere per via della nuova articolazione istituzionale e dell'affermarsi della pratica della contrattazione negoziata che mutava l'equilibrio fra pubblico e privato, assegnando più ampio spazio alle imprese.[30]

9. *Le campagne di delegittimazione*

Nella seconda metà del decennio, intorno allo snodo 1975-77 che vide il varo dei decreti delegati, l'attenzione dell'opinione pubblica fu solleci-

30. Sul ruolo di mediazione svolto dai partiti, cfr. S. Tarrow, *Tra centro e periferia. Il ruolo degli amministratori locali in Italia e in Francia*, Bologna, il Mulino, 1979 (ed. or. 1977); G. Gribaudi, *Mediatori. Antropologia del potere democristiano nel Mezzogiorno*, Torino, Rosenberg & Sellier, 1980; Melis, *Storia dell'amministrazione italiana*, pp. 74 e ss.

tata intorno a un dibattito sulla regionalizzazione delle politiche pubbliche segnato da intense campagne giornalistiche contro il centralismo dello stato. Gli attacchi alla Cassa del Mezzogiorno si moltiplicarono. L'ente divenne il bersaglio di una serie di aggressive inchieste che delinearono con sistematicità l'immagine di un carrozzone clientelare, egemonizzato dalla Democrazia cristiana, facendone un simbolo di corruzione e spreco delle risorse pubbliche. Queste polemiche erano parte di una dura critica alla politica di programmazione nazionale e di un giudizio di condanna del tentativo riformista del centro-sinistra.

L'azione demolitoria già negli anni Sessanta aveva visto convergere gli attacchi dei settori conservatori della Dc che tacciarono di utopismo le ambizioni di governo della crescita formulate dall'intellighenzia riformista (emblematica è la vicenda dei tentativi di riforma urbanistica) e quelli del regionalismo ideologico portato avanti dal Pci (non senza autorevoli dissidenze, soprattutto tra gli esponenti delle culture tecniche).[31] Il caso del Progetto 80, bollato a un tempo come "libro dei sogni" e "sogno autoritario", è una sintesi perfetta di come, tra i partiti, vasti settori della politica percepirono e si sforzarono di contenere le pretese di autonomia dei saperi esperti, mobilitate dall'investitura e dalle aperture della prima fase del centro-sinistra.[32]

In questo filone va collocato l'attacco della sinistra comunista ai vertici della Cassa di cui è testimonianza l'accorato intervento di Saraceno in

31. Una parte del dibattito sul decentramento in seno alle culture tecniche, con particolare riferimento alla tutela del patrimonio culturale e alla pianificazione urbanistica (ambito che inglobava il discorso sulle politiche di sviluppo regionale) sta in Nucifora, *Le "sacre pietre" e le ciminiere*, pp. 135-159. D'impostazione tecnocratica e autoritaria furono giudicate anche le proposte di riforma dell'amministrazione dei beni culturali elaborate dalla Commissione Franceschini. Su queste critiche, molto vicine a quelle di cui furono oggetto l'intervento straordinario e la politica della programmazione nazionale, si veda M. Pallottino, *La stagione della Commissione Franceschini*, in *Memorabilia: il futuro della memoria. Beni ambientali, architettonici e artistici in Italia*, coordinamento di F. Perego, Ministero dei Beni culturali e ambientali, Roma-Bari, Laterza, 1987, 3 voll., pp. 10-11. Le proposte della commissione stanno in Commissione Franceschini, *Per la salvezza dei Beni culturali in Italia. Atti e documenti della Commissione d'indagine per la tutela e la valorizzazione del patrimonio storico, artistico, archeologico e del paesaggio*, Roma, Casa editrice Colombo, 1967.

32. Ne *Il Progetto '80*, pp. 9-14 e 17-19, Cristina Renzoni ricostruisce la genealogia di questa definizione di sogno il cui primo utilizzo è attribuito ad Amintore Fanfani e in generale al giudizio democristiano, mentre la sua declinazione nella fattispecie di "sogno autoritario" è dovuta a Giangiacomo Feltrinelli.

difesa di Gabriele Pescatore, alla presidenza dell'ente dal 1955, invitato sulle pagine de «L'Espresso», nell'ambito di un'inchiesta sulla diga di Occhito, a «vergognarsi di essere al mondo».[33]

Convinto teorico di un "decentramento qualificato", Gabriele Pescatore aveva sviluppato nel corso della sua presidenza un'acuta riflessione sul problema del coordinamento istituzionale necessario a un'efficace programmazione economica, sostenendo con i suoi interventi e la sua azione l'autonomia decisionale della Cassa, la salvaguardia della missione meridionalista come mandato prioritario dell'ente, il principio della concentrazione delle risorse e l'idea di un intervento straordinario nel Mezzogiorno unitario e coerente con gli obiettivi di uno sviluppo nazionale. La sua visione del rapporto tra stato centrale e istituti regionali meridionali, acutamente formulata con gli strumenti del giurista, sosteneva un modello di "decentramento qualificato", in cui la Cassa si facesse tramite del coordinamento tra livelli di governo centrale e regionale, sull'esempio dell'esperienza del piano di Rinascita della Sardegna. Qui un ruolo centrale nel processo programmatorio era assegnato al Centro Regionale di Programmazione, struttura tecnica regionale emanazione della Cassa.[34] Questa visione era in netto contrasto con il modello di decentramento competitivo che andava affermandosi, con regioni strutturate sul modello dello stato, centralizzate rispetto al livello comunale e organizzate per settori, e assessorati regionali concepiti come "piccoli ministeri" gelosi delle proprie sfere di pertinenza. La fase finale della presidenza di Pescatore fu costellata di amarezze. La narrazione della Cassa come ente inutile fu invincibile, e a nulla valsero le puntuali argomentazioni di risposta agli attacchi. Il progetto della Cassa non incarnava più lo spirito dei tempi.

10. *Da Pescatore a Servidio, la svolta alla presidenza dell'ente*

Il successore di Pescatore, Alberto Servidio, che gli subentrò nel 1976 con il sostegno diretto di Ciriaco De Mita, rappresentò una scelta di di-

33. La vicenda è ricostruita in L. Scoppola Iacopini, *La Cassa per il Mezzogiorno e la politica (1950-1986)*, Roma-Bari, Laterza, 2019, pp. 237-239. Nell'*Appendice documentaria* del volume (pp. 203-258), l'autore riporta per intero la lettera di Saraceno indirizzata a S. Labini nella sua veste di membro del Comitato dei garanti dell'Espresso, con riferimento all'articolo intitolato *La diga c'è, ma la vergogna è straripata*, pubblicato su «L'Espresso» del 12 gennaio 1975.

34. Cfr. Pescatore, *La "Cassa per il Mezzogiorno"*, pp. 291-364.

scontinuità sia sotto il profilo del rapporto tra tecnica e politica, decisamente impostato sul primato della seconda sulla prima, sia in termini di disponibilità ad assecondare il discorso regionalista che voleva nella Cassa un docile strumento tecnico a servizio delle regioni.[35] Alla nuova presidenza si ascrive l'allargamento del Consiglio di Amministrazione della Cassa nella forma pletorica del consesso di diciotto membri, la metà dei quali di nomina regionale, che rispondeva all'obiettivo politico di introdurre i rappresentanti del Partito comunista nella cabina di regia dell'intervento straordinario, nell'anno del governo monocolore guidato da Giulio Andreotti con il sostegno esterno del Pci. In quel Consiglio di Amministrazione del 1976 entrarono per la prima volta, infatti, due deputati comunisti.[36]

Del nuovo corso era espressione la legge 183/76, lo strumento giuridico che sancì la volontà di riaffermare il primato della politica sui tecnocrati. Il provvedimento, oltre a riformare il C.d.A., istituiva una commissione parlamentare bicamerale sull'intervento straordinario per il Mezzogiorno. Nell'analisi di Salvatore Cafiero, uomo della Svimez e meridionalista autorevole, la crisi del centro-sinistra e il dialogo tra la Dc e il Pci aprirono la strada a pratiche di stampo consociativo che esasperarono la natura negoziale già assunta dai percorsi decisionali.[37] Ad ogni modo, la vicenda del C.d.A. regionalista si chiuse dopo solo due anni: la componente di nomina regionale fu abolita con un decreto del 1978 per l'effetto paralizzante che i conflitti fra le regioni ebbero sul lavoro del Consiglio.[38]

Il disordine funzionale derivante dalla co-gestione Cassa-regioni e la parlamentarizzazione delle politiche furono origine di stalli e ritardi decisionali e attuativi che non giovavano alla reputazione dell'ente, ma i tentativi di accelerare i tempi attraverso procedure speciali introdussero elementi di discrezionalità che offrirono il fianco a nuovi attacchi. Particolarmente dura fu la campagna stampa che accompagnò la vicenda del "progetto speciale 3" per il golfo di Napoli. I progetti speciali, tra l'altro, costituivano la parte dell'intervento straordinario che aveva mantenuto una regia centrale.

35. Sulla linea regionalista di Servidio si veda la testimonianza di Gerardo Bianco, raccolta da Scoppola Iacopini, *La Cassa per il Mezzogiorno e la politica*, p. 265.

36. Nucifora, *Il coordinamento impossibile*, pp. 98-99.

37. Cafiero, *Storia dell'intervento straordinario nel Mezzogiorno*, p. 105.

38. Decreto-legge 21 luglio 1978, n. 383, convertito con modificazioni dalla L. 05 agosto 1978, n. 480 (in G.U. 25/08/1978, n. 237).

L'attacco alla Cassa del Mezzogiorno fu un *leit motiv* del discorso comunista di fine decennio, sullo sfondo della questione morale sollevata da Berlinguer, che tuttavia intercettava anche il sentire di più larghi strati dell'opinione pubblica settentrionale, poco propensa all'investimento di risorse pubbliche nel Mezzogiorno.

La crisi industriale costituisce l'orizzonte su cui interpretare la dinamica conflittuale delle relazioni tra stato e regioni e tra le regioni stesse. L'obiettivo del contrasto al divario interno, componente essenziale della via di "correzione degli squilibri" tracciata dalla *Nota aggiuntiva* del 1962 che aveva aperto la fase riformista, era entrato ormai in un aperto contrasto con quello – nuovo ed urgente – della riconversione del sistema produttivo industriale in rapido declino. Il varo di provvedimenti finalizzati al sostegno al sistema industriale settentrionale, nel corso degli anni Settanta, si affiancò sistematicamente a quello di interventi finalizzati alle aree arretrate del Mezzogiorno, riducendo l'attrattività dei territori meridionali rispetto agli investimenti privati, in un quadro di forte competizione per l'accaparramento delle risorse.[39]

11. *Gli effetti di una nuova coscienza ambientale*

La deriva particolaristica della programmazione e la rottura del quadro unitario dello sviluppo nazionale che voleva il Sud come tassello importante non furono l'unico elemento della crisi di legittimazione che investì le politiche meridionalistiche. Un altro fattore che incise sull'immagine dell'intervento straordinario fu l'emergere di una diffusa consapevolezza ambientale, conseguenza di una serie di incidenti che colpirono le aree industriali da nord a sud del paese (dall'incidente di Seveso del '76, a quello di Manfredonia nello stesso anno, a quello di Brindisi nel '77).[40]

Nel 1976 la sesta commissione legislativa dell'Assemblea Regionale Siciliana, istituita agli inizi del decennio, rendeva noti all'assemblea i

39. La legge 675 del 1977 sulla "ristrutturazione industriale", in particolare, introducendo una serie di interventi volti ad adeguare la struttura del sistema alla crisi del fordismo e alle dinamiche della globalizzazione, rappresentò un profondo mutamento di prospettiva nelle politiche di sviluppo industriale.

40. S. Adorno, *Alla radice della questione ambientale nel Mezzogiorno. Cassa, industria, territorio e ambiente negli anni Sessanta e Settanta*, in *Le politiche per l'ambiente in Italia*, a cura di G. Corona e R. Realfonzo, Milano, FrancoAngeli, 2017, pp. 111-127.

risultati di un'inchiesta conoscitiva sull'area industriale di Siracusa che mettevano in luce i preoccupanti livelli di inquinamento del suolo e delle acque. Col susseguirsi delle interrogazioni parlamentari, presero il via anche le prime indagini della magistratura.[41]

La presa di coscienza della questione ambientale avvenne in concomitanza con la crisi economica e i primi segnali di calo dell'occupazione, suscitando nelle popolazioni delle aree industriali un forte risentimento verso una stagione di sviluppo troppo breve per produrre un'identità e una cultura industriali radicate, ma abbastanza lunga da incidere significativamente sulla salute degli ecosistemi e delle persone.

Ne derivò la duratura narrazione, speculare all'immagine assistenzialista e sprecona, di un intervento straordinario che aveva sacrificato l'ambiente del Mezzogiorno e la salute dei cittadini meridionali agli interessi predatori della grande industria settentrionale. Questa visione, ancora fortemente radicata nel Mezzogiorno, all'appiattimento dell'intervento straordinario sulla sua sola componente industrialista associa una lettura nostalgica della fase preindustriale, tralasciando peraltro il ruolo fondamentale della Cassa nella modernizzazione dell'agricoltura, di cui tutt'oggi beneficia il settore agroalimentare meridionale, oltre che nello sviluppo infrastrutturale e nella valorizzazione turistica del patrimonio culturale.[42]

12. *Nuove rappresentazioni dello spazio nazionale*

Il tramonto dell'esperienza della Cassa del Mezzogiorno si colloca all'inizio degli anni Ottanta, in concomitanza con l'emergere della "questione settentrionale". L'istanza regionalista, che aveva trovato terreno fertile nel disagio del Nord di fronte alla crisi industriale, con la nascita delle leghe regionaliste, assunse una connotazione eversiva, radicalmente anticentralista e antipartitica, che pose il malcontento delle regioni settentrionali in cima all'agenda politica dei partiti.

41. S. Adorno, *L'area industriale siracusana e la crisi ambientale degli anni Settanta*, in *Industria, ambiente e territorio. Per una storia ambientale delle aree industriali italiane*, a cura di S. Adorno e S. Neri Serneri, Bologna, il Mulino, 2009, pp. 267-331.

42. Cfr. M. Nucifora, *Il racconto della deindustrializzazione. La dimensione locale, tra stigmatizzazione e patrimonializzazione del passato industriale*, in *Il futuro del polo petrolchimico siracusano*, a cura di S. Adorno e M. Meli, Torino, Giappichelli, 2017, pp. 67-76.

Mentre nasceva artificialmente la Padania, il concetto di Mezzogiorno subì un processo di decostruzione. La Terza Italia raccontata da Bagnasco nel suo saggio del 1977 aveva mostrato una realtà produttiva nazionale più complessa del rigido schema duale Nord/Sud.[43] Le stesse analisi della Svimez evidenziavano la presenza a macchia di leopardo di realtà produttive locali piuttosto dinamiche, strutturate sul modello della piccola e media impresa, anche in diversi territori meridionali, in particolare lungo la dorsale adriatica.

L'immagine nuova e affascinante di uno spazio produttivo nazionale costellato di realtà piccole e medie, fortemente ancorate ai caratteri produttivi locali, s'impose nel dibattito pubblico, facendo emergere una componente nuova dell'imprenditoria nazionale, portatrice di istanze peculiari e in cerca di rappresentanza.[44] L'impatto culturale e politico fu forte ma i partiti tradizionali si adattarono lentamente a questo cambiamento.

Il mondo accademico assunse il nuovo paradigma come base per l'apertura di nuovi percorsi di ricerca in molte aree disciplinari e la storiografia del Mezzogiorno non rimase estranea a questo rinnovamento, avviando una riflessione critica profonda sull'impostazione dualistica del meridionalismo e delle letture storiche da essa derivanti. L'attenzione si rivolse ai fattori di disomogeneità non solo in termini di traiettorie produttive, di relazione città-campagna, di peculiari strutture e pratiche agrarie, ma colse anche l'invito, che proveniva dalla geografia regionale e dagli studi socioeconomici, a porre al centro dell'analisi le comunità locali in termini di rapporti cooperazione e fiducia tra gli attori locali, di condivisione di valori e di saperi diffusi, fattori estranei agli apparati tradizionali dell'analisi neomeridionalista.[45]

Sotto il profilo delle politiche di sviluppo economico, il modello di sviluppo locale "endogeno", nato dall'osservazione di specifiche e circo-

43. A. Bagnasco, *Tre Italie. La problematica territoriale dello sviluppo italiano*, Bologna, il Mulino, 1977.

44. Cfr. F. Bartolini, *La Terza Italia. Reinventare la nazione alla fine del Novecento*, Roma, Carocci, 2015.

45. Un momento focale di questa riflessione storiografica fu il grande convegno di Bari del 1985 coordinato da Angelo Massafra, dal titolo *Forme e limiti di un processo di modernizzazione: il Mezzogiorno d'Italia tra la crisi dell'antico regime e l'Unità*. Cfr. *Il Mezzogiorno preunitario. Economia, società e istituzioni*, a cura di A. Massafra, Bari, Dedalo, 1988. Si veda anche G. Giarrizzo, *Mezzogiorno senza "meridionalismo"*, Venezia, Marsilio, 1992.

scritte aree produttive del paese e proiettato sul Mezzogiorno un po' meccanicamente, sembrò avallare la condanna dell'approccio industrialista "esogeno" praticato dalla Cassa e costituirne l'alternativa "sostenibile".

Non solo la diversificazione degli spazi meridionali costituiva una critica all'idea di specificità e unitarietà del problema meridionale, ma anche il carattere "straordinario" dell'intervento in termini di risorse e strumenti, imperniato sulla Cassa si era sfilacciato da tempo, da un lato per il varo sempre più frequente di provvedimenti speciali destinati allo sviluppo di territori centrosettentrionali, dall'altro per il ricorso a modalità e procedure di intervento per il Mezzogiorno "ancor più straordinarie". È il caso della legge 219/81 per le aree colpite dal terremoto, con cui si deliberò un forte decentramento della programmazione degli interventi e della pianificazione territoriale. Assegnando un ruolo determinate a regioni, comuni e comunità montane, la legge rispondeva meglio all'istanza politica di una gestione locale delle risorse economiche e finanziarie.[46]

13. *Lo smantellamento della Cassa del Mezzogiorno e la creazione dell'AgenSud*

Lo smantellamento della Cassa per il Mezzogiorno, la cui attività si trascinava oltre la data del 1980 fissata dalla legge di estensione grazie a successivi decreti di proroga, fu deliberato per logoramento quando, il primo di agosto del 1984, all'ennesimo decreto di proroga il Parlamento negò i caratteri di indifferibilità e urgenza, costringendo il primo governo Craxi a prendere atto di un orientamento ormai generalizzato che fu tradotto nel decreto di soppressione dell'ente del 6 agosto successivo.

Lo smantellamento degli apparati tecnici della Cassa fu improntato all'estemporaneità. Malgrado l'ente disponesse di risorse di organico qualificate in ambiti, come quello ingegneristico, nei quali l'amministrazione pubblica ordinaria centrale e regionale era fortemente carente, la diversità di trattamento e la rigidità delle burocrazie ordinarie ne resero

46. Così Cafiero, *Storia dell'intervento straordinario nel Mezzogiorno*, pp. 123-124, seguendo la linea di F. Barbagallo, G. Bruno, *Espansione e deriva del Mezzogiorno* in *Storia dell'Italia Repubblicana*, a cura di F. Barbagallo, vol. III.II, *L'Italia nella crisi mondiale. L'ultimo ventennio. Istituzioni, politiche, culture*, Torino, Einaudi, 1997, pp. 414-464, in particolare, pp. 430-435.

difficile l'assorbimento e, ove possibile, si preferì la strada dei prepensionamenti.[47] Per contro, con la legge n. 64 del 1986, che aprì un breve periodo di intervento straordinario "senza Cassa", l'ingente carico della progettazione in capo all'ente fu trasferito alle regioni, in virtù della loro delega sulla materia urbanistica.

La legge, inoltre, dando seguito a un'impostazione di tipo negoziale che si andava affermando da più di un decennio, introdusse lo strumento della "contrattazione programmata" che stabiliva un nuovo rapporto pubblico/privato con l'obiettivo di mobilitare i capitali privati per lo sviluppo. La nuova declinazione negoziale delle politiche di sviluppo avrebbe richiesto da parte delle regioni la definizione di un solido quadro d'indirizzo, ma gli enti regionali – non solo meridionali – negli anni successivi all'attribuzione delle deleghe faticarono ad adempiere ai compiti di pianificazione a gran voce reclamati nella fase del dibattito sul decentramento. L'effetto congiunto di decentramento e impostazione negoziale fu una elevata frammentazione dell'azione pubblica del Mezzogiorno, aggravata dall'assenza del ruolo di coordinamento che, malgrado la regionalizzazione, la Cassa aveva in qualche modo svolto.

L'Agenzia per lo sviluppo del Mezzogiorno (AgenSud), che prese il posto della Cassa fino alla legge 488/92, con cui l'intervento straordinario fu soppresso del tutto, non aveva più nessuno dei caratteri dell'originale progetto meridionalista. I livelli tecnici erano fortemente impoveriti. L'AgenSud era, in sostanza, un canale finanziario di erogazione delle agevolazioni, che sanciva una sostanziale rinuncia alla programmazione e lasciava spazi ampi all'intervento politico. In questa fase, infatti, il Cipe agì come mero collettore di proposte regionali, mentre alle strutture attuative della Cassa subentrava una nebulosa di enti pubblici e privati, tutti autorizzati a ottenere finanziamenti in attuazione degli obiettivi definiti dal Cipe, nella totale disomogeneità di approcci, quadri metodologici e apparati strumentali.

47. M.T. Salvemini, *La chiusura delle istituzioni preposte all'Intervento straordinario. 1992-1993*, in «Rivista giuridica del Mezzogiorno», 1-2 (2011), pp. 363-380. Si vedano inoltre i rapporti sullo stato delle politiche per il Mezzogiorno in questa fase di transizione prodotti dall'Osservatorio delle politiche regionali, *Dall'intervento straordinario all'intervento ordinario nelle aree depresse: aspetti finanziari e organizzativi* (giugno 1994); *La nuova politica regionale tra Regioni, Stato e Unione europea* (giugno 1994). I rapporti furono pubblicati sulla «Rivista economica del Mezzogiorno», 2-3 (1994).

14. *Il problema del Mezzogiorno "senza Cassa", nella prospettiva di Maastricht*

Per l'economia del Sud del paese questo fu il periodo più buio, in cui la politica, immersa in una drammatica crisi di legittimità, rinunciò a formulare una riflessione sul futuro del Mezzogiorno di fronte alla sfida del processo di Maastricht. La fiscalizzazione degli oneri sociali drenò gran parte delle risorse economiche per lo sviluppo meridionale, a discapito dell'investimento infrastrutturale. Le politiche di fiscalizzazione degli oneri sociali, colmando artificialmente uno scarto di produttività tra il sistema industriale meridionale e quello del Centro-nord, giovarono momentaneamente a scongiurare un crollo dell'occupazione, ma rappresentarono una scelta inerziale e di corto respiro, dal momento che, già dalla metà degli anni Ottanta, le riforme avviate in seno alla comunità europea da Jacques Delors andavano profilando regimi di concorrenza sempre meno compatibili con questo tipo di approccio. Anni cruciali furono perduti.

Quando nel 1992 l'adesione italiana alla UE impose al paese un drastico aggiustamento, il problema delle politiche d'incentivo alle imprese fruttò all'Italia l'apertura immediata di una procedura d'infrazione. La questione politica, le cui implicazioni sociali erano drammatiche, si trascinò fino alla metà del decennio, per essere infine rapidamente risolta nel corso della breve vita del governo Berlusconi I. Nel negoziato con la neonata Unione Europea, il ministro leghista Pagliarini, titolare del dicastero del Bilancio[48] nonché "primo ministro della Padania" nel 1996, assicurò al commissario europeo per la concorrenza Van Miert la cancellazione della fiscalizzazione degli oneri e degli sgravi contributivi entro la fine del decennio e senza misure compensative. Si passò così dai tre miliardi di euro in agevolazioni del 1996 agli zero a fine decennio, con un impatto durissimo sul sistema produttivo meridionale e sull'occupazione.[49]

48. Alla guida del Ministero delle Finanze nello stesso governo era Giulio Tremonti.

49. Cfr. F. Prota, G. Viesti, *Senza Cassa. Le politiche di sviluppo per il Mezzogiorno dopo l'Intervento straordinario*, Bologna, il Mulino, 2012, p. 45. Sugli esiti drammatici delle scelte operate in questa fase sull'economia del Mezzogiorno, ivi, pp. 54 e ss. Sul negoziato tra governo italiano e commissione europea, A. Crescenzi, *I documenti di Programmazione. Una lettura della politica economica in Italia, dal piano Marshall al DPEF 2008-2011*, Roma, LUISS University Press, 2007, pp. 264-272.

Lo smantellamento della Cassa del Mezzogiorno e la soppressione dell'intervento straordinario si collocarono in un tornante storico di profonda crisi del sistema politico italiano e ne costituirono un tassello importante anche sul piano narrativo. La polemica antimeridionalista fu una componente essenziale della questione settentrionale e del (ri)sentimento antipolitico che montò nell'opinione pubblica delle regioni più ricche e dinamiche del Nord contagiando l'intero paese. Si trattava di un discorso localista con radici profonde nella crisi degli anni Settanta, che ne costituì in molti sensi la premessa. Non è un caso che alla metà di quel decennio Saraceno avesse letto negli attacchi alla Cassa l'eco di quello che non esitò a definire un «invincibile razzismo meridionalista della gente padana».[50]

Le decisioni della classe politica nazionale, nella fase discendente della parabola dello sviluppo, furono dettate dapprima da una volontà di controllo di quello che, insieme alle partecipate, era percepito come uno strumento strategico di risposta alla crisi di consenso e alle tensioni scatenate dal declino della stagione della crescita. L'indebolimento e la perdita di prestigio che conseguirono al processo di politicizzazione dell'ente, la perdita di razionalità economica ed efficienza causata dalle derive localistiche, si collocano in un momento di trasformazione profonda del paese, in cui coesistono fattori positivi, come il manifestarsi di un inatteso dinamismo produttivo autonomo in alcuni territori del Mezzogiorno, fotografato dalle analisi del Ministero del Bilancio e dalla Svimez,[51] e fattori negativi, come l'indebolimento della funzione programmatoria centrale, l'inadempienza degli istituti regionali e la natura competitiva del loro rapporto con lo stato centrale, la crescita del ruolo di mediazione da parte dei partiti.

50. Così Saraceno in una lettera a David M. Turoldo, riportata in Scoppola Iacopini, *La Cassa per il Mezzogiorno e la politica*, pp. 241-242, in risposta a un articolo a firma di Turoldo, dal titolo *Ordine pubblico e malgoverno*, apparso sul «Corriere della Sera» del 18 maggio 1975. Sull'amarezza di Saraceno (e, più in generale, sugli anni Settanta come baricentro temporale di una frattura Nord-Sud con radici storiche più profonde, che vede negli anni Ottanta il passaggio "dalla freddezza alla contrapposizione"), Filippo Sbrana scrive pagine illuminanti, con un significativo focus sulla rottura dell'unità sindacale lungo le faglie dei localismi emergenti; F. Sbrana, *Nord contro Sud. La grande frattura dell'Italia repubblicana*, Roma, Carocci, 2023, in particolare pp. 53-173.

51. Ministero del Bilancio, *Lineamenti di politica economica a medio termine e determinazione delle priorità, approvato dal Consiglio dei ministri il 2 luglio 1980*, in «Il Sole 24 Ore», 5 luglio 1980; SVIMEZ, *Lo schema di Programma triennale di interventi nel Mezzogiorno per il periodo 1985-1987*, Centro studi SVIMEZ, n. 1, 1985.

Al discorso eversivo delle leghe regionaliste del Nord, maturato nel corso degli anni Ottanta, la classe politica del paese stentò a dare una risposta riformista. Sotto la spinta di un'intensa campagna di demonizzazione, la scelta di smantellamento della Cassa, preferita alla sua riforma perorata dai meridionalisti, pose le premesse per un decennio di stallo, tra la soppressione della Cassa e la fine dell'intervento straordinario. La rapida transizione all'ordinarietà delle politiche pubbliche per il Mezzogiorno, deliberata dal governo Amato con il decreto legislativo n. 96/93, fu senz'altro condizionata dalla volontà di fronteggiare la proposta di referendum promossa dalla Lega, in un periodo di repentine e drastiche riforme innescate dal vincolo esterno di Maastricht.

Tali riforme avrebbero aperto una fase del tutto nuova segnata, nel campo delle politiche di sviluppo regionale, dall'avvento dei cosiddetti programmi complessi. L'orizzonte europeo fu determinante anche per il carattere sostitutivo che le politiche europee di coesione, frutto della riforma comunitaria dei fondi strutturali, vennero via via ad assumere, in modo improprio, nei confronti dell'investimento pubblico nazionale per il Sud, malgrado la natura "aggiuntiva" delle risorse comunitarie per le regioni arretrate. Il Mezzogiorno come questione unitaria si avviò a diventare un problema europeo, ricoprendo spazi sempre più marginali nell'agenda dei governi nazionali.

15. *Nuovi approcci allo sviluppo e nuove ricerche storiche, dopo la svolta degli anni Novanta*

Non è possibile qui fare cenno alle politiche ordinarie per lo sviluppo avviate dall'Italia alla metà degli anni Novanta e basate sullo strumento della programmazione negoziata. L'esperienza, che coglieva i frutti della lettura diversificata dello spazio produttivo, ponendo al centro la dimensione locale dello sviluppo, durò una breve stagione e non godette del sostegno della parte maggioritaria del pensiero meridionalista.[52]

Tuttavia, in corrispondenza con questa svolta, alcuni settori della storiografia nazionale avvertirono il bisogno di una più attendibile ricostruzione della vicenda meridionalista, molto spesso in reazione alla natura

52. Per tutti F. Barca, *La nuova programmazione e il Mezzogiorno*, Roma, Donzelli, 1998. Una lettura critica della "nuova programmazione" sta in Prota, Viesti, *Senza Cassa*, in particolare pp. 58-102.

distorta e alla matrice ideologica della vulgata nazionale.[53] In questo senso possiamo leggere il fiorire di nuovi filoni di ricerca, tanto nell'area della storia delle politiche pubbliche quanto in quella della storia economica, che hanno delineato un ritratto dell'esperienza della Cassa più complesso e molto ricco di spunti, a partire dall'invito a collocarla in un quadro di storia dell'integrazione europea e di analisi comparativa dei divari interni.[54]

In questa prospettiva il declino delle politiche meridionaliste torna oggi a essere analizzato come importante tassello della questione nazionale, nel quadro di una più complessa transizione del paese da una fase di "doppia convergenza" (Sud/Nord e Italia/Europa comunitaria) a una fase di "doppia divergenza", aggravata dalla crisi del 2008.

53. In questa direzione va l'invito di Piero Bevilacqua nella sua *Introduzione ai lavori*, in *Radici storiche ed esperienza dell'intervento straordinario nel Mezzogiorno*, pp. 9-12. In questa congerie di nuovi studi, senza pretesa di esaustività, si collocano L. Cafagna, *Nord e Sud: non fare a pezzi l'Italia*, Venezia, Marsilio, 1994; S. Cafiero, *Questione meridionale e unità nazionale (1861-1995)*, Roma, La Nuova Italia, 1996; G. Pescosolido, *La questione meridionale in Italia*, Roma, Istituto della Enciclopedia Italiana, 2001; G. Galasso, *Il Mezzogiorno da "questione" a "problema aperto"*, Manduria, Lacaita, 2005; V. Daniele, P. Malanima, *Il divario Nord-Sud in Italia (1861-2011)*, Soveria Mannelli, Rubbettino, 2011; A. Lepore, *Il dilemma del Mezzogiorno a 150 anni dall'unificazione: attualità e storia del nuovo meridionalismo*, in «Rivista economica del Mezzogiorno», 1-2 (2011); F. Martinelli, *Lost in Translation? Regional Policy from National Strategy to Eu Competitive Framework*, in «Rivista economica del Mezzogiorno», 1-2 (2020), pp. 85-123. Un interessante resoconto delle ricerche in corso nell'ambito del progetto "Archivi dello sviluppo economico e territoriale" (ASET), sta in A. Lepore, S. Palermo, A. Ramazzotti, *Il contributo della Cassa allo sviluppo industriale del Mezzogiorno. La ripartizione settoriale e territoriale degli interventi*, in «Rivista giuridica del Mezzogiorno», 2-3 (2021), pp. 521-555.

54. Così è inquadrato il problema del Mezzogiorno in S. Palermo, *La Cassa per il Mezzogiorno nel Lazio. Strategie per lo sviluppo di un'economia di frontiera (1950-1993)*, Soveria Mannelli, Rubbettino, 2019, e nel recente lavoro di G. Viesti, *Centri e periferie. Europa, Italia e Mezzogiorno dal XX al XXI secolo*, Roma-Bari, Laterza, 2021.

Edoardo Novelli

Partiti, televisione, società: protagonisti e caratteristiche della nuova arena pubblica

La ridefinizione negli anni Sessanta e Ottanta del secolo scorso dei tratti e dei protagonisti dell'arena pubblica – cioè lo spazio di interscambio di contenuti di interesse pubblico fra sistema politico-istituzionale, sistema dei media e dell'informazione e opinione pubblica – è un tratto comune a molte delle società occidentali più avanzate. A partire dagli Stati Uniti, che su questo fronte agiscono da apripista e laboratorio. All'interno di questo trend sovranazionale, trainato da fattori politici, economici e tecnologici, il percorso italiano si caratterizza per alcune specificità. La forza e il ruolo ricoperti dai partiti di massa risultano in Italia più forti che altrove, al punto da poter parlare di una «democrazia dei partiti». [1] Il sistema radiotelevisivo che nasce nel 1954 come monopolio pubblico sottoposto a un controllo politico con pochi eguali, si sviluppa compiutamente nel ventennio 1967-1988 evolvendo in un sistema misto pubblico/privato, incontrollato e selvaggio, pressoché unico.

Se dunque l'Italia rientra in un processo globale di sviluppo della arena pubblica evidenziando forti specificità, gli anni che vanno dal 1967 al 1988 sono per il paese un periodo di profonde trasformazioni. Questo ventennio è segnato dall'esplodere e dal consumarsi del decennio della mobilitazione collettiva, racchiuso fra il 1968 e il 1978, a cui segue una seconda fase espansiva dell'economia italiana, i "fantastici" anni Ottanta, caratterizzati da una impennata nei consumi, il prevalere di valori materiali, la diffusione di una concezione individuale della vita, una marcata secolarizzazione e la fine delle solide appartenenze politico-ideologiche. Giungendo, nel 1988, alla soglia del crollo del sistema politico sorto all'indomani della Seconda

1. L. Cavalli, *Governo dei leader e regime dei partiti*, Bologna, il Mulino, 1992.

guerra mondiale che si concretizzerà solo nei primi anni Novanta, ma del quale sono già presenti ed evidenti cause e ragioni.

I cambiamenti e gli avvenimenti che si verificano nel secondo ventennio dell'età repubblicana si ripercuotono direttamente sugli aspetti dell'arena pubblica italiana, trasformandola nel profondo. Oggetto del presente intervento è ripercorrere questa trasformazione e come fra il 1967 e il 1988 siano mutati i rapporti fra i suoi protagonisti: i principali attori politico-istituzionali (primi fra tutti i partiti e le istituzioni rappresentative); gli interpreti del sistema dell'informazione e della comunicazione (giornali, radio e, soprattutto, la televisione); i soggetti collettivi della società (elettori, opinione pubblica, società civile, movimenti, telespettatori). L'intervento procede evidenziando e analizzando alcuni momenti ed eventi della recente storia italiana, scelti in quanto ritenuti particolarmente significati ed esemplari del processo di trasformazione dei tradizionali confini e delle dinamiche dell'arena pubblica. Nella selezione una particolare attenzione è stata posta sul ruolo man mano assunto dai mass media e, in particolare, dalla televisione. Consapevoli che se sarebbe errato ritenere i mass media l'unico attore dell'innovazione e della trasformazione del paese, è altresì da riconoscere come, nel periodo in oggetto, la televisione abbia saputo sia rappresentare i processi di cambiamento in atto sia, in alcuni casi, accelerarli e innescarli.

All'inizio del periodo considerato – la fine degli anni Sessanta – siamo in presenza di un'arena pubblica animata da pochi attori tradizionali, fra i quali intercorrono rapporti ben definiti, derivanti da ruoli collaudati nel tempo e condivisi. Un sistema politico-istituzionale polarizzato ma sostanzialmente stabile, incentrato sulla presenza di forti partiti di massa che godono di un vasto consenso. Un complesso dell'informazione ancora prevalentemente incentrato sulla carta stampata, con una marcata presenza di giornali di partito. Una società e un elettorato caratterizzati da elevati livelli di partecipazione e di militanza all'interno dei partiti e delle molte organizzazioni e associazioni a essi collaterali e da un basso grado di mobilità elettorale, diretta conseguenza di una grande partecipazione ideologica, nel complesso non molto differente da quella presente in Italia dieci anni prima, nonostante in questo periodo siano arrivati la televisione e il boom dell'economia italiana.

Vent'anni dopo, alla fine degli anni Ottanta, la scena pubblica appare radicalmente trasformata, animata dalla presenza di attori nuovi o, comunque, ben differenti, che agiscono e si rapportano fra di loro in base ad altre logiche, dinamiche, gerarchie. Il sistema politico e i suoi principali protagonisti, i partiti, sono alle prese con una profonda crisi di legittimità che di lì a poco condurrà al cosiddetto "crollo della prima Repubblica". L'apparato dell'informazione risulta totalmente ridefinito sulla centralità ed egemonia acquisita della televisione, passata da due canali pubblici in bianconero, improntati a una concezione pedagogico-educativa del mezzo, a un sistema misto pubblico-privato, nato in maniera spontanea e che solo nel 1990 verrà regolato dalla tardiva Legge Mammì, incentrato su un duopolio con pochi eguali nel mondo e una pluralità di emittenti private piccole e medio piccole, caratterizzato da una offerta spettacolare e strabordante.

Già dai primi anni della sua nascita, nel gennaio 1954, la televisione italiana ha elaborato formule e programmi che hanno messo in luce il suo impatto sociale e il suo ruolo di arena pubblica.

I principali varietà e programmi di intrattenimento hanno raccolto gli italiani davanti agli ancora pochi teleschermi, solitamente disposti nei locali pubblici, travalicando differenze geografiche e sociali. Primo passo di un processo di omogeneizzazione culturale ancora lungo. È soprattutto lo sport che, in virtù di alcuni suoi tratti, ha enfatizzato in questa fase il ruolo di nuova arena pubblica della televisione. In primo luogo, la grande passione degli italiani per lo sport, quindi la neutralità del tema, adatto a una Rai sottoposta a un rigido controllo politico da parte dell'esecutivo, infine, quale aspetto tecnico, la programmabilità di questi eventi. Le Olimpiadi invernali di Cortina del '56 e, soprattutto, quelle di Roma del '60 hanno visto un coinvolgimento eccezionale della Rai. 50 ore di trasmissione, 11 telecamere e 14 collegamenti le prime, ben 106 ore di trasmissione e 450 tecnici e 17 telecronisti coinvolti le seconde. Al di là del dato quantitativo, di per sé già rilevante, si è trattato di due manifestazioni non solo trasmesse ma anche "costruite" dalla televisione, che ha unificato avvenimenti lontani fra loro, spazialmente e temporalmente, sconvolgendo per l'occasione il normale palinsesto televisivo, ma anche la normalità del quotidiano, imponendosi al centro dell'arena pubblica. Nel 1959 la nascita del programma radiofonico *Tutto il calcio minuto per minuto* ha creato una nuova piazza domenicale alla quale si affacciano milioni di radioascoltatori, capace di riconfigurare i tempi e le abitudini dei giorni festivi. E, nel 1962, la piazza sportiva, la discussione da bar sport, è arrivata in televisione con il *Processo alla tappa* di Sergio Zavoli. Uno dei primi talk della televisione italiana trasmesso sino al 1969.

L'informazione ha invece scontato la non prevedibilità degli eventi, soprattutto quelli di cronaca e quelli eccezionali: un aspetto che ha reso impossibile, date le apparecchiature e le strumentazioni dell'epoca, la loro ripresa e trasmissione. Lo sviluppo tecnologico della televisione, per quanto rapido e importante, non è stato da solo sufficiente a colmare questa lacuna. Nel 1962 la prima trasmissione in mondovisione ha rappresentato una tappa fondamentale verso la costruzione di quello che in seguito McLuhan avrebbe definito il «villaggio globale».[2] Un allargamento del raggio d'azione della televisione che ha esteso l'Eurovisione nata ufficialmente nel 1953. Ciò nonostante, quando la sera del 22 novembre del 1963 arriva la notizia dell'attentato a John Kennedy a Dallas, dopo la lettura di un brevissimo comunicato da parte del giornalista, la Rai sospende le trasmissioni in segno di lutto. Mentre negli Stati Uniti, paese caratterizzato da un diverso sistema televisivo e dell'informazione, si svolge il primo evento interamente ripreso e documentato dalle telecamere (dall'attentato a Dallas, ai funerali, sino all'omicidio del supposto attentatore), la Rai, attenendosi al modello informativo proprio della carta stampata e dei giornali, non segue l'evento nel suo divenire.

L'informazione della Rai degli esordi si attiene strettamente a una funzione di documentazione, testimonianza, commento, mantenendosi a una distanza di rispetto dagli avvenimenti. Indagini giornalistiche quali *La donna che lavora* (1959) o *Viaggio nella valle del Po* (1957) sono caratterizzate da un taglio documentaristico, un linguaggio cinematografico e un forte approccio socio-antropologico. L'inchiesta *Dieci anni di televisione in Italia* (1964), realizzata in occasione del decennale della televisione, è un perfetto esempio di questo tipo di informazione e, al contempo, un eccezionale documento dell'impatto che il nuovo strumento ha avuto sulla vita degli italiani, sulle loro abitudini, sulle diverse arene pubbliche esistenti. Luoghi e realtà lontane e sino ad allora ben separate, messi in contatto dall'arrivo della televisione. Il programma intervista diverse famiglie italiane entrando nelle loro case. Una famiglia dell'alta borghesia milanese, quasi infastidita dall'arrivo di un mezzo che ha turbato i ritmi di vita tradizionali e gli abituali consumi culturali: le serate al circolo, il teatro, il cinema. Introducendo a suo giudizio, non solo fra i giovani, comportamenti futili, ispirati a valori materiali e ai modelli pubblicitari. Una famiglia del

2. M. McLuhan, *Understanding Media: The Extension of Man*, London, Routledge and Kegan Paul, 1964, trad it. *Gli strumenti del comunicare*, Milano, Il Saggiatore, 1967.

ceto medio di Arezzo che guarda invece alla televisione come un mezzo di crescita sociale e culturale, subendone però le conseguenze sui ritmi familiari, le abitudini domestiche e il tempo libero. Infine, una famiglia povera di braccianti di Grassano, paese scelto dalla Commissione di inchiesta parlamentare sulla miseria in Italia attiva fra il 1951 e il 1954, che vede nella televisione una via di affrancamento e superamento di una povertà e di una arretratezza storiche. L'azione di rottura di enclave sociali e di rimescolamento di identità e culture svolta dalla televisione nei suoi primi dieci anni emerge con particolare evidenza dalle interviste fatte nell'unico bar di Grassano. Ritrovo rigorosamente frequentato solo da uomini, nel quale gli anziani trovano nella televisione il modo per "uscire" da un paese lasciato solo in occasione della Prima guerra mondiale e i più giovani scoprono di far parte di una gioventù internazionale caratterizzata da mode, abbigliamenti, consumi del tutto propri.

L'alluvione che il 3 novembre del 1966 colpisce Firenze ben evidenzia i ritardi e i problemi tecnici che ancora impediscono all'informazione televisiva di diventare il centro della vita pubblica italiana. Grande protagonista di quelle giornate è infatti la radio che, grazie a ponti radio e collegamenti aerei, documenta in diretta lo svolgersi della tragedia, trasmettendo, in un famosissimo collegamento di Marcello Giannini, il rumore dell'acqua che scorre impetuosa sotto la centralissima sede Rai di Firenze. La televisione invece, non solo non documenta la vicenda in diretta, né sconvolge il proprio palinsesto, ma passano alcuni giorni prima della trasmissione dei pochi speciali giornalistici sull'accaduto. Un servizio di *TV7* del 21 novembre sugli angeli del fango, una puntata dell'*Approdo* del 27 dicembre sul restauro delle opere danneggiate. Secondo il consueto modello di un giornalismo televisivo di analisi, commento, riflessione, distante dagli avvenimenti.

Nel 1967, in presenza di uno stabile sistema pubblico monopolista articolato su due reti televisive e tre canali radiofonici, l'offerta della Rai ammonta a 4.448 ore di televisione e 16.933 di radiofonia. Gli abbonati alla radio superano gli 11 milioni e mezzo e i 7 milioni e mezzo quelli alla televisione. L'area di diffusione del Primo canale raggiunge il 98% della popolazione, l'87% il Secondo. Gli italiani che guardano la televisione fra le 21 e le 22 sono aumentati dal 1965 di quasi 4 milioni, raggiungendo i 15 milioni e mezzo di telespettatori al giorno con un ascolto medio di 2 ore e 18 minuti. Il favore verso il nuovo mezzo degli italiani è in crescita. Negli ultimi cinque anni la percentuale dei "molto soddisfatti" o "abbastanza soddisfatti" è passata dal 41 al 55%, mentre quella dei "poco soddisfatti" o "per niente" è scesa dal 24 al 13%.[3] Nel 1967 per i telegiornali le ore di trasmissione dei due canali televisivi ammontano a 551, a 45 quelle dei servizi speciali, a 53 quelle delle telecronache, a 77 quelle degli incontri e i dibattiti, che includono le tribune politiche. Il *Telegiornale* delle 20:30 raggiunge un ascolto medio fra i 10 e gli 11 milioni di telespettatori e la rubrica d'informazione *TV7* oltre i 9 milioni, contro i 6 dell'anno precedente. Numeri in crescita, all'interno di una programmazione ancora fortemente orientata a una missione pedagogica ed educativa che propone 501 ore di *Programmi culturali ed educativi* e 674 di *Trasmissioni scolastiche per adulti*. Ampie porzioni della programmazione tanto televisiva quanto radiofonica sono occupati dalla programmazione musicale, in particolare lirico-sinfonica, e teatrale, dagli sceneggiati, quali *Vita di Cavour* e *Caravaggio*, e dagli adattamenti televisivi, fra i quali spicca *I Promessi Sposi* di Sandro Bolchi, frutto di un enorme sforzo produttivo ed economico. Programmi come *Giovani*, *Per Voi giovani*, *Hit Parade*, nati anch'essi nel 1967, segnalano però che la programmazione radiotelevisiva inizia a guardare con sempre maggior interesse all'universo giovanile e ai suoi gusti.

Le potenzialità e le conseguenze della diffusione del nuovo mezzo sono già chiaramente percepibili e

> ancor più straordinaria appare questa avanzata, ove si consideri che una vastissima parte di questa immensa platea di spettatori diviene in circostanze particolari una vera e propria collettività simultanea impegnata nel medesimo ascolto. Se i 26 milioni dell'area generale di contatto televisiva rappresentano il limite indifferenziato di coloro che comunque seguono le nostre trasmissioni, già siamo arrivati al concorso contemporaneo di 22 milioni di ascoltatori riuniti nello stesso momento a seguire il medesimo programma.[4]

La televisione e l'informazione della Rai stanno emergendo come un nuovo spazio collettivo di svago e di confronto nel quale, in particolare occasioni, si ritrovano milioni di italiani. Ma è un processo solo agli inizi, che deve ancora scontare scelte politiche e problemi tecnici. L'arena pubblica è infatti saldamente occupata e controllata da altri soggetti politico-istituzionali e informativi.

3. Cfr: Rai Radio Televisione Italiana, Conto Consuntivo, Relazione e bilancio per l'esercizio 1967: assemblea generale ordinaria degli azionisti: Roma, 30 aprile 1968, Roma, Rai-Radiotelevisione italiana, 1963.

4. Ivi, p. 3.

Un segnale delle potenzialità e delle ambizioni del nuovo mezzo è la nascita del programma *Faccia a faccia*[5] trasmesso nel 1968 e 1969. Il programma condotto da Aldo Falivena risente del nuovo clima politico e sociale che dalle scuole, dai luoghi di lavoro, dalle università, dal mondo giovanile, si sta estendendo ad altri settori della società, coinvolgendo istituzioni, partiti, associazioni. Molte le novità introdotte da questo programma, alcune delle quali verranno riprese anche molti anni dopo. Sul piano della discussione e delle forme del confronto, *Faccia a Faccia* coinvolge nella discussione dei temi politici e sociali semplici cittadini seduti nel pubblico, mostrando uno stile giornalistico più deciso e meno ossequioso nei confronti degli ospiti e dei politici. Due elementi che animano la discussione. Sul piano della forma e della messa in scena del confronto pubblico, *Faccia a Faccia* introduce la disposizione dello studio ad arena e mostra monitor, impalcature e strumenti tecnici, rendendo palese la centralità del mezzo televisivo. Come scrivono i giornali dell'epoca, il programma è un inedito esperimento di democrazia in diretta che chiama «tutti nella mischia, sotto l'occhio della telecamera».[6] Sebbene il programma si inserisca ancora pienamente nel progetto pedagogico educativo che caratterizza l'offerta della Rai dell'epoca anche per quanto riguarda l'informazione, è evidente che la televisione si candida a ricoprire un nuovo ruolo all'interno della scena pubblica italiana.

Agli inizi degli anni Settanta, a causa della rapidità dei cambiamenti in atto in molti settori del paese – politica, economia, scuola, lavoro, famiglia, sindacato – il sistema politico italiano e molti dei suoi principali protagonisti si trovano arretrati rispetto alle richieste che provengono dalla società e in preda a una crisi di legittimità.[7] Quale risposta iniziano a guardare con maggior attenzione al possibile ruolo della televisione che, dal canto suo, non conosce invece alcuna crisi né nel numero degli abbonati, in costante crescita, né nella popolarità dei programmi. Una situazione che viene accelerata a metà del decennio dall'avvio di una

5. Per una più completa analisi e descrizione di questo programma e del suo ruolo nel processo di evoluzione del genere del talk-show politico in Italia cfr. E. Novelli, *La democrazia del talk-show*, Roma, Carocci, 2016.

6. G. Tabasso, *Dica pure signor cittadino*, in «Radiocorriere Tv», 21-27 settembre 1969.

7. Ampia la bibliografia in proposito, per tutti cfr. S. Lanaro, *Storia dell'Italia repubblicana: dalla fine della guerra agli anni Novanta*, Venezia, Marsilio, 1992; G. Crainz, *Il paese mancato: dal miracolo economico agli anni Ottanta*, vol. 2, Roma, Donzelli, 2003; P. Ginsborg, *Storia d'Italia dal dopoguerra a oggi*, Torino, Einaudi, 2014.

fase espansiva della televisione, innescata da un duplice processo. Da un lato, la riforma della Rai del 1975 apre a una programmazione che tiene in maggior considerazione i gusti dei telespettatori, a una stagione di sperimentazione e contaminazione nei linguaggi e nei generi, al crescere della componente spettacolare e intrattenitiva che "contamina" addirittura l'informazione. Dall'altro, l'esplosione, improvvisa e incontrollata, dell'emittenza radio-televisiva privata, prima su scala locale e, dal 1980, su scala nazionale,[8] che, con la sua ideologia commerciale e logica unicamente quantitativa,[9] in pochi anni afferma una egemonia sottoculturale[10] che accompagna l'uscita dal decennio dell'impegno collettivo[11] e l'avvio della mutazione individualista.[12]

Bontà Loro,[13] considerato il primo talk-show italiano condotto da Maurizio Costanzo dal 1976, apre ai politici e rappresentanti delle istituzioni, chiamati in quel salotto tv a raccontare del proprio privato assieme a personaggi dello spettacolo. Dello stesso anno è la prima maratona post elettorale, trasmessa su Rai Uno.[14] Un programma contenitore, genere distintivo della neotelevisione,[15] che alternando informazione, proiezioni, interviste, collegamenti dalle sedi dei partiti e intrattenimento, fa della televisione l'arena pubblica italiana in occasione di uno dei momenti più importanti e solenni della vita del paese. *Bontà Loro* e la maratona elettorale rappresentano due segnali evidenti dell'avvio di un processo di spettacolarizzazione che contamina la politica e i propri rappresentanti, interessati a percorrere nuove forme di comunicazione e contatto con gli elettori e che accresce il ruolo e la funzione del mezzo televisivo.

8. Per tutti: P. Ortoleva, *Un ventennio a colori*, Firenze, Giunti, 1998; E. Menduni, *Televisione e società italiana 1975-2000*, Milano, Studi Bompiani, 2002.

9. F. Casetti, *Fra me e te. Strategie di coinvolgimento dello spettatore nella neotelevisione*, Roma, Rai Eri, 1988; *Lo spettacolo del consumo*, a cura di M. Morcellini, Milano, FrancoAngeli, 1986.

10. M. Panarari, *L'egemonia sottoculturale*, Torino, Einaudi, 2010.

11. G. De Luna, *Le ragioni di un decennio: 1969-1979. Militanza, violenza, sconfitta, memoria*, Milano, Feltrinelli, 2011.

12. G. Gozzini, *La mutazione individualista: gli italiani e la televisione 1954-2011*, Roma-Bari, Laterza, 2014.

13. Cfr. Novelli, *La democrazia del talk-show*.

14. Cfr. E. Novelli, *Dalla tv di partito al partito della tv*, Firenze, La Nuova Italia, 1993.

15. U. Eco, *La trasparenza perduta. Sette anni di desiderio*, Milano, Bompiani, 1983, pp. 163-179.

Se dunque a metà degli anni Settanta la trasformazione dell'arena pubblica e dei rapporti fra i suoi principali protagonisti è chiaramente avviata, uno dei principali avvenimenti politici del decennio, dimostra che il processo non è né rapido, né tantomeno lineare. Il sequestro Moro, che nel 1978 monopolizza la politica, l'informazione e il paese per i 55 giorni che passano dal sequestro il 16 marzo al ritrovamento del corpo del leader democristiano il 9 maggio, è dal punto di vista della comunicazione molto poco moderno. Tolte le drammatiche riprese fatte dalla troupe del giornalista della Rai Paolo Frajese sul luogo dell'agguato in via Fani, la Polaroid di Moro prigioniero e le altrettanto drammatiche immagini del corpo di Moro nel bagagliaio della Renault 4 in via Caetani riprese dalla emittente locale romana GBR, si tratta di una vicenda dalla scarsissima componente visiva, nel quale le immagini e la televisione ricoprono un ruolo limitato. Grande è invece il ruolo svolto dalla parola scritta: i comunicati delle Brigate rosse, i volantini, le lettere del prigioniero, l'acceso dibattito sulla stampa. Nonostante, come scritto nella rapporto della ricerca sul *Ruolo dell'informazione in una situazione di emergenza* promossa dalla Rai, il caso Moro contribuisca a «ridefinire i rapporti e l'interazione fra giornalisti e notizie, tra giornalisti e sistema politico e infine tra giornalisti e opinione pubblica», e veda il sistema informativo «eletto a interlocutore privilegiato dei gesti terroristici e referente inevitabile della loro strategia»,[16] la televisione rimane confinata in un ruolo tradizionale, in secondo piano rispetto alla stampa sulla quale, oltre alla cronaca degli avvenimenti, si sviluppa la riflessione sull'informazione e sull'opportunità di operare un'autocensura che non trova spazio nelle reti televisive pubbliche e private.

All'inizio del nuovo decennio due avvenimenti di natura profondamente diversa indicano un salto nelle logiche dell'informazione, nelle dinamiche dell'arena mediale e nei rapporti fra i suoi principali attori, segnando la conquista da parte della televisione di un ruolo sempre più centrale e determinante. La caduta e la successiva morte di Alfredo Rampi in un pozzo artesiano presso Vermicino, nel 1981, sono all'origine del primo «media evento»[17] della televisione italiana. La vicenda è seguita da una

16. M. Morcellini, F. Avallone, *Il ruolo dell'informazione in una situazione d'emergenza 16 marzo 1978: il rapimento di Aldo Moro*, Roma, RAI-Radiotelevisione italiana. Consiglio d'Amministrazione. Segreteria. Verifica Qualitativa Programmi Trasmessi, 1978, pp. 1 e 3.

17. D. Dayan, E. Katz, *Media Events, the Live Broadcasting of History*, Cambridge, Harvard University Press, 1992.

diretta televisiva di 18 ore che dà all'episodio una rilevanza eccezionale e che monopolizza e paralizza il paese davanti ai teleschermi.[18] Le prime strazianti immagini in diretta dal luogo dell'incidente e il sonoro, che grazie a un microfono a filo della Rai proviene dal profondo del pozzo, sono il primo atto di un processo di appropriazione e stravolgimento della vicenda da parte della televisione che nelle ore successive si arricchisce con la mobilitazione della macchina dei soccorsi, l'accorrere di una folla di curiosi, l'interesse del sistema dell'informazione, sino all'arrivo sul luogo del presidente della Repubblica Sandro Pertini. Personaggio al quale si deve un primo marcato processo di personalizzazione della principale carica dello stato, basato su uno stretto rapporto con i mezzi di informazione e lo strumento televisivo.[19] Con Pertini, una figura istituzionale e tradizionalmente riservata quale quella del presidente della Repubblica diventa un personaggio popolare della politica e della vita pubblica, anche grazie ai suoi "fuori programma" nello spazio pubblico-mediatico. Vermicino, telefonate in diretta ai principali varietà televisivi, l'intervista al telegiornale sui ritardi nei soccorsi per il terremoto in Irpinia del 1980, la presenza alla finale dei Mondiali di calcio a Madrid nel 1992, l'intervento alla morte di Enrico Berlinguer. Un protagonismo mediatico e una popolarizzazione della Presidenza della Repubblica senza precedenti, che il suo successore Francesco Cossiga estenderà ulteriormente, anche se con altri toni e registri.

Tre anni dopo Vermicino, il malore che coglie il segretario del Pci Enrico Berlinguer nel corso di un comizio elettorale a Padova, la successiva morte, e i funerali che si svolgono a Roma il 13 giugno, sono all'origine del primo media evento della politica italiana.[20] Anche in questo caso, la vicenda, tutta documentata e trasmessa in televisione, dalle immagini registrate del malore, all'arrivo a Fiumicino dell'aereo presidenziale con la salma, sino ai funerali in diretta, provoca una forte emozione e partecipazione nel paese. E, anche in questo caso, il ruolo della televisione non è più soltanto quello di semplice testimone, di documentazione, ma è un elemento determinante tanto nello sviluppo, quanto nelle conseguenze dell'evento.

18. Per una dettagliata ricostruzione della vicenda: M. Gamba, *Vermicino. L'Italia nel pozzo*, Milano, Sperling & Kupfer, 2011.

19. E. Novelli, *La Turbopolitica, Sessant'anni di comunicazione politica e scena pubblica in Italia 1945-2005*, Milano, Rizzoli, 2006.

20. P. Mancini, D. Margheriti, *Mass media e rituale nella morte di Berlinguer*, in «Problemi dell'Informazione», 4 (1984), pp. 503-530.

Nel corso dei due decenni l'arena pubblica italiana si è radicalmente trasformata nei suoi attori e nelle sue logiche, con una enorme crescita in termini quantitativi e qualitativi del mezzo televisivo in generale e, in particolare, della sua funzione informativa. Nel 1988, anno che conclude il ventennio considerato, l'offerta radiotelevisiva continua un trend di rapida crescita che prosegue oramai da anni, tanto nel settore pubblico quanto in quello privato.

La Rai, alle prese con un rinnovamento e un non facile bilanciamento fra una programmazione di mercato e una logica di servizio, trasmette sulle sue tre reti 17.065 ore di televisione a diffusione nazionale con una crescita di oltre mille ore rispetto all'anno precedente, e 6.311 a diffusione regionale. Nell'arco di 10 anni la media giornaliera delle trasmissioni televisive del servizio pubblico è di fatto triplicata, passando dalle 18,46 del 1979 alle 46,37 del 1988. Le tre reti radiofoniche pubbliche, attive 24 ore su 24, trasmettono 59.172 ore, di cui 27.851 a diffusione nazionale e 19.739 a diffusione regionale e locale. Per quanto riguarda l'informazione la Rai, che nel 1988 ha istituito la nuova testata *Rai Regione*, opera con 6 testate giornalistiche a diffusione nazionale, tre televisive e tre radiofoniche, e una testata regionale radiotelevisiva, che nei giorni feriali realizzano 54 edizioni nazionali (19 televisive e 35 radiofoniche) e 104 regionali. I tre radiogiornali coprono dalle 6 del mattino alle 24 della notte, con 34 edizioni quotidiane. Con l'avvio della programmazione mattutina, grande novità del 1986, l'offerta di informazione della Rai si è estesa a questa fascia della giornata con edizioni dei telegiornali e diverse finestre informative, inserendosi in altri genere televisivi e coprendo di fatto l'intero arco della programmazione. Nel programma *Uno Mattina*, contenitore di cronaca e attualità della rete pubblica ammiraglia, sono previsti un collegamento con il *GR2* alle 7:30 e quattro brevi notiziari alle 8:00, alle 9:00, alle 9:30 e alle 10:30. Nel complesso, i programmi informativi rappresentano nel 1988 il 26% della programmazione televisiva nazionale Rai, con oltre 4mila ore, e il 18% di quella radiofonica, con oltre 3.500 ore. A tutto questo si aggiungono le edizioni speciali e i reportage, strumenti "eccezionali" di un'informazione televisiva sempre più orientata alla testimonianza in diretta degli avvenimenti, ripresi e commentati nel loro divenire. Come il crollo del Muro di Berlino nel 1989, al quale vengono dedicati speciali e approfondimenti con ottimi risultati di ascolto.[21]

21. Cfr.: RAI-Radiotelevisione Italiana, *Annuario Rai 1980–90*, Roma, Edizioni Rai-Radiotelevisione Italiana, 1991.

Impossibile fornire un quadro altrettanto dettagliato per quanto riguarda l'offerta del variegato fronte dell'emittenza privata, dove nel 1984 si è costituito con tre reti il polo Mediaset, di proprietà di Silvio Berlusconi. Al momento, le televisioni private non sono ancora tenute all'offerta informativa e se le centinaia di reti locali attive sul territorio italiano hanno individuato nell'informazione locale un punto qualificante della loro programmazione, le tre reti Mediaset concentrano tutte le loro energie sull'intrattenimento e si impegneranno in questo particolare e dispendioso settore solo dopo l'approvazione della legge n. 223 del 1990 di riforma della Rai. Questo però non significa che la loro presenza e la loro offerta non incidano profondamente sulla cultura del paese e sui tratti della sua arena pubblica.

> Il binomio televisione-pubblicità trasforma l'opinione pubblica in opinione di massa e la società civile in società di mercato [...] assegna all'audience un ruolo attivo nella definizione dei contenuti [...] l'italiano medio vive l'illusione di un nuovo protagonismo attraverso il mezzo televisivo.[22]

Dal 1984 al 1987 il programma *Aboccaperta*,[23] condotto su Telemontecarlo da Gianfranco Funari, ottiene un notevole successo invitando cittadini qualsiasi a scontrarsi su temi particolarmente divisivi, contaminando le forme dello spettacolo e del trash con quelle del confronto e della discussione politica.

È in questi anni che fra sistema politico e sistema radiotelevisivo si consolida un rapporto di reciproco scambio. Il primo garantisce il mantenimento di una situazione che si è sviluppata in maniera spontanea e non regolamentata, ottenendo in cambio dal secondo nuovi momenti di contatto e visibilità con l'opinione pubblica. Le regole, le forme, i linguaggi che vanno affermandosi in questa nuova arena pubblica non sono più però quelli tradizionali della politica, rispettati e osservati dalle *Tribune politiche* e dalla televisione degli esordi, bensì quelli della spettacolarizzazione e della personalizzazione propri della televisione commerciale. La *media logic* prevale sulla *political logic*.[24]

Si tratta di una trasformazione che procede di pari passo con il tramonto in Italia del modello del partito di massa, che proprio nel finale del ventennio considerato giunge a compimento, il quale con le sue caratteri-

22. Gozzini, *La mutazione individualista*, p. 133.

23. Cfr. Novelli, *La democrazia del talk-show*.

24. D.L. Altheide, R.P. Snow, *Media logic and culture: Reply to Oakes*, in «International Journal of Politics, Culture, and Society», 1992, pp. 465-472.

stiche organizzative e comunicative aveva occupato l'arena pubblica da una posizione di indiscussa forza e autorevolezza nei confronti del sistema dell'informazione e, in particolare, della televisione pubblica. La diffusione a partire dalle elezioni del 1983 degli spot politici sul modello di quelli commerciali, una progressiva e sempre più marcata personalizzazione delle leadership, la trasformazione dei momenti tradizionali della vita dei partiti quali assemblee e congressi in eventi comunicativi, il venir meno della distinzione fra dimensione pubblica e privata, l'emergere della componente spettacolare e seduttiva dell'azione politica e della sua comunicazione, la progressiva trasposizione del dibattito e del confronto politico nei talk-show televisivi, sono alcuni dei segnali del progressivo stravolgimento delle logiche e delle gerarchie che regolano l'arena pubblica.

Con una rapidità sorprendente, la televisione si fa piazza, arena, mette in scena il dibattito, distribuisce i ruoli e le parti della nuova cittadinanza elettronica, subentrando alla politica nel ruolo di principale agenzia di aggregazione e rappresentanza delle istanze e delle dinamiche sociali. Un processo che, avviato dalla televisione commerciale, si manifesta soprattutto nel servizio pubblico. La fine degli anni Ottanta e il progressivo declino del sistema politico che ha caratterizzato la prima repubblica coincide con il grande successo del talk-show politico, genere che si espande nei palinsesti, occupando tutti i giorni e qualsiasi fascia oraria. È il format adatto a soddisfare contemporaneamente la necessità di ascolti della televisione, la dimensione intrattenitiva gradita al pubblico, la deriva spettacolare dell'informazione, la visibilità necessaria alla politica. Un piano inclinato, che dal *Maurizio Costanzo show*, decano del genere nato nel 1982, porta rapidamente a *Samarcanda* di Santoro (1987), l'inventore della piazza televisiva; a cui seguiranno *Profondo Nord* di Gad Lerner (1991) – che rivela al paese il fenomeno della Lega Nord – e *Milano Italia* (1992) – primo talk politico quotidiano.[25] Un percorso alla fine del quale la televisione avrà definitivamente ridefinito l'arena pubblica, diventandone la principale protagonista e riducendo la politica a uno dei suoi attori.

All'interno di questa nuova arena mediatico-televisiva sempre più sottili diventano i confini fra politica, informazione e spettacolo, fra le forme della rappresentanza e quelle della rappresentazione. Nel 1983 è in un'intervista a *Mixer* di Giovanni Minoli anziché in Parlamento o in un vertice politico che il presidente del consiglio Bettino Craxi chiude all'ipotesi di

25. Cfr. Novelli, *La democrazia del talk-show*.

staffetta con Ciriaco De Mita alla Presidenza del consiglio. Venendo meno a quanto concordato e, soprattutto, al di fuori di ogni prassi istituzionale, l'intervento del segretario socialista apre di fatto a una crisi di governo e a elezioni anticipate. L'anno successivo è al Festival di Sanremo che si presenta una delegazione di operai dell'Italsider di Genova per protestare contro un piano di licenziamenti ed è dal palco del Teatro Ariston che, per decisione di Pippo Baudo, legge il suo appello alle istituzioni. Ancora pochi anni e, nel 1987, Adriano Celentano assurge a telepredicatore in *Fantastico*, intervenendo con la sua cifra e i suoi modi su temi politici e sociali, sino a non molti anni fa rigorosamente preclusi allo spettacolo televisivo e ai suoi protagonisti. Eugenio Scalfari su la Repubblica scrive: «Celentano farà scuola, qualcuno prima o poi perfezionerà l'esperienza, la volgerà ad un fine mirato e politico».[26] Riguardando a quella fase, uno dei suoi protagonisti – Stefano Balassone, allora vicedirettore della Rai Tre della tv verità, inventata da Angelo Guglielmi – nota:

> Quella che sembra una riscoperta della politica corrisponde in realtà ad una spoliticizzazione spettacolare, dove lo schieramento prevale sulla discussione, la semplificazione sulla complessità, l'umore sul ragionamento, il sentimento sulla logica, la voce sull'ascolto, l'esperienza diretta del profano sul sapere competente ed esperto.[27]

Le premesse per una nuova fase politica e sociale del paese, le cui conseguenze sono ancora oggi chiaramente percepibili, erano poste.

26. E. Scalfari, *Il nostro guru del sabato sera*, in «La Repubblica», 15 dicembre 1987, ora in G. Crainz, *Autobiografia di una Repubblica*, Roma, Donzelli, 2009, pp. 156-157.
27. S. Balassone, *Piaceri e poteri della tv*, Roma, Meltemi, 2004, p. 92.

Leonardo Campus

Tra canzonette e cantautori: la musica di un ventennio inquieto

Non si può capire l'Italia del ventennio che va dal Sessantotto alla vigilia del crollo del Muro senza studiare anche le sue canzoni più popolari e i suoi divi. Questo perché la musica leggera in quegli anni ha avuto una centralità e rappresentatività (oggi invece in buona parte perduta) tale da divenire trama essenziale del tessuto culturale dell'epoca, componente profonda dell'immaginario collettivo, testimonianza quanto mai preziosa e limpida dei suoi tormenti, dei suoi sogni e dei suoi incubi più profondi. Inoltre, in quella fase la musica leggera italiana raggiunse una qualità estetica non di rado molto elevata, sia nella musica che nei testi. Cosa che, se non rende il lavoro di analisi storica più facile, lo fa certo più piacevole. Eppure, questo approccio è rimasto fin qui pressoché inesplorato, relativamente a quel periodo storico (anche se qualcosa accenna a cambiare).[1] Di conseguenza, pur consapevole che il tema meriterebbe almeno un libro, nel ristretto spazio qui disponibile cercherò di fornire una sintesi, col doppio intento di contribuire al quadro di quel ventennio e far intravedere la ricchezza di quella categoria di fonti e l'interesse di un loro studio storiografico.

Il primo anno del ventennio qui preso in esame – ossia il 1967 – è subito un anno di svolta. È infatti quello del suicidio di Luigi Tenco a Sanremo dopo l'eliminazione (con appena 38 voti su 900) della sua can-

1. L'unico lavoro storiografico sul tema è la recente monografia di P. Carusi, *Viva l'Italia. Narrazioni e rappresentazioni della storia repubblicana nei versi dei cantautori impegnati*, Firenze, Le Monnier, 2018, che peraltro prende in esame solo un ristretto novero di artisti, da lui catalogati come "cantautori impegnati". A ciò è seguito ora *Storia culturale della canzone italiana*, Milano, Il Saggiatore, 2019, del giovane musicologo e giornalista J. Tomatis, che però, appunto, ha un approccio diverso (di *popular music* più che storico), oltre a non riguardare specificamente questo periodo.

zone *Ciao amore ciao*. Il brano del ventinovenne cantautore genovese raccontava lo spaesamento provato da un giovane emigrato dal natio Sud al Nord Italia: una realtà allora frequentissima, strettamente legata al miracolo economico. Su quest'evento tragico e seminale per la musica italiana si sono scritti fiumi di inchiostro, nelle direzioni più disparate. Curiosamente sconosciuta è rimasta però la sua ultima intervista radiofonica, registrata nella città dei fiori giusto poche ore prima di esibirsi sul palco del Casinò. Essa è preziosa e drammatica insieme, perché ci rivela un Tenco tonico e allegro, con grandi aspettative: «Si tratta di una canzone con la quale vorrei cercare di tracciare una nuova linea per la canzone italiana. [...] Sì, c'è un messaggio, che però è detto con un linguaggio del pubblico. [...] Io spero in una vittoria».[2] Da qui la delusione cocente per l'eliminazione immediata, già prima della finale. E da qui il suo gesto – evidentemente «estremo, assurdo», come lo definì anche l'amico Lello Bersani – di togliersi la vita lasciando un biglietto «di protesta contro una giuria che manda in finale *Io tu e le rose* e una commissione che seleziona *La rivoluzione.* Spero serva a chiarire le idee a qualcuno».[3] Il cenno polemico di Tenco a quelle due canzoni – una totalmente inconsistente, l'altra fintamente "impegnata" – ci rivela l'esigenza che già era nell'aria, specie tra i giovani, ossia quella di pretendere un maggior spessore (estetico, contenutistico e civile) da un mezzo così popolare eppure fin lì così disimpegnato come la canzone.

Il suicidio di Tenco rappresenta un trauma per tutto il mondo della canzone. Ne nasce un dibattito, in cui scende in campo anche il poeta premio Nobel Salvatore Quasimodo. «Luigi Tenco», scrive «ha voluto colpire a sangue il sonno mentale dell'italiano medio [...] Chi non è in grado di domandare un minimo di intelligenza a una canzone non può certo capire una morte».[4] La macchina di Sanremo, cinicamente, sceglie di non fermarsi neppure una sera. Anzi, già poche ore dopo, la tragedia viene liquidata così, in modo telegrafico, dal presentatore (Mike Bongiorno): «Diamo ini-

2. Tenco, intervista di Daniele Piombi per Radio Montecarlo, custodita per decenni dal giornalista Enrico De Angelis nel suo archivio personale e trasmessa solo nel 2017 in radio e nel 2018 in televisione (nella puntata *L'Italia di Sanremo*, curata per il programma di Rai Storia *Tv Storia* appunto dall'autore di questo capitolo).

3. Testo del biglietto, citato integralmente in E. Anselmi, *Festival di Sanremo*, Modena, Panini, 2009, p. 181.

4. S. Quasimodo, *Luigi Tenco ha voluto colpire a sangue il sonno mentale dell'italiano medio*, in «Il Tempo», settimanale, 10 febbraio 1967.

zio alla seconda serata con una nota di mestizia per il triste evento che ha colpito un valoroso rappresentante del mondo della canzone. Anche questa sera per presentare le canzoni è con me Renata Mauro…».[5] E via con la musica, senza neppure menzionare il nome di Tenco, né la motivazione del «triste evento» (eufemismo per suicidio, parola tabù nella Rai di allora) e il suo atto d'accusa verso il Festival. Al funerale, i rappresentanti del mondo della canzone si contano sulle dita di una mano sola. Tra loro, il giovane Fabrizio De André (che poi vi scriverà una canzone, *Preghiera in gennaio*). La mancata sospensione del Festival suscita anche un'interrogazione parlamentare, al termine della quale il deputato democristiano Agostino Greggi resta comprensibilmente insoddisfatto della spiegazione data dal Sottosegretario Crescenzo Mazza (Dc), secondo cui – incredibilmente – la RAI era «completamente estranea all'organizzazione dei festivals» e comunque «meno si reclamizzano certe aberrazioni tanto meglio è per tutti».[6] Una risposta che incarna perfettamente una certa mentalità democristiana dell'epoca, all'insegna del paternalismo censorio e del far finta di non vedere. Ma il trucco non riesce: il problema esiste, nella canzone e nella società, e ad avvertirlo più acutamente è il pubblico più giovane. Lo mostra bene un dibattito tenutosi qualche tempo dopo proprio nella sala del Consiglio comunale di Sanremo tra studenti di liceo, giovani operai, impiegati. «L'errore di Tenco», afferma un giovane prendendo la parola «è stato proprio quello di presentarsi al Festival di Sanremo, in quanto in un'Italia che fa vincere Canzonissima a *Granada* – una canzone di trent'anni fa, cantata da Claudio Villa, che è l'ugolante per eccellenza – un poeta intimista come Tenco, o un poeta come Lauzi o come Endrigo non può presentarsi». «C'ha ragione, bravo!», confermano subito altri due ragazzi dietro di lui. Un terzo poi va oltre e si chiede «se il successo è da vedersi in una canzonetta, nella vittoria di un Festival, nell'autografo di un cantante oppure anche in qualcosa di più importante», alludendo evidentemente alla ricerca di un progresso sociale.[7] In queste poche frasi c'è tutta la distanza siderale tra un

5. Registrazione originale, Sanremo 1967 (trasmessa nella terza parte di *Per la testa grandi idee. Storie di Luigi Tenco alla radio*, Speciale a cura di E. Malantrucco per RadioTecheté).

6. Verbali Camera dei Deputati, seduta 20 aprile 1967, interr. n. 5152, pp. 33651-33653.

7. Il dibattito era ripreso dalle telecamere. Cfr. spezzone dal programma Rai *Giovani*, 1967, contenuto anche in *Gli occhi cambiano*, a cura di W. Veltroni, 2016, puntata *Cantare*, al min. 50, www.raiplay.it/video/2016/12/Cultura-presenta-Gli-occhi-cambiano-Cantare-8e98e8ba-f6b4-44ee-9e9d-0415b9bef775.html.

mondo che si avverte come irrimediabilmente superato e uno che scalpita per esprimersi, ma non trova adeguato spazio, nella musica e fuori.

Ma è solo questione di mesi. Già l'anno dopo, infatti, le giurie del Festival sembrano tentare un risarcimento postumo, assegnando la vittoria proprio a un cantautore (categoria che a Sanremo non era mai stata apprezzata, con l'eccezione di Modugno), Sergio Endrigo, peraltro con un pezzo non tra i suoi più ispirati. «Mi ha fatto piacere», commenta a caldo il giovane collega De André, scorgendovi la possibilità «che il gesto disperato di Tenco sia servito a qualcosa, abbia finalmente aperto gli occhi alla gente. Abbia insegnato agli italiani, cioè, che c'è un altro tipo di canzone ben più importante delle insulsaggini da balera suburbana a cui troppo frequentemente si rivolge l'industria della musica leggera».[8]

Inoltre, appena poche settimane dopo questa dichiarazione, comincia il Sessantotto: in Italia con gli scontri tra polizia e studenti a Valle Giulia, poi col maggio francese, la primavera di Praga e tutto il resto che accadrà su scala internazionale, col suo portato politico e culturale di lunga durata.

Sempre quell'anno si registra una svolta per la canzone italiana: il successo commerciale di *Tutti morimmo a stento*, un 33 giri dello stesso De André, che – con 50.000 copie – risulterà il più venduto dell'anno. È un exploit che coglie tutti di sorpresa, anche dato il carattere sofisticato e cupo del prodotto, un concept-album sul tema della morte. Al secondo posto, come se non bastasse, c'è *Vol. 1*, un altro album dello stesso cantautore. Scrive a riguardo «L'Europeo»:

> Il signor Fabrizio De André, genovese, 28 anni, benestante, un po' poeta, è da due anni in testa alla classifica dei dischi long playing più venduti in Italia. Ne vende più lui di Mina, di Celentano, di Morandi, dei Beatles, di Barbara, di Brassens, e non lo sa nessuno. Scrive e canta canzoni difficili, irripetibili, letterarie, piene di parole ottocentesche.[9]

Un fatto che tra l'altro rivela le maggiori potenzialità espressive permesse da quel supporto (da noi ancora relativamente nuovo, seppur all'estero già lanciato dai Beatles), ossia l'album, o long-playing.[10] Circa dieci volte più lungo, come tempi, dell'usuale 45 giri, esso conce-

8. F. De André, «Corriere mercantile», 4 febbraio 1968, riportato integralmente in M. Santoro, *Effetto Tenco*, Bologna, il Mulino, pp. 125-126.

9. «L'Europeo», 13 marzo 1969. Cfr. Carusi, *Viva l'Italia*, pp. 15, 156.

10. A riguardo si veda anche F. Liperi, *Ribelli e ostinati. Voci e suoni del 68*, Roma, Manifestolibri, 2018, p. 39.

de all'artista maggiori possibilità di articolazione del proprio discorso, mentre il pubblico (o almeno parte di esso) a sua volta viene spinto a un ascolto più lungo, più attento e meditato, diverso dal consumo breve e distratto dei 45 giri da juke-box.

È dal 1968, dunque, che – per motivi artistici, socio-culturali, e in piccola parte anche discografici – comincia la nuova stagione della canzone d'autore, portata avanti principalmente dai cantautori. Sebbene popolari compositori-esecutori di proprie canzoni fossero esistiti già dai tempi di Armando Gill, Odoardo Spadaro e Domenico Modugno (il cui maggior successo è collocabile rispettivamente negli anni Venti, Trenta e Cinquanta del secolo), il termine "cantautore" era stato coniato nel 1960 dai discografici della RCA Ennio Melis e Vincenzo Micocci per lanciare il giovane Gianni Meccia. Poi dal '61 in avanti erano venuti Gino Paoli, Umberto Bindi, Bruno Lauzi, lo stesso Luigi Tenco, Piero Ciampi, Sergio Endrigo, ai quali ci si riferisce talvolta come cantautori della "prima generazione". Il successo degli album di De André nel '68 in qualche modo dà il via alla "seconda generazione", di gran lunga più fortunata dal punto di vista commerciale. Stagione di grande valore artistico-musicale e di grande interesse storico, come detto; ma da cui a nostro avviso è necessario togliere la "polvere" che nel tempo vi si è depositata e sgombrare il campo da alcuni luoghi comuni che spesso l'hanno accompagnata. Stereotipi sia negativi («erano tutti politicizzati, tutti organici al Pci»), sia positivi («erano artisti puri, lucidi profeti, insensibili a lusinghe o interessi commerciali»). In realtà non erano tutti politicizzati, né tutti inquadrabili in area Pci, né tantomeno proni esecutori di direttive partitiche. Spesso anzi erano insicuri e contraddittori anche rispetto a loro stessi. Al denaro e al successo personale non erano affatto indifferenti (al contrario approfondendoli si scopre che brillavano per vanità, litigiosità e "frecciatine" tra colleghi-rivali). È generalmente vero, però, che credevano molto in quel che cantavano e che le vendite non erano il loro obiettivo unico e spesso neanche primario. Altro punto importante: se le loro canzoni toccavano più spesso che non in passato tematiche di tipo sociale e politico,[11] tuttavia queste restavano sempre una netta minoranza anche nel loro repertorio.[12]

11. Fatta eccezione, evidentemente, per la nicchia della canzone politica o di lotta.

12. A conferma di ciò, secondo il calcolo effettuato da un team di sociologi su un vastissimo campione di canzoni italiane degli ultimi cinquant'anni, la sfera pubblica (in-

Musicalmente influenzati da modelli esteri – sia francesi (gli *chansonnier*, Brel, Brassens) che d'oltreoceano (su tutti Dylan e Cohen) – si accompagnavano generalmente con la chitarra o il pianoforte, cui aggiungevano uno l'armonica a bocca, un altro il clarino, un altro ancora il violino, etc., quasi in simbiosi con essi, tanto che risulta difficile immaginarseli se non vicini al rispettivo strumento d'elezione. Il loro pubblico era composto principalmente da giovani (com'erano del resto loro stessi quando emersero, essendo nati perlopiù negli anni Quaranta). Giovani urbanizzati, di buona cultura, spesso studenti liceali o universitari, in genere di vedute progressiste. Tra i più popolari cantautori e queste masse di giovani si stabilisce negli anni Settanta una forte identificazione culturale,[13] che continua poi via via che quei cantautori maturano e invecchiano con loro, spesso ridefinendo le proprie aspettative politiche in senso più disincantato.[14] Per questo a nostro avviso i cantautori di quella fase vanno ascoltati e interpretati anche come un racconto generazionale, una sorta di "romanzo di formazione" collettivo, in un'epoca in cui i giovani erano al centro della scena pubblica e sentivano di poter davvero cambiare la realtà (a differenza di quanto accadrà in seguito).

Il successo commerciale dei cantautori si consolida a partire dal 1975, con il grande riscontro dell'album *Rimmel*, del ventiquattrenne romano Francesco De Gregori, secondo LP più venduto dell'anno, mezzo milione di copie (cifra che oltretutto implica un pubblico effettivo ancora più vasto, considerando gli ascolti di quello stesso vinile da parte di familiari e amici e i passaggi radiofonici). Da lì in poi, per un decennio abbondante sarà

tendendo con essa tematiche afferenti alla politica, la società e l'etica) era trattata solo dal 19,3% delle canzoni, cioè circa 1 su 5, e la percentuale saliva al 25% nel caso dei cantautori, cioè 1 brano su 4. Anche tra i cantautori restavano dunque largamente predominanti le tematiche della sfera privata (ossia canzoni d'amore o su sé stessi, sull'amicizia, etc.). Cfr. S. Nobile, *Mezzo secolo di canzoni italiane. Una prospettiva sociologica (1960-2010)*, Roma, Carocci, 2012, pp. 111, 134, 136.

13. Si veda per esempio questa recente rievocazione di De Gregori: «ogni mio coetaneo, nel '71, nel '72, voleva suonare la chitarra ed esprimersi attraverso la scrittura di una canzone, e questo lo facevano tantissimi. Ci fu una fioritura di cantautori e il pubblico giovanile era attratto dai cantautori come oggi sono attratti dall'hip hop o dal rap, dal fenomeno musicale e culturale che sembrava più diretto e girava pagina». F. Pacifico, *Prima del rap c'era Francesco De Gregori*, in «Il Sole 24 ore», 3 dicembre 2013 (https://st.ilsole24ore.com/art/cultura/2013–03–12/prima–cera–francesco–gregori–164740.shtml?uuid=Abu6DNdH).

14. Si vedano per esempio i versi di Mimmo Locasciulli, *Intorno a 30 anni*, 1983, o di Guccini, *Eskimo*, 1978.

una continua sequela di best-seller cantautorali: nel 1976, spicca l'emiliano Francesco Guccini con *Via Paolo Fabbri 43*; nel 1977, il napoletano Edoardo Bennato, con *Burattino senza fili*; nel 1978, il romano Antonello Venditti, con *Sotto il segno dei pesci*; nel 1979, Lucio Dalla, con l'album omonimo; nel 1980, ancora il cantautore bolognese, con l'LP *Dalla*, e poco dietro, di nuovo Bennato con *Sono solo canzonette* (album, questo, seguito da una tournée trionfale che lo porta tra l'altro a riempire lo Stadio San Siro di Milano, prima volta in assoluto per un artista italiano); nel 1981, a sbancare è il romano Claudio Baglioni, con *Strada facendo*; nel 1982 e 1983, il catanese Franco Battiato, con *La voce del padrone* e *L'arca di Noè*; nel 1984, addirittura tutti i primi quattro posti sono occupati da album di cantautori: Vasco Rossi, Gianna Nannini, Francesco De Gregori, Antonello Venditti; nel 1985, ancora Claudio Baglioni, con *La vita è adesso*; nel 1986, *Venditti e segreti.*[15]

È proprio questo seguito così vasto – per una proposta di pur non immediata ricezione, essendo basata sui testi prima ancora che su musiche o ritmi orecchiabili – a rendere molto interessanti dal nostro punto di vista storico i dischi dei cantautori. Difatti ascoltandoli con attenzione vi si ritrova molto degli anni Settanta, sia nei riferimenti ai principali eventi di quel decennio sia nella descrizione del clima che li generò, spesso fotografato con immagini e felice capacità di sintesi. Proviamo a mostrarlo in breve stilando la seguente lista tematica, pur non esaustiva.

Nei cantautori ritroviamo: il Sessantotto (in *La canzone del maggio*, di Fabrizio De André, del 1973 e in *Primavera di Praga*, di Francesco Guccini, 1970) e le sue mode maoiste (*Arrivano i cinesi*, di Bruno Lauzi, 1969); la strage di Piazza Fontana del 1969 (in *Viva l'Italia*, di Francesco De Gregori, 1979); la strage del treno Italicus dell'agosto '74 (in *Agosto* e in *Piazza bella piazza*, entrambe di Claudio Lolli, 1976); i neofascisti dell'MSI (in *Piazzale degli eroi*, Antonello Venditti, 1974 e in *Le storie di ieri*, Francesco De Gregori, 1976); il radicale disprezzo antiborghese (*Borghesia*, di Claudio Lolli, 1972); l'avanzata delle sinistre e i connessi timori di derive sovietiche (*Arrivano i buoni*, di Edoardo Bennato, 1974); il mondo delle fabbriche (*L'ingresso della fabbrica*, di Venditti, 1973; *Vincenzina e la fabbrica*, di Enzo Jannacci, 1974; *Intervista con l'Avvocato*, di Lucio Dalla, su testo del poeta Roberto Roversi, 1976); lo sfruttamento della classe operaia (*L'ope-*

15. Per le classifiche degli LP si è seguito l'accurato sito http://www.hitparadeitalia.it/hp_yenda/index.html.

raio Gerolamo, Dalla-Roversi, 1973); l'emigrazione interna dal Sud al Nord Italia (*L'auto targata TO*, Dalla-Roversi, 1973); la centralità dell'industria automobilistica (l'intero concept-album *Automobili*, Dalla-Roversi, 1976); la critica alle storture del capitalismo (*Anidride solforosa*, *La borsa valori*, *Le parole incrociate*, sempre di Dalla-Roversi e tutte del 1975); la stagione delle "radio libere" (in *La radio*, di Eugenio Finardi, 1976, e in *Ma che sarà*, di Bennato, 1980); il compromesso storico (*Alba meccanica*, Lolli, 1977, e *Nostra Signora di Lourdes: Compromessi sposi*, di Venditti, 1976); il femminismo (*La fata*, 1977 e *Una ragazza*, 1983, entrambe di Bennato); l'aborto (*Piccola storia ignobile*, di Guccini, e *Morta per autoprocurato aborto*, di Gianna Nannini, entrambe del 1976); il Settantasette, con l'uccisione degli studenti Francesco Lorusso a Bologna (*I giornali di marzo*, di Claudio Lolli, 1977) e di Giorgiana Masi a Roma (*Bologna '77*, di Stefano Rosso, 1978) e con la "cacciata" studentesca del leader della CGIL Luciano Lama dall'Università La Sapienza (*Coda di lupo*, di De André, 1978); e ancora, l'ipocrisia e il disagio avvertito alle Feste dell'Unità (*Feste di piazza*, 1975 e *Sono solo canzonette*, 1980, entrambe di Bennato), specie nella fase in cui il Pci è "in mezzo al guado" (*Modena*, Venditti, 1979); la cupezza degli anni di piombo (*Il cucciolo Alfredo*, 1977, e *L'anno che verrà*, 1979, entrambe di Dalla); i brigatisti, visti come fanatici (da Guccini, in *Libera nos domine*, 1978, e da Gaber, *Io se fossi Dio*, 1980) o risibili arrivisti falliti (da Bennato, in *RockCoccodrillo*, *Il Rock di Capitan Uncino* e *Dopo il liceo che potevo far*, tutte del 1980) o, un decennio dopo, come carcerati sconfitti, degni finanche di pietà o rivalutazione, almeno nel caso del loro fondatore Curcio (*La domenica delle salme*, De André, 1990; *Renato Curcio*, Baccini, 1992); e ancora, diverse figure politiche dell'epoca, da Marco Pannella (*Il signor Hood*, di De Gregori, 1976) a Giulio Andreotti (*L'uomo falco*, di Venditti, 1978), dal presidente della Repubblica Giovanni Leone (*Uno buono*, di Bennato, 1974) al Papa Paolo VI (*Affacciati, affacciati*, di Bennato, 1975). Ma soprattutto, in modo ricorrente ritroviamo speranze, delusioni, contraddizioni e derive dei "movimenti" (De André, nel concept-album *Storia di un impiegato*, 1973; Venditti, *Compagni di Scuola*, 1975; Pino Daniele, *Terra mia*, 1977; Guccini, *Eskimo,* 1978; Gaber, l'intero disco *Polli d'allevamento*, 1978, comprendente in particolare *L'uomo non è fatto per stare solo* e *Quando è moda è moda*; Dalla, *Tango*, 1979; Vasco Rossi, *Asilo Republic*, 1980; De Gregori, *La leva calcistica della classe '68*, 1982; Gino Paoli, *Quattro amici*, 1990).

Il forte impatto dei cantautori sul mondo giovanile – un mondo così centrale in quegli anni Settanta – porta, a partire dalla metà del decennio, a una loro mitizzazione (in parte consenziente). Così, più che giovani artisti, essi diventano simboli, icone anticonformiste, fatti oggetto di venerazione, di invidie e pressioni di vario genere (discografiche, politiche, giornalistiche). Lo canta già nel '76, con un tocco d'autoironia, Edoardo Bennato:

> "Tu sei forte, tu sei bello, tu sei imbattibile, tu sei incorruttibile, tu sei un – ah, ah – Cantautore!
> Tu sei saggio, tu porti la verità, tu non sei un comune mortale, a te non è concesso barare, tu sei un – ah, ah – Cantautore! [...]
> Non li senti trattenere il respiro, quando sei lì in alto e cammini sul filo? Qui nel grande circo tu oramai sei il Re!
> Ma non è giusto che tu hai tutto, e noi invece no! Tu sei perfetto, tu non hai un difetto, che rabbia che ci fai!"
> "Sì, è vero, sono io il più saggio, sono io il più intelligente. E poi sentite come canto bene-e-e!".[16]

Effettivamente, partiti (di vari colori) e movimenti (della sinistra extraparlamentare) – che fin lì erano rimasti freddi quando non ostili nei loro confronti, vergando severe stroncature dei loro dischi[17] – ora accorrono e cercano di sfruttarli, tirandoli per la giacchetta, pressandoli a esibirsi per loro (possibilmente gratis) a fini di propaganda politica e di raccolta-fondi per la causa. Cosa che provoca tra i cantautori una forte insofferenza, come vedremo. Anche le questure intanto si interessano segretamente a loro. Quelle di Milano e Genova, dopo Piazza Fontana mettono sotto sorveglianza De André, mentre nel '79 il SISDE lo scheda addirittura come simpatizzante e finanziatore delle Br.[18] Perfino su Lucio Battisti – notoriamente disinteressato alla politica – giunge in quegli anni un'informativa all'Ufficio Affari Riservati che gli attribuisce fantasiosamente un ruolo di finanziatore di destra.[19]

16. Bennato, *Cantautore*, 1976.

17. Cfr. per esempio Carusi, *Viva l'Italia*, p. 81.

18. M. Franzinelli, *"Quel terrorista di De André". Così la polizia schedò il cantautore*, in «La Repubblica», 10 gennaio 2009 (www.repubblica.it/2009/01/sezioni/spettacoli_e_cultura/de–andre–schedato/de–andre–schedato/de–andre–schedato.htmlwww.repubblica.it/2009/01/sezioni/spettacoli_e_cultura/de–andre–schedato/de–andre–schedato/de–andre–schedato.html).

19. A menzionare quest'informativa è ora il ricercatore d'intelligence Aldo Giannuli. Cfr. https://www.corriere.it/spettacoli/20_novembre_24/battisti-sovvenzionava-fascisti-l-informativa-dell-intelligence-anni-70-che-fa-discutere-d8a4869e-2e33-11eb-9814-5d0b7c9bd2b5.shtml.

Del resto in quella fase non solo i cantautori, ma un po' tutta la musica si mescola con la politica. Si pensi per esempio agli Inti-Illimani, gruppo cileno che, cantando musica andina, in quegli anni gode in Italia di un successo di massa, legato principalmente alla solidarietà diffusa (a sinistra) verso il Cile, allora sottoposto alla dittatura militare di Pinochet che con un golpe aveva rovesciato il socialista Allende. Perfino grandi musicisti classici e compositori sperimentali come Maurizio Pollini, Luigi Nono e Luciano Berio tengono concerti nelle fabbriche o alle Feste dell'Unità. La musica leggera poi fa da sfondo anche a raduni giovanili, come i "Festival del proletariato giovanile" organizzati dal mensile di controcultura «Re Nudo» a partire dal 1971. Le tre edizioni del 1974-1976 si tengono al Parco Lambro di Milano e l'ultima, in particolare, si tiene giusto una settimana dopo le elezioni politiche del '76 – quelle del massimo storico raggiunto dal Pci (34,4%), ma anche del mancato sorpasso sulla Dc. Quel raduno si risolve in un tale fallimento – tra caos, disorganizzazione, pioggia battente, scontri ed eroina – da far ammettere anche a uno dei cantanti che vi si era esibito e che era più vicino ai movimenti, ossia Eugenio Finardi, che quel raduno era stato «la prima avvisaglia di quello che secondo me è il fatto più importante quest'anno, cioè la perdita di una certa speranza un po' infantile, di una certa carica, un certo entusiasmo – e invece la vittoria, in un certo senso, della disperazione».[20]

È il segno che i tempi stanno cambiando. C'è tra molti giovani dei movimenti non più un'ansia di rinnovamento ma un furore ideologico e una rabbia scomposta di cui cominciano a fare le spese anche gli stessi cantautori, specie se hanno il torto di essere diventati famosi e ricchi, pur essendo "compagni". E a questo identikit corrisponde precisamente Francesco De Gregori, ventiquattrenne, da poco arrivato al grande successo con l'album *Rimmel*. In marzo un giovane giornalista vicino a Lotta continua, Giaime Pintor, lo stronca con livore degno di miglior causa, definendo le sue canzoni «melensaggini» ermetiche (cioè non utili alla causa), con testi degni dei baci Perugina.[21] Poi, il 2 aprile, la tournée di De Gregori fa

20. *Tg2 Odeon, A tempo di Diesel*, in Veltroni, *Gli occhi cambiano*, min. 61' (www.raiplay.it/video/2016/12/Cultura–presenta–Gli–occhi–cambiano—–Cantare–8e98e8ba–f6b4–44ee–9e9d–0415b9bef775.html).

21. In De Gregori, scrive Pintor, «non tanto Gozzano è presente, quanto i baci Perugina. [...] la peggiore canzonetta all'italiana [...] la pseudo-cultura liceale [...] pura metodologia dell'approssimazione e della cialtronaggine». Di passaggio, Pintor, ne ha anche per Venditti, definito «uno dei più squallidi epigoni di De Gregori». Giaime Pintor, *De Gregori*

tappa al Palalido di Milano. Nella "pomeridiana" non succede nulla; nello show serale, di tutto. Circa seimila i paganti, ma un migliaio senza biglietto minaccia di sfondare i cancelli. Sono i cosiddetti "auto-riduttori", giovani della sinistra extra-parlamentare, fautori della tesi che la musica debba essere gratuita, per essere accessibile alle masse, e pronti a tutto per fruirne senza pagare il biglietto. Vengono fatti entrare. Poi, mentre De Gregori canta, un centinaio tra loro si posiziona sotto il palco e comincia a insultarlo e accusarlo di speculare sulle canzoni politiche. La cronaca di quanto succede dopo, pubblicata l'indomani da Mario Luzzatto Fegiz sul «Corriere della Sera», è emblematica del clima dell'epoca:

> alcuni elementi [...] prendevano possesso del palco e, impadronitisi del microfono, leggevano, fra la confusione generale, un comunicato contro l'arresto, avvenuto a Padova, di un militante della sinistra extra-parlamentare. Il concerto riprendeva in un clima di tensione, mentre fra il pubblico alcuni provocatori, gridando che «in sala ci sono più fascisti che compagni» scatenava[no] la caccia al fascista, che per fortuna si concludeva con qualche scazzottatura [...]. Venti minuti di interruzione e l'esibizione riprendeva. Verso le 22.30 circa, Francesco De Gregori concludeva fortunosamente il concerto e si ritirava. Un gruppo di facinorosi prende a questo punto d'assedio il camerino. «Esci – gli gridano – torna sul palco a parlare con noi o sfasciamo tutto». [...] De Gregori esce. Al microfono si alternano volti lombrosiani e giovani che sembrano colti da raptus isterico. «Suona per i lavoratori, non ti mettere in tasca i soldi». «Quanto hai preso stasera?» urla un giovane. «Credo un milione e due... – sussurra con un filo di voce De Gregori – ma poi c'è la SIAE...». «Se sei un compagno, non a parole ma a fatti, lascia qui l'incasso», ribattono. [...] «Prima si fa la rivoluzione, poi si potrà pensare alle arti o alla musica. Lo diceva anche Majakovskij che era un vero rivoluzionario e si è suicidato. Suicidati anche tu!» De Gregori ascolta pallido e silenzioso. [...] La delirante farsa del "processo" continua. «Va a fare l'operaio e suona la sera a casa tua». Alcune ragazze piangono [...] De Gregori riesce a raggiungere il camerino. Appare distrutto e conclude: «Non canterò mai più in pubblico. Stasera mancava solo l'olio di ricino, poi la scena sarebbe stata completa».[22]

non è Nobel, è Rimmel, in «Linus», marzo 1976. Secondo altre fonti, l'articolo uscì sulla rivista «Muzak» (E. Deregibus, *Francesco De Gregori. Quello che non so lo so cantare*, Firenze, Giunti, 2003, p. 77).

22. M. Luzzatto Fegiz, *Concerto interrotto e palco invaso al Palalido. De Gregori insultato e «processato»*, in «Corriere della Sera», 3 aprile 1976, p. 15. Qualche giorno dopo De Gregori scrive una lettera a «Muzak», rivista vicina ai suoi contestatori, definendo quell'incursione come «un grave errore politico, che non può che consolidare l'universo

In seguito, dirà: «Per come si erano messe le cose avrebbero potuto anche spararmi. È stato un piccolo momento della strategia della tensione».[23] «Fu un'aggressione, non fu una contestazione [...] cioè non ci fu nessun dialogo, nessun tentativo di chiarire le mie posizioni [...] fu uno dei primi sintomi di tutta una serie di violenze che dovevano coinvolgere il mondo dei giovani».[24] Per De Gregori è un vero trauma. Per un paio d'anni si ritira dalle scene. Nel febbraio del '77 dichiara: «Ho chiuso con la musica, direi in modo definitivo».[25] Si mette a fare il commesso in una libreria di Trastevere. Si sposa, diventa padre. Poi, nell'estate del '78, la FGCI – nella persona di Walter Veltroni – gli propone di tenere un concerto allo stadio Flaminio insieme a Lucio Dalla. Sentendosi spalleggiato dal collega e amico bolognese, De Gregori accetta. È un bagno di folla: quarantamila persone accorrono festanti.[26] Da quella serata nasce la collaborazione tra i due, la tournée di *Banana Republic*, che l'estate seguente riempirà gli stadi in tutta Italia, si tradurrà in un fortunatissimo disco dal vivo, e rappresenterà una ripartenza "tripla": per la carriera dal vivo di De Gregori; per il business dei concerti pop-rock in Italia, che era in stallo, giacché da tempo anche le grandi star straniere evitavano accuratamente di esibirsi in Italia per timore di nuovi incidenti dopo quelli capitati ai Led Zeppelin nel '71, a Lou Reed nel '75 e ancora a Santana e Patti Smith;[27] e per il pubblico, che torna a riunirsi in allegria negli stadi, provando a lasciarsi alle spalle la cupezza degli anni di piombo (che proprio Dalla aveva appena cantato, nei celebri versi: «si esce poco la sera, compreso quando è festa / e c'è chi ha messo dei sacchi di sabbia vicino alla finestra. / Ma la televisione ha detto che il nuovo anno / porterà una trasformazione e tutti quanti stiamo già aspettando»).

Lo shock del "processo" a De Gregori lascerà comunque tracce profonde nella "congregazione" del cantautorato, venendo rievocato in mu-

musicale consueto e ricacciare a destra autori e gruppi potenzialmente disponibili ad iniziative di sinistra». (Deregibus, *Francesco De Gregori*, p. 93).

23. Citato in *La canzone italiana, 1861–2011*, a cura di L. Colombati, Milano, Mondadori, 2011, p. 1490.

24. Citato in C. Bernieri, *Non sparate al cantautore*, Milano, Volo libero, 2011 (prima ed. 1978), pp. 164-165.

25. Intervista a «La Stampa», citata in *Quarant'anni di interviste a Francesco De Gregori*, in «Internazionale», 22 novembre 2014 (www.internazionale.it/opinione/giuseppe–rizzo/2014/11/22/quarant–anni–di–interviste–a–francesco–de–gregori).

26. *Ibidem*.

27. *La canzone italiana*, p. 1489; G. Rossi, *Led Zeppelin '71, la notte del Vigorelli*, Milano, Tsunami, 2014.

sica da Roberto Vecchioni (nel suo brano del 1977 *Vaudeville*),[28] poi da Bennato (in *Era una festa*, 1987)[29] e più recentemente da Ligabue (*Nel tempo*, 2010) e venendo "vendicato" dall'amico Venditti che appena pochi mesi dopo (il 30 novembre) – contro il parere del suo staff – sfida i contestatori andando a esibirsi proprio al Palalido. L'episodio è così sentito proprio perché non appare affatto occasionale: in quegli anni molti cantautori – inclusi Dalla e Bennato – erano stati soggetti a contestazioni e tentativi di interruzioni violente dei loro concerti. In quel periodo le tournée di molti cantautori erano organizzate da Lotta continua, che spesso ne requisiva interamente gli incassi.[30] La reazione dei cantautori a questa situazione è di ritrosia: un istintivo scrollarsi di dosso le troppe responsabilità politico-culturali affidategli. È solo in questo clima che si capisce la celebre *Sono solo canzonette* di un Bennato al culmine del suo successo (1980):

> [...] Io di risposte non ne ho
> Io faccio solo rock'n'roll
> Se vi conviene, bene
> Io più di tanto non posso fare!
> Gli impresari di partito
> Mi hanno fatto un altro invito
> E hanno detto che finisce male
> Se non vado pure io
> Al raduno generale
> Della grande festa nazionale
> Hanno detto che non posso
> Rifiutarmi proprio adesso
> Che anche a loro devo il mio successo
> Che son pazzo e incosciente
> Sono un irriconoscente
> Un sovversivo, un mezzo criminale

28. «E spararono al cantautore / in una notte di gioventù / gli spararono per amore / per non farlo cantare più / gli spararono perché era bello / ricordarselo com'era prima / alternativo, autoridotto, fuori dall'ottica del sistema».

29. «Era una festa e sembrava una guerra [...] / Niente canzoni, stasera è di scena un processo alla celebrità / [...] Francesco forse non se lo aspettava / vedeva solo intorno a sé ragazzi come lui / gli dicono "compagno, sei in errore / la tua avventura adesso si conclude / noi invece andiamo avanti / e non ci fermeremo mai!"» (*Era una festa*, 1987).

30. *La canzone italiana*, p. 1489.

[…] E così è se vi pare
Ma lasciatemi sfogare
Non mettetemi alle strette
o con quanto fiato ho in gola
vi urlerò: "Non c'è paura!
Ma che politica, che cultura,
Sono solo canzonette!
Non mettetemi alle strette,
Sono, s-sono, s-sono solo canzonette!"

Il tutto su una ritmica travolgente, condita col suono strafottente e dissacrante di sax e kazoo.

Un sintomo chiaro di questo clima ideologizzato e sovraeccitato creatosi intorno alla canzone d'autore italiana era poi l'ostracismo che colpiva chi scrivesse canzoni a tema non sociale, bensì privato. Scelta artistica che oggi ci sembra del tutto legittima, oltre che pressoché unanime, ma che allora sembrava invece una colpa, di tipo non solo estetico, e bastava per affibbiare etichette politiche. È il caso di Lucio Battisti (forse il nostro più grande autore di musica leggera, recentemente omaggiato anche dal presidente Mattarella), per anni tacciato di essere fascista e perfino finanziatore del Movimento Sociale. La diceria non trovava alcuna base fattuale e Mogol, autore di tutti i suoi testi in quel decennio, ha sempre smentito la cosa.[31] Un forte snobismo ha lungamente colpito anche un altro "peso massimo" della nostra musica leggera: Claudio Baglioni.[32] Analogo è il caso di Bruno Lauzi, cantautore genovese della prima generazione, iscritto al Partito Liberale e apertamente in contrasto con la moda delle canzoni politiche, come da lui rivendicato nel brano *Io canterò politico*, del 1977:

Io canterò politico quando starete zitti
e tutti i vostri slogan saranno ormai sconfitti
[…] Io, io canterò politico, ma il giorno è ancor lontano
per ora sono l'unico ad andare contromano
ma i miei finti colleghi che fan rivoluzioni
seduti sopra pacchi di autentici milioni
dovranno ritornare al ruolo di pulcini
lasciando intatto il candido e poetico Guccini

31. Cfr. Nobile, *Mezzo secolo di canzoni italiane*, p. 142.
32. Cfr. *La canzone italiana*, pp. 1599, 1604.

Tanto che Lauzi si rifugerà poi nelle canzoni per l'infanzia (riscuotendovi successo, specie con *La tartaruga* e *Johnny Bassotto*),[33] dove pure è possibile leggere, in controluce, qualche stoccata ai suoi colleghi che lo avevano emarginato (*Il coro delle puzzole*, da lui scritta con Ivan Graziani).

Inutile dire che questa forma di ostracismo culturale si estendeva anche al pubblico di questi artisti. Di conseguenza, in quegli anni i giovani, compresi quelli di sinistra, ascoltavano sì Battisti e Baglioni (i cui dischi, non per nulla, finivano regolarmente in cima alle classifiche), solo che lo facevano quasi di nascosto, come una forma di inconfessabile cedimento al disimpegno. Eppure – al di là dell'indiscutibile qualità musicale e armonica delle loro partiture – i loro testi ci dicono molto su quegli anni, pur non parlando di politica. Per esempio, il continuo lavorio di introspezione emotiva dei testi composti da Mogol per le canzoni di Battisti può essere visto come espressione di quel che negli Stati Uniti veniva definito "the me decade", il decennio dell'io.[34] Versi come «l'universo trova spazio dentro me / ma il coraggio di vivere, quello, ancora non c'è» (da *I giardini di marzo*, 1972) o come «E guidare come un pazzo / a fari spenti nella notte per vedere / se poi è tanto difficile morire» (da *Emozioni*, 1970) sarebbero stati impensabili fino a pochi anni prima, tra gli edificanti quadretti democristiani anni Cinquanta e le euforiche canzoni balneari degli anni del boom. Qualcosa forse si era rotto; e ora la canzone lo diceva.

Analogamente, un bozzetto come *Poster* (1975), ritratto di una somma di solitudini in una stazione della metropolitana (dove la gente aspetta sola, ognuno con una solitudine diversa, mentre l'«orologio contro il muro segna l'una e dieci da due anni in qua») fotografava magistralmente lo spaesamento, la noia esistenziale e la voglia di evasione connessa alla modernità urbana, non meno bene di una canzone di Tenco o di Guccini. Ma tant'è. Per molti non era comunque abbastanza. Battisti si ritirò dalle scene nel 1979,[35] mentre Baglioni dovette aspettare gli anni Novanta per essere

33. Quarta e seconda in classifica nel 1975 e 1976 (cfr. *La canzone italiana*, p. 839).

34. Dal saggio di T. Wolfe, *The Me decade and the Third Great Awekening*, pubblicato sul «New York Magazine», 23 agosto 1976.

35. Questa è la data della sua ultima intervista, in cui dice: «Non parlerò mai più, perché un artista deve comunicare solo per mezzo del suo lavoro. L'artista non esiste. Esiste la sua arte». Sulle motivazioni del ritiro, cfr. *Mogol: Con Battisti una coppia formidabile, ma fui io a consigliargli di ritirarsi dalle scene*, in «La Repubblica», 4 settembre 2018 (https://rep.repubblica.it/pwa/intervista/2018/09/04/news/mogol_il_mio_battisti_vent_anni_dopo_un_artista_formidabile_che_viveva_di_musica–205631456/).

progressivamente accettato dalla critica più blasonata, passando anche lui attraverso un episodio di feroce contestazione da parte del pubblico, in occasione del concerto per Amnesty International del 1988 a Torino[36] (paradossalmente venendo fischiato per una ragione vagamente simile a quella di De Gregori: quella di non essere sufficientemente e coerentemente "impegnato" per stare su quel palco).

Nel contesto di questi anni Settanta, così impregnati di politica, di movimentismo giovanile, di canzoni d'autore e disprezzo per le "canzonette disimpegnate", di 33 giri al posto dei 45 giri, di concept-album e concerti rock, una manifestazione paludata e patinata come il Festival di Sanremo – fin lì popolarissima e centrale per la comprensione storica dell'Italia degli anni Cinquanta e Sessanta[37] – risulta di colpo completamente fuori posto. E difatti improvvisamente perde centralità.

L'ultimo episodio davvero rilevante, in ottica storica, dei Festival di quegli anni è la contestatissima vittoria, nell'edizione del 1970, di Adriano Celentano e sua moglie Claudia Mori con *Chi non lavora (non fa l'amore)*, brano che chiama in causa l'autunno caldo del '69 e l'insofferenza di una parte della popolazione per i continui scioperi in città. Il brano, come ampiamente prevedibile, suscita un vespaio, con la stampa e i colleghi tutti compatti contro il "molleggiato" accusato di speculare sul tema e quest'ultimo che invece insiste da sempre d'esser stato frainteso e strumentalizzato, giacché non era sua intenzione delegittimare gli scioperi.[38] A partire dal 1973 il Festival entra in crisi nera. E vi rimane per tutto il resto del decennio. La stessa RAI "scarica" il Festival, smettendo di riprenderlo. A riguardo, nessun reperto è più significativo dell'annuncio dei risultati dell'edizione del '75, dato dal telegiornale soltanto il giorno seguente. «E veniamo allo spettacolo», dice lo speaker, «se di spettacolo

36. Per una cronaca dell'episodio, si veda *I magnifici 6 contro i dittatori*, in «La Repubblica», 8 settembre 1988 (https://ricerca.repubblica.it/repubblica/archivio/repubblica/1988/09/09/magnifici–contro–dittatori.html).

37. Sul tema ci sia concesso rimandare a L. Campus, *Non solo canzonette. L'Italia della Ricostruzione e del miracolo attraverso il Festival di Sanremo*, Firenze, Le Monnier, 2015, o – per un quadro più sintetico – al capitolo nel precedente volume di questa trilogia sulla Repubblica: *Tra ricostruzione ed evasione: il secondo dopoguerra italiano nelle canzoni*, in *L'Italia repubblicana. Costruzione, consolidamento, trasformazioni*, vol.1, *Il primo ventennio democratico (1946–1966)*, a cura di M. Ridolfi, P. Gabrielli ed E. Fimiani, Roma, Viella, 2020, pp. 117-148.

38. Sul tema e le polemiche che seguirono si rimanda a Campus, *Non solo canzonette*, pp. 130-131, 250.

si può parlare per il Festival di Sanremo. [...] È un quarto di secolo che Sanremo, questa manifestazione, va avanti e dimostra tutti i suoi anni».[39] Insomma, tutti considerano il Festival e il "piccolo mondo antico" che esso esprime come qualcosa di superato, in agonia e destinato a sicura morte, senza neanche troppe lacrime.

Ma col finire degli anni Settanta il clima comincia a cambiare. Il delitto Moro ha lasciato tracce di disgusto in tutta la popolazione. L'avanzata del Pci si è arenata, insieme al tramonto della strategia del compromesso storico. Alla sbornia di politica e all'ondata di ideologia di quegli anni (riconosciuta come eccessiva dallo stesso De Gregori[40]) sarebbe seguito – com'è noto – un progressivo, inevitabile riflusso nel privato. Il primo a usare questo termine è proprio un cantautore (Eugenio Finardi, oltretutto iscritto al Pci e vicino ai movimenti), nel brano del 1978 *Cuba*: «Forse è vero che a Cuba non c'è il paradiso, / che non vorremmo essere in Cina a coltivare riso, / che sempre più spesso ci si trova a dubitare / se in questi anni non abbiamo fatto altro che sognare. / È che viviamo in un momento di riflusso / e ci sembra che ci stia cadendo il mondo addosso». Un altro dei primi a fiutare il nuovo clima sarebbe stato, agli inizi del '79, l'allora presentatore di Sanremo, Mike Bongiorno. Disse:

> Stiamo tornando, me ne sono accorto negli ultimi sei mesi, a quei valori e a quegli affetti che avevamo dimenticato. Anche i ragazzi della contestazione stanno gradatamente cambiando. Vogliono ballare e divertirsi come John Travolta, sono stanchi di tirare sassi... Stiamo forse ritrovando l'unione e l'equilibrio. Ci vorrà un po' di tempo: ma gli anni Ottanta saranno diversi dagli anni Settanta.[41]

In questo contesto, Sanremo può ritrovare seguito. E così difatti accade. L'edizione della rinascita è quella del 1981, vinta da Alice con un pezzo di Franco Battiato. Nel 1982 e '83 da Sanremo passa un personaggio centrale del decennio, di cui parleremo tra breve. Intanto nel paese il terrorismo politico sta finalmente declinando, privato d'ogni consenso dalla sua stessa barbarie, l'economia sta ripartendo, c'è aria di ripresa e l'orgoglio nazionale trova un motivo di grande gioia collettiva (infantile, pre-politica) nel trionfo dell'Italia del calcio al *Mundial* spagnolo del 1982 – gioia

39. TG delle 13.30, 2 marzo 1975.

40. «La mia generazione forse ne ha mangiata troppa, di politica» (Deregibus, *Francesco De Gregori*, p. 97).

41. «TV, sorrisi e canzoni», 14 gennaio 1979.

sapientemente accompagnata dal presidente Pertini. E guarda caso pochi mesi dopo a Sanremo arriva *L'Italiano* (a oggi uno dei nostri brani più celebri nel mondo), in cui Toto Cutugno chiede: «lasciatemi cantare, perché ne sono fiero, sono un italiano, un italiano vero». Nonostante «la bandiera» tricolore non sia sul terrazzo ma «in tintoria» – evidentemente perché macchiata (forse di sangue recente?) – il brano rivendica la voglia d'essere di nuovo fieri della propria identità nazionale.[42] Un'identità che, significativamente, passa proprio dal canto.

L'anno seguente sul palco di Sanremo va poi in scena la protesta dei cassa-integrati dell'Italsider di Genova. Pippo Baudo a sorpresa fa entrare in Teatro e salire sul palco alcuni di loro. E questi ultimi, anziché esibire pugni chiusi gridando alla rivolta e all'abbattimento di simili spettacoli evasivi funzionali alla sovrastruttura capitalista (come avrebbero fatto quindici anni prima), dicono semplicemente: «Vi ringraziamo per l'ospitalità e vi chiediamo scusa per il disturbo [sic]. Crediamo sia chiara a tutti la gravità della nostra situazione...». Seguono applausi, saluti e auguri e via con altre canzoni. Il modo educato e timido in cui essi si esprimono su quel palcoscenico rende evidente che la televisione ha ormai fagocitato persino la protesta operaia. Se quattro anni prima (ottobre 1980), la fine di una stagione di lotte era stata sancita a Torino dalla "marcia dei quarantamila", che aveva visto gli impiegati della Fiat manifestare per far terminare gli scioperi operai e rientrare al lavoro, quest'episodio sanremese è da considerarsi, a nostro avviso, la versione mediatica della marcia dei quarantamila.

E così, mutato il clima, anche i cantautori negli anni Ottanta cantano cose in parte diverse. Alcuni privilegiano di più i temi privati (pur senza abbandonare del tutto quelli politici) e anche musicalmente virano verso suoni più pop, come Venditti, il cui disco di maggior successo negli anni Ottanta s'intitola non per nulla *Cuore*, ed è trainato da brani sentimentali come *Notte prima degli esami*, *Ci vorrebbe un amico*, *Piero e Cinzia*. Altri, come Alan Sorrenti, già da anni avevano lasciato il sofisticato *progressive* e le sperimentazioni vocali per un più redditizio disco-pop (*Figli delle stelle*, 1977; *Tu sei l'unica donna per me*, 1979). Il cantautore impegnato Pierangelo Bertoli canta amaramente il *Riflusso* (1980).[43] Altri ancora,

42. Del resto, già nel '79 De Gregori aveva cantato *Viva l'Italia*, rivendicando anche da sinistra la possibilità d'un afflato patriottico senza scadere in nazionalismi o nostalgie.

43. «Si parla sotto voce o nel chiuso delle stanze / nessuno canta più di libertà / [...] / Chissà se guarderemo i nostri figli apertamente dicendo almeno "adesso tocca a voi" /

soprattutto, fotografano gli aspetti della nuova realtà, a cominciare dalla maggiore centralità assunta dalla televisione. Siamo negli anni dell'ascesa delle tre reti berlusconiane, anni in cui le ore passate dagli italiani davanti al teleschermo quasi raddoppiano,[44] e i cantautori, pur senza disporre di questi dati, colgono lucidamente il fenomeno "in diretta" e lo cantano a più riprese. Quasi sempre con toni critici. Basti pensare a *Intorno a trent'anni*, di Mimmo Locasciulli, del 1982; *La strana famiglia*, di Giorgio Gaber, del 1985; *Adesso la pubblicità*, di Baglioni, 1985; *La televisione, che felicità*, di Bennato, 1987; *Bar Mario*, dell'esordiente Ligabue, 1988; *Telecomando*, di Renato Zero, 1987.

Tra queste, pare utile citare almeno i versi di Baglioni, col suo quadro d'una famiglia ordinaria, fatta – come tante – di solitudini riunite malinconicamente ogni sera davanti al teleschermo. Un ritratto prezioso anche di quella realtà di progressivo abbandono dei progetti di futuro collettivo, un fenomeno che decenni dopo verrà descritto come "la mutazione individualista":[45]

[...] Tuo padre mani da operaio a vita
Che ride e gli si spacca il viso impallidito di TV
[...] E adesso la pubblicità.

Oggi è quasi un secolo di noia
E che si fa domani e dopo
E poi nei prossimi vent'anni

[...] Nella città di antenne e cielo
e luci grigie delle stanze
E la notte cade come un telo
A smorzare gli occhi e i televisori
E tu dietro un vetro guardi fuori

I primi anni Ottanta, però, sono anche quelli del pericoloso riaccendersi delle tensioni della Guerra fredda tra le due superpotenze, con la crisi degli euromissili e i progetti reaganiani di "guerre stellari". Ed ecco che nelle can-

[...] Oppure gli offriremo fumo, sesso e disimpegno, le perle della nostra eredità» (Bertoli, *Riflusso*, 1980).

44. Da 3 ore e 40 al giorno per famiglia nel 1977, a 6 ore e 22 al giorno nel 1987. Cfr. I. Piazzoni, *Storia delle televisioni in Italia*, Roma, Carocci, 2014, p. 160.

45. G. Gozzini, *La mutazione individualista. Gli italiani e la televisione 1954-2011*, Roma-Bari, Laterza, 2011.

zoni ritroviamo i rischi di guerra atomica. Lucio Dalla ne canta in *Futura*, del 1980 e in *Washington*, del 1984; Renato Zero in *Atomico Pathos*, 1981; i Pooh in *Passaporto per le stelle*, 1983, e nella sofisticata *Il giorno prima*, 1984, ispirata – per contrasto – dal coevo film statunitense *The Day After*. Il tema arriva persino nei tormentoni estivi dei Righeira, *Vamos a la playa*, e del Gruppo Italiano, *Tropicana*, entrambi del 1983, che dietro alla patina orecchiabile e allegra del "pop da spiaggia" nascondono in realtà chiare allusioni a un'imminente catastrofe atomica.

E ancora, ecco la guerra sovietica in Afghanistan (cantata dai CCCP, in *Radio Kabul*, 1987), e la politica italiana, con gli scenari e i personaggi politici dell'epoca: Sandro Pertini (cantato da Venditti, in *Sotto la pioggia*, 1982), il pentapartito (De Gregori, *Pentathlon*, 1989), Craxi e il craxismo (Venditti, *L'ottimista*, 1984; *Yuppies*, Luca Barbarossa, 1988). Quest'ultima canzone è una satira della nuova Italia socialista, il cui carattere di benessere per certi aspetti "finto", privo di basi solide (sia eticamente che economicamente), è sottolineato anche a livello musicale dall'uso di suoni elettronici, campionati. Eccone un estratto:

Hanno la macchina col telefono
Ed un orologio d'oro
La brillantina nei capelli
E parlano di lavoro
La notte puoi trovarli
In discoteca sorridenti
Con la bottiglia nel secchiello
E delle donne appariscenti

Sono i figli di quest'Italia
Quest'Italia che sta crescendo
Sempre meno contadini
Sempre più fondi d'investimento

[…] E di politica non ne parlano
Evitano il discorso
Loro votano solamente
Chi gli fa vincere un concorso
Si occupano di moda
E di pubbliche relazioni
Tutti giri di parole
Sono i nuovi vitelloni

Sono i figli di quest'Italia
Quest'Italia che promette
Che di giorno sembra per bene
E di notte fa le marchette

[...] Se cerchi casa non c'è problema
Basta conoscere un socialista

Ma il personaggio canoro più importante e rappresentativo del decennio è Vasco Rossi. Si tratta di un cantautore rock, il cui messaggio negli anni Ottanta è di tipo non-politico (pur essendo egli un convinto radicale-pannelliano), bensì libertario, al limite nichilista, neo-dannunziano (la sua "vita spericolata" non ricorda il "vivere inimitabile" inseguito dal poeta-Vate?). Eppure Vasco Rossi avrebbe tutto il retroterra personale adatto per continuare in un certo solco d'impegno: nato e cresciuto nell'Emilia "rossa", figlio di un camionista (ex-deportato nei lager come internato militare per aver rifiutato di arruolarsi nella RSI), da ragazzo fa un po' di teatro sperimentale, inizia l'università a Bologna, legge Bakunin, frequenta l'Osteria delle Dame dove conosce Lolli e Guccini, fonda una delle anticonformiste "radio libere" dell'epoca (la locale Punto Radio). E invece. A dimostrazione che i tempi stanno già velocemente cambiando, si allontana dai movimenti, si mette a fare il deejay in discoteca, e canta non di politica, di battaglie sociali o di progresso, bensì di donne, di divertimento, di sballi, di droga: un problema che sta divenendo centrale in quegli anni, con l'eroina che si diffonde in tutte le classi sociali. La stampa lo attacca, si concentra sugli aspetti autobiografici e potenzialmente diseducativi di quei testi, anche se lui si difende dicendo di limitarsi a descrivere una realtà che esiste e conosce. Canta di relazioni difficili, di ragazzi che inseguono *Sensazioni forti* (1980); canta di individualismo[46] e incoerenza;[47] canta soprattutto – in *Siamo solo noi*, 1981 – di una «generazione di sconvolti, che non ha più santi né eroi»,[48] ossia che non ha

46. In versi divenuti celeberrimi, come: «O forse non ci incontreremo mai / ognuno a rincorrere i suoi guai / ognuno col suo viaggio ognuno diverso / ognuno in fondo perso dietro ai fatti suoi» (da *Vita spericolata*, 1983).

47. «Poter urlare oggi, dopo il '74-'75, una canzone del tipo "Ogni volta che non sono coerente / ogni volta che non è importante" [da *Ogni volta*, 1982] ha un gusto incredibile. Specie per noi che abbiamo vissuto nel periodo in cui se non eri coerente eri da buttar via» (citato in F. Sabatino, *Vasco Rossi. L'attore del rock*, Milano, Forte editore, 1983, p. 59).

48. A riguardo si veda anche Tomatis, *Storia culturale della canzone italiana*, pp. 545, 621.

più ideali: né cattolici né socialisti. E quella generazione ci si riconosce in massa, facendone il personaggio centrale del decennio, nella musica italiana. Appena pochi anni prima sarebbe stato impensabile, gli avrebbero dato del qualunquista, disimpegnato, mezzo fascista. Ora invece, pur facendo discutere, diventa un mito dei giovani e comincia a riempire gli stadi.

Musicalmente, si presenta non come un cantautore – dai quali anzi volutamente si distanzia – bensì come una loro evoluzione, come una nuova fase storica («Io i cantautori ce li ho dentro. Sono quello che viene dopo»).[49] Se ne distanzia sia nella scrittura (fatta volutamente di slogan, perché, dice, ormai la gente «non ascolta più i testi»),[50] sia nella parte musicale (più aggressiva e "da band", anche come arrangiamenti), sia – come visto – nei temi, molto provocatori. «L'Unità» lo elogia, ma Comunione e Liberazione distribuisce in una scuola volantini che invitano i ragazzi a disertare un suo concerto; e soprattutto lo scrittore Nantas Salvalaggio critica la Rai per averlo invitato a *Domenica In*, definendolo un «ebete bruttino» un «drogato», «musicalmente inutile». Lui teme di essere finito; invece proprio quella feroce critica lo aiuta. Poi risponde proprio da Sanremo, con un verso allusivo di *Vado al massimo*: «Meglio rischiare, che diventare come quel tale / quel tale che scrive sul giornale». E rischia tanto che l'anno seguente finisce in carcere per stupefacenti. Ma la cosa non ne scalfisce il successo, che anzi continuerà a crescere per decenni, specie a partire dalla fine del decennio, quando chiuderà più stabilmente con la droga.

Intanto, contemporaneamente a Vasco, sulla scena musicale italiana è giunta Gianna Nannini, per certi versi il suo "alter ego" femminile.[51] La senese arriva al successo non negli anni Settanta coi primi album cantautoral-femministi, ma nei primi anni Ottanta, analogamente a Vasco, con tendenze musicali rock e allusioni sessuali nei testi. Così in *America* (1979) canta la masturbazione (e in copertina dissacra la Statua della libertà mettendole in mano un vibratore al posto della fiaccola). Poi, soprattutto, *Fotoromanza* (secondo album più venduto in Italia nel 1984), e *Bello e impossibile* (1986) ne fanno la nostra prima cantautrice dotata d'un vero successo di massa. Con un visibile ritardo di genere, tanto per cambiare, a testimonianza di certi conservatorismi presenti forse non solo tra i discografici ma tra lo stesso pubblico italiano.

49. Sabatino, *Vasco Rossi*, pp. 72, 84.
50. *Ibidem*.
51. Anche se lui si paragona piuttosto a Patty Pravo.

Il ventennio qui preso in esame (1967-1988), si chiude con l'uscita di un ennesimo album di successo di Antonello Venditti, *In questo mondo di ladri*, che sin dal titolo dell'omonimo brano di punta fotografa esplicitamente – in modo qualunquistico secondo molti, specie a sinistra; in modo invece profetico secondo altri – un sistema politico ormai in crisi, prossimo a quel crollo che di lì a qualche anno arriverà puntualmente con Tangentopoli.

Molti dei temi che abbiamo sinteticamente illustrato potrebbero essere utilmente approfonditi. Ma proprio questo è il punto: è ora che queste fonti entrino a far parte della nostra storiografia culturale. Come si fa riferimento a Verga e Carducci per trovarvi tracce e ritratti dell'Italia post-unitaria, o come non si può capire l'Italia di inizio secolo e l'avvento del fascismo prescindendo dal dannunzianesimo, così si dovrà far riferimento ai cantautori per capire la storia d'Italia del ventennio Settanta-Ottanta del Novecento.

Indice dei nomi

Le autrici e gli autori

Leonardo Campus dopo il dottorato in Storia contemporanea (La Sapienza, 2010), è stato assegnista di ricerca all'Università di Venezia Ca' Foscari, docente a contratto per l'Università della Tuscia e di Roma Tre, nonché per vari master in Comunicazione Storica (Università di Bologna, Roma Tre, Modena-Reggio Emilia). Ha pubblicato lavori di ricerca in Italia e all'estero, tra cui le monografie: *I sei giorni che sconvolsero il mondo. La crisi dei missili di Cuba e le sue percezioni internazionali* (Le Monnier, 2014, Premio "Friuli Storia") e *Non solo canzonette. L'Italia della Ricostruzione e del Miracolo attraverso il Festival di Sanremo* (Le Monnier, 2015). Del 2020 è il suo WebDoc *www.iconticonlastoria.it* sulla memoria delle leggi razziali. Da tempo lavora come autore per Rai Storia.

Raffaello A. Doro, ricercatore in Storia contemporanea presso l'Università della Tuscia e insegnante nella scuola secondaria di II grado, si occupa di storia della radio e della televisione e di storia sociale nell'Italia repubblicana. Tra le sue pubblicazioni più recenti la curatela del volume *Diritto allo studio e educazione degli adulti nell'Italia repubblicana. Nel cinquantesimo anniversario delle 150 ore*, Viella, 2024; *I presidenti della Repubblica in Italia e in Francia: trasformazioni radiotelevisive e protagonismo mediatico (1969-1981)*, in *La Repubblica del presidente. Istituzioni, pedagogia civile e cittadini nelle trasformazioni delle democrazie*, a cura di G. Orsina e M. Ridolfi (Viella, 2022).

Giovanni Gozzini insegna Storia della globalizzazione e Globalization and New Media nel Dipartimento di scienze sociali, politiche e cognitive dell'Università di Siena. Ha insegnato presso la Mount Scopus University di Gerusalemme ed è stato visiting professor presso il Center for European Studies della Harvard University. È stato membro della direzione della rivista «Passato e presente» e del comitato scientifico di «Comparativ. Zeitschrifte für Globalgeschichte und vergleichende Gesellschaftforschung»; è peer reviewer per il «Journal of Global History». Dal 2000 al 2007 è stato direttore del Gabinetto Vieusseux di Firenze e dal 2007 al 2008 assessore alla cultura del Comune di Firenze. Ultimo volume pubblicato: *Ecologia del denaro. Finanza e società nel mondo contemporaneo* (Laterza, 2024).

Simone Neri Serneri è docente ordinario di Storia contemporanea presso l'Università di Firenze. Nell'ambito della storia dell'ambiente e del territorio ha pubblicato: *Incorporare la natura. Storie ambientali del Novecento* (Carocci, 2005) e curato, con S. Adorno, *Industria, ambiente e territorio. Per una storia ambientale delle aree industriali in Italia* (il Mulino, 2009) e, con M. Agnoletti, di *The Basic Environmental History* (Springer, 2014). È membro del comitato editoriale di «Global Environment. A Journal of Transdisciplinary History».

Melania Nucifora, PhD in *Histoire et civilisation* presso il CRH-EHESS di Parigi, è oggi professoressa associata di Storia contemporanea al Dipartimento di Scienze Umanistiche dell'Università di Catania. Si è occupata di storia delle politiche comunitarie, regionalismi e municipalismi, decentramento, storia urbana e ambientale, in una prospettiva di comparazione europea. I suoi lavori monografici, centrati sul rapporto tra burocrazie tecniche, saperi esperti e politica, tra età liberale e età repubblicana, concernono il governo urbano, i conflitti fra sviluppo e tutela paesaggistica e ambientale, le politiche nazionali e comunitarie per il Mezzogiorno. È attualmente membro del direttivo nazionale della SISAm (Società Italiana di Storia Ambientale).

Edoardo Novelli è professore ordinario all'Università degli Studi Roma Tre, settore GSPS-06/A. I suoi campi di interesse riguardano la comunicazione politica, l'interazione fra media, informazione e sistema politico, la trasformazione della scena pubblica, l'iconografia e le campagne elettorali. Su questi temi ha diretto progetti di ricerca finanziati da istituzioni nazionali e internazionali. È il responsabile dell'Archivio degli Spot Politici: *www.archisvispotpolitici.it* e dell'European Election Monitoring Center: *www.electionmonitoringcenter.eu*. Ultima pubblicazione: E. Novelli, G. Turi, *Divorzio. Storia e immagini del referendum che cambiò l'Italia* (Carocci, 2024).

Angelo Ventrone è docente ordinario di Storia contemporanea all'Università di Macerata. Si è occupato del rapporto tra modernità e violenza politica, Prima guerra mondiale, cultura politica fascista, partiti di massa e democrazia, rappresentazione dell'avversario politico, contestazione e lotta armata tra anni Sessanta e Ottanta, strategia della tensione. Tra i suoi lavori, *«Vogliamo tutto». Perché due generazioni hanno creduto nella rivoluzione. 1960-1988* (Laterza, 2012), *Grande guerra e Novecento. La storia che ha cambiato il mondo* (Donzelli, 2015), *La strategia della paura. Eversione e stragismo nell'Italia del Novecento* (Mondadori, 2019). Con Salvatore Lupo ha scritto: *L'età contemporanea* (Le Monnier-Mondadori Università, 2018).

Finito di stampare
nel mese di settembre 2024
da The Factory
Roma